U0077058

# 創作性兒童戲劇進階

## 教室中的表演藝術課程

Theatre Arts
in the Elementary
Classroom:
Grade Four through
Grade Six

Barbara Salisbury Wills  著

林玫君、林珮如  譯

# THEATRE ARTS
# IN THE ELEMENTARY CLASSROOM

## Grade Four through Grade Six
### Second Edition

## Barbara Salisbury Wills

© Copyright, 1996, Barbara Salisbury Wills
© Copyright, 1996, Anchorage Press, Inc.
Graphic Design: Susan Russell
Illustration: Susan Monday
ISBN 0-87602-034-1
ISBN 13: 978-0-87602-034-0
This version of Dr. Salisbury's book, THEATRE ARTS IN THE ELEMENTARY CLASS-
ROOM, Volume 2: Grades 4-6, has been abridged by permission of Dramatic Publishing Com-
pany, 311 Washington St., Woodstock, IL 60098 USA, publisher and owner of world rights.
Complex Chinese Edition Copyright © 2010 by Psychological Publishing Co., Ltd.
原文版由 Dramatic Publishing Company 出版，繁體中文由其授權出版。

# 目次
## CONTENTS

CHAPTER
**3**　　**五年級**　　　　131

ii

v

作 者 簡 介

芭芭拉‧莎里斯貝莉‧威爾斯（Barbara Salisbury Wills）從華盛頓大學西雅圖分校取得課程與教學的學士與博士學位，並從同校獲得戲劇的碩士學位。她曾經在幼稚園、小學、中學及大學任教三十餘年。

芭芭拉曾經擔任美國戲劇教育聯盟（American Alliance for Theatre and Education）的執行祕書，也曾在亞歷桑那州立大學戲劇系任教，專長於兒童與青少年戲劇。此外，她也在全美各地校區擔任教師專業發展課程的戲劇教育顧問，並曾在德州大學奧斯汀分校、太平洋路德大學、西雅圖大學及華盛頓大學等校任教。

從 1979 年到 1982 年，芭芭拉擔任西北藝術合作計畫（Arts Coalition Northwest）的督導，這個計畫是由甘迺迪中心與西雅圖中心共同合作的一項地區性的計畫，為美國西北部五個州的藝術教育提供技術協助。

除了為老師與兒童寫了數本戲劇專書外，她也和甘迺迪中心合作，為兒童成立並發行期刊——《藝術探索》（*Artsploration*）。她同時也是《藝術活現》（*Arts Alive!*）電視系列的資深顧問。1987 年到 1988 年間，她擔任美國國家藝術教育報告《邁向文明》（*Towards Civilization*）的顧問之一。接著，又擔任1994 年發表的《國家藝術課程標準》（*National Standards for Arts Education*）的協同研究員之一。她是「美國兒童劇場基金會」（Children's Theatre Foundation of America）的委員之一，同時也是「溫尼佛‧伍爾德紀念基金會」（Winifred Ward Memorial Fund）的成員。

在 1985 年到 1986 年間，芭芭拉曾擔任「美國兒童戲劇協會」（Children's Theatre Association of America, CTAA）的主席；接著在隔年又成為「美國兒童

／青少年劇場協會」（American Association of Theatre for Youth, AATY）改組後的主席。在她的領導下，這個組織逐漸和「美國中學戲劇教育協會」（American Association of Secondary Theatre Educators）結盟，在「藝術家與教育家為年輕的觀眾服務」之宗旨下，成為現在的「美國戲劇教育聯盟」（AATE）。CTAA 曾在 1976 年頒給她「為人類創造戲劇獎」的獎章，同時也於 1983 年頒給她當年的研究獎章。AATE 也在 1991 年，基於她對戲劇教育相關出版品的貢獻，而頒給她感謝狀。

# 譯者簡介

## 林玫君

現任國立臺南大學藝術學院院長、戲劇創作與應用學系專任教授、亞太美感暨戲劇教育研發中心主任。2003 年創立「戲劇創作與應用學系」，首開「戲劇」應用於學校、社區及文創產業之先，為亞洲「戲劇教育及應用劇場」研究發展重鎮，並於設系期間草創《戲劇教育及劇場研究》期刊及台灣戲劇教育與應用學會，同時擔任英國《戲劇教育研究期刊》（RiDE, SSCI）、美國《國際藝術教育期刊》（IJEA）、臺灣《藝術教育研究》（TSSCI）之主編及編輯工作。

目前擔任教育部藝術教育推動會委員，致力於幼兒園、中小學表演藝術課程、評量及教師培訓研究，連續執行科技部專題研究計畫，多次獲得科技部傑出類特殊優秀人才榮譽。在學校教育研究外，也積極投入「博物館戲劇」，曾為國立臺灣歷史博物館及澎湖生活博物館設計「戲劇百寶箱」及互動導覽，希望藉此連結學校及社區機構，豐富師生及社區居民的學習。

相關著譯作包含《創作性兒童戲劇入門：教室中的表演藝術課程》（1995）、《兒童戲劇教育之理論與實務》（2017）、《兒童戲劇教育：肢體與聲音口語的創意表現》（第二版）（2022）、《兒童戲劇教育：童謠及故事的創意表現》（2018）、《幼兒園美感教育》（第二版）（2021）等，為華人地區兒童戲劇教育的重要參考作品。

2006～2012 年完成教育部「幼兒園美感領域」新課綱實驗及撰寫計畫。自2012 年開始擔任「幼兒園美感教育扎根」計畫主持人近十年，並完成《幼兒園

美感教育》專書（2015，2021）。除了國內活動，也積極參與國際戲劇暨藝術教育事務，擔任聯合國教科文組織（UNESCO）藝術教育委員及研究顧問、英美訪問學者進行跨文化研究、研討會主持人及工作坊帶領人等，希望遍灑戲劇及藝術教育的理念，提升大眾美感的素養與生活品質。

## 林珮如

　　現任高雄市旗美高中數位學習中心教學助理。國立臺南大學戲劇創作與應用學系碩士、國立臺南大學數位學習科技學系碩士、靜宜大學外文系。曾任台灣戲劇教育與應用學會秘書、臺東縣海端國小藝術與人文老師、高雄市四維國小資優班戲劇老師。

# 推 薦 序

　　芭芭拉・莎里斯貝莉・威爾斯以她個人豐富的教學心得及專業的學術訓練，為小學老師們寫了兩本出色的劇場藝術教科書。我開始讀她的手稿是在某個機場的大候機室。當我讀到第一章時，正巧附近有三個學生在玩耍。我注意聽他們生動的對白，忽然覺得芭芭拉所寫的東西彷彿在我眼前演出。裡面有一個小男孩正忙著點算候機室內的椅子，然後宣稱：「這是我家。」那時，他小小的心靈完全沉浸在遊戲中，毫不在意機場中進出的人群。接著，一個小女孩也在小男孩的「家」中插了一腳，兩個人在「廚房」裡扮家家酒，虛擬了一些廚具，一起商量如何做一頓飯。

　　沒多久，其中一位小女孩撿起身旁的一根小木棒，一下子把它變成了一架飛機，而其他兩位小朋友也紛紛加入。於是，一行三個人在地板上開始了他們的「幻象之旅」──一邊玩一邊繪聲繪影地描述他們「飛機」的樣子以及在旅途中所見所聞。周遭的大人呢？他們除了偶爾看看小鬼們在搞什麼把戲外，並沒有說什麼話。後來，分手的時間到了，大人們各自帶著小孩離去，這場「家家酒」的遊戲就結束了，跟「開始」的時候一樣，發生得很突然。

　　明顯的，這些都是小朋友自發的扮演遊戲，且不受大人的任何影響。透過本書中的戲劇活動，老師們也可以引導年紀較大的學生，回到這種無拘無束、自動自發又創意無限的童年歲月。年紀較大的兒童注意力較長、身心較成熟且自我控制力也比較好，這些都有助於提升戲劇活動的品質。

　　本書包含了一般教科書所缺乏的特色：它們根據特別的戲劇藝術教學之目標及單元要素，把戲劇藝術（從幼稚園到小學六年級）逐步融會到其他教育課程中。

本書提供了三個基本教學目標：

1. 表演（acting）：肢體與聲音的表達運用；
2. 戲劇創作／劇本創作（playmaking/playwriting）：集體即興創作；
3. 回應 （responding）：美感能力之發展。

另外，在本書第 27 至 28 頁的附表中，不同年級階段的要素及活動都會列出，以便讀者參考。

在每個年級部分，本書也加入附屬的教育目標及活動，希望能幫助老師及學生了解戲劇藝術的價值及目的。這些目標及活動如下：

- 協助兒童在所有的學習領域中，發揮其最大的潛能。
- 協助兒童了解小學階段的戲劇活動，主要的目的不是在粉墨登場的正式呈現，而是在幫助他們發揮想像力與創作力，進而陶冶他們對戲劇藝術的欣賞能力。
- 了解「戲劇」本身就是一門獨立的學科，但它同時也能協助其他學科的學習。

威爾斯女士在本書裡特別詳細地列出了一些關鍵字，如「控制」（control）、「規範」（discipline）、「暖身活動」（warm-ups）、「靜態活動」（cool-downs）、「具像化」（visualization）、「發問」（questions）及「組織」（organization）等，它們都是完成創作戲劇的成功之鑰。

此外，在本書裡，我們從作者精選的題材及活動中，可看出她個人對不同年紀兒童的興趣與能力，有著非常深入的了解。另外，她也利用影子劇、木偶戲、有趣的小故事和正式的劇本靈活地穿插於本書中。所有的活動都是專為上課而設計的。活動的時間有從幾分鐘到半個小時或一個小時，為老師提供廣泛而多樣性的選擇。

因為許多活動能夠在不同年齡重複使用，因此作者提供了一份綜合表列指南，讓老師能夠在想要簡化或者加深某些概念時，容易找到適當層級的活動。

在第五章中，作者成功地將戲劇與其他學科如語文、數學、科學等，結合在一起。她也同時為一些比較特殊的對象（如資賦優異、經濟能力較差等的孩子）提供了一些使用戲劇的概念。

「如何評量學生在戲劇活動中的表現」是本書最後一章討論的主題。在此章中，作者提供了不同類別活動的評量選擇──包括檢核表及評量表。評量的重點在於比較學生個人潛能與學習能力成長之關係，而不是做學生互相間的成就比較。

總而言之，不管老師們是否曾接受正式的戲劇訓練，本書都能協助他們成功地引導學生在課內及課外的戲劇活動中發揮最大的潛力。

在我最近一次與四年級學生所做的創作戲劇教學活動中，班上一位一直很害羞且膽小的女學生第一次能夠主動參與課程活動。她非常用心且完全發揮了她的想像力──這些潛能是她的級任老師從未發現的。在活動後檢討中，她說：「我從來沒有那麼開心過，我根本忘了害怕！」我們的理想是：希望所有老師們在用了本書後，能經由這種師生間學習與分享的經驗達到寓教於樂的目的，同時，在這樣的創意過程中，所有孩子都能夠發展他們的注意力、想像力和對於周遭世界的了解。

同樣重要的是，孩子能夠從中獲得參與欣賞正式戲劇演出的經驗並擔任其中的觀眾。大多數的學生對於電視電影比較熟悉，而作者卻運用「比較異同」的方式將之使用在戲劇欣賞中。她也指出：為兒童觀眾演出的劇場，其成員包含了高中生，甚至於大人。一般稱呼「為兒童演出的劇場」，其關鍵不在演員的年紀，而是劇本及觀眾的對象是兒童即可。

為了得到最大的教育成效，通常觀眾成員在看任何演出之前，必須要做好準備。無論是嬉笑或是嚴肅的主題，年輕的觀眾透過劇中的人物與故事現場演出，能從替代的經驗中獲得情意與美感的成長。

在看過許多精采的製作後，學生可能在離開劇院後，會有興趣演出其中的部分。他們通常會自發地選擇一些有特色的主角來模仿，如：像獅王般吼叫的神態或者像調皮的小淘氣走路或吹牛的樣子。因此在戲劇賞析經驗後的分析與討論，或者在創造性戲劇課程中的創作，這些都是重要的後續活動。

　　本書是結合創意發想及嚴肅學習的最佳指南，有了它，學校的孩子們將會有一段令人驚喜難忘的戲劇學習經驗。

**_Coleman A. Jennings_** 博士

德州大學奧斯汀分校　戲劇與舞蹈系

引　言

無論你想做什麼或者夢想什麼，

就去做吧！

唯有大膽嘗試，才會產生天才、力量和奇蹟。

現在就去做吧！

——Goethe, 1749-1832

　　想像你是個從來沒有在教室中帶過戲劇活動的老師。你喜愛戲劇，且多年以來，你一直想要與學生分享戲劇的樂趣，但是卻不知道該怎麼做，現在，正有一位教授透過這本書來教你該怎麼做。你可以從第一章開始閱讀，接著再依著你任教的年級閱讀相關的章節，在一面閱讀這些章節的當下，你可能就會受到鼓舞而採取行動。

　　所以，就這樣開始啦，而且，你真的做到了！只要照著本書的建議來做，你就可以引導孩子達到絕佳的戲劇體驗。你發現用這本課程指引會相當容易進入活動，你會驚訝地發現，孩子在每一次完成學習目標後的專注程度，最棒的是，當他們以一些人物，如仁慈的公爵、飢餓的乞丐或巫師來想像並創造一些可信的行動，你會親眼見證孩子們在戲劇中散發的熱情。能夠夢想和想像，實在是太棒的一件事，不是嗎？甚至你還可能將夢想實踐。

　　在芭芭拉完成了原文第一版的上、下冊後，許多的戲劇教育學者質疑到底這樣做是否有效？一本戲劇教科書到底該怎麼寫，才可以適當地掌控孩子身體與情緒的能量？該怎麼寫，才能夠點燃孩子們的想像並挑戰他們的心智？這樣的書如何才能夠引發足夠的熱情，讓孩子願意一起工作並解決戲劇中的問題？戲劇是行動，而劇場則發生在剎那間，這些重要的特質如何能夠同時呈現在一

本書中？

　　芭芭拉相信這一定可以辦得到。她堅信必須引導老師將戲劇當成一門藝術學科來教導。透過多年豐富的經驗，她企圖接受這樣的挑戰。芭芭拉是一位教育大師，她曾經帶過各種年紀的學生，她也持續在小學和中學中帶領戲劇及劇場工作坊。這些工作再加上她在大學任教的經驗，逐漸形成撰寫這些教科書的想法。

　　她以劇場藝術的概念為架構做為第一版的形式與內容之基礎。這些方法讓學生在參與戲劇中獲得愉悅的經驗，同時也學到一些知識概念、表達性的技巧及對劇場藝術的初步了解。它更堅定了一項教育的信念，那就是──學習者若要完整地學通一門科目，就要對這門科目有知識上的了解、情意上的興致和技能上的熟悉。芭芭拉將這種教學的信念應用在對老師和學生的單元課程中，這樣的學習成效也會受到讚賞並能長久持續。

　　第一版被許多國內戲劇教育的領導者大力推薦使用，同時許多幼稚園到六年級的師生也都採用此書。綜合而言，孩子的回應相當熱烈，老師的回應也相當正面，有人稱它為「適合老師使用的版本」。以下就是三位老師對於第一版的回響：

　　　　「我發現你的書組織得相當好，容易理解和使用，謝謝你！」
　　　　「許多單元後面的問題能夠促進孩子創意的思考和腦力的激盪。」
　　　　「身為一位語文老師，我一直在尋找能夠將主題『活現』的方法。謝謝你為我開啟了這扇門！」

　　當第一版出版後，芭芭拉成為自己最好的書評者，重新檢驗其中的形式與內容。她向老師們詢問哪些課程行得通？還有哪些需要改進的地方？經過這番堅持探尋的結果，重新修訂、擴增且加強的版本就問世了。

　　在第一章中就提到一些明顯的改變，藉以澄清概念架構、單元要素及教學流程。為回應各方老師們的建議，依個別年級、章節順序加入了四個特別的內

容，包含：

1. 在各章的開始，會描述一些該持續遵守的戲劇行為規範，以提供個別學生進行自我評量的參考。
2. 每個活動結束時會列出對評量的特別建議。
3. 每個活動都使用同樣的教學流程──創造性戲劇的流程（開場白、計畫、演出、反省和評估）。
4. 在每個活動的戲劇目標後列出相關科目的教育目標。

內容上的改變是為了配合現今孩子的興趣，同時也挑戰他們的能力。作者總共加入了十五個有趣又具有戲劇性的文學作品，這些包含了來自中國、尼加拉瓜、波多黎各、墨西哥、西非、智利、美國原住民及美國黑人的傳說故事。另外，也特別在許多活動後加上特殊建議，做為後續延伸戲劇參與的可能性。這些建議主要希望能夠激勵孩子寫下人物的特色、動機和對話。其他的建議則是聚焦在戲劇情節的發展、故事新的結局或全新的創作上。

在《創作性兒童戲劇進階──教室中的表演藝術課程》一書中，學生被引導參與許多具有合作性特質的劇場工作，透過數個戲劇單元活動，要求學生參與不同的劇場工作，如劇作家、設計家、劇評家等。最後，一些活動如：「劇本交換」、「說書人的饒舌歌」、「燈光，攝影機，行動！」、「做決定」等都是兼具挑戰又有趣的設計。

如果可能的話，請想像這個畫面：當班上學生們沉浸在戲劇的學習中時，那種令人興奮且高昂的氣氛──在本書中，它正吸引著老師和學生們融入在這種快樂學習的氣氛中。

*Geraldine Brain Siks*
華盛頓大學榮譽教授

# 作 者 序

　　《創作性兒童戲劇進階——教室中的表演藝術課程》，是針對那些自認為戲劇教學經驗有限的老師們而寫的。事實上，在完成這個版本前，我曾經詢問過許多用過第一版的老師們，想要了解他們對戲劇教學的喜好程度。調查結果發現，他們在教學中使用戲劇的頻率比他們認為的多。例如，老師們發現書中的「感官回喚」、「韻律動作」等，實際上都是他們平日熟悉常見的教學活動，只是他們不知道自己是在從事戲劇的教學活動。因此，本書的目的，是希望讓那些無論是否具備戲劇教學經驗的老師們，皆能逐漸熟悉在教室中進行戲劇活動的目標、概念及方法。

　　本書同它的姊妹作《創作性兒童戲劇入門》的要旨是：戲劇，身為純藝術之一，應被當作一門獨立學科在課堂中來教授。由於戲劇本身具有藝術的整合力，在兒童的成長與發展過程中，它兼具各方面之補充均衡的效用。藉由直接參與戲劇的創作，孩子們對戲劇藝術、個人身心及其所處的社會，都能獲得進一步之體認與了解。

　　在 1994 年，「藝術教育協會」（Arts Education Associations）組織發展了《國家藝術課程標準》，其中包含了舞蹈、音樂、戲劇及視覺藝術四個領域的內容與成就指標。其年齡層則包含了三個層次：K 到四年級、五到八年級及九到十二年級。當時，身為「美國戲劇教育聯盟」的執行長，我也坐在協同委員們的身邊，相當投入地發展戲劇方面的課程標準。雖然本書並沒有直接對應到國家課程標準的八大內容，但它或多或少都會涵蓋在本書中。在第二版的書中，單元要素與概念就是受到《國家藝術課程標準》的影響。

　　本書各章的編排所依據的原則是：盡量為老師提供既深入又實際的幫助。

　　譬如第一章就兼重理論與實際的需要，不僅討論了戲劇的一些基本要素，也針對實施戲劇課程時的教室管理提出具體的建議。此外，它的綜合表列指南明確地列出從幼稚園到國小六年級，不同的戲劇概念在各年齡階層中，應該如何連貫與發展。我選擇了三個「單元要素」來編排組織本書。從我的經驗中可以發現：無論在州級或者校級層次的課程架構，通常都使用不同的組織與分類方法，重要的是，它們不是單一的名稱，而是以藝術教育基礎的概念來編排課程。無論我們怎麼稱呼它們，當這些基本元素有效地結合成戲劇時，它會產生一股相當大的震撼力——無論是正式的或非正式的戲劇皆能動人心扉，引人流淚，也能博君一粲，讓人對人生有一層新的體認。

　　從第二章到第四章則是依年級而分章，每年級單獨成章，所以老師們很容易就可以取得想要的題材。這些題材以教案的形式編列出來。每一篇教案明確地列出單元概念、教學目標、題材、過程；且依表中順序一一列出，以便老師們參考遵循。此外，本書把一般老師在課堂上直接對學生的問話及評語寫出來，使讀者有一種臨場授課的感覺。這種方式應該是能清楚而又直接地顯示出每課的進展方式。當然，老師們並不一定要照本宣科地把那些話讀出來，他們可以依個人的方式及特殊班級的需要，做適當的選擇與調整。

　　那些熟悉第一版的讀者會發現，在某些年齡層的書寫形式上有些改變。由於老師們對於第一版的排版形式給予許多正面的回應，因此在改版時，我決定維持原先的形式再加以擴充，以增加其實用性。例如，老師們都想知道這些課程如何和其他領域的課程結合，因此在戲劇目標後，也同時列出了相關科目的教學目標，而老師們就可以選擇是否要在課程中做加強。評量是另一個老師們愈來愈關心的部分。雖然仍有一章將單獨談論評量，但每個活動的最後也有一些對該課程的評量建議。此外，本書也列出學生們在戲劇中應當表現的行為，而這些都被列在每個年級章節的開場白中。

　　就如第一版的內容，在第二到第四章中，每年級的第一個單元都稱為準備開始。此單元是特別針對從來沒有戲劇活動經驗的孩子們所設計的簡介課程。但對於一些已經有類似經驗的孩子而言，本單元也提供了一個很好的複習機會。

　　在每章的簡介課程後，接下來不同年級的課程仍依照特殊的戲劇單元概

念，如「韻律動作」、「默劇」、「感官覺察」或其他等加以組合。在每個戲劇單元中，大致包含三個活動，由簡至繁地介紹該單元之要義。老師們除了專注教導一個單元的個別活動外，不妨綜合搭配幾個不同的單元來教學，以求變化。譬如你可以用「韻律動作」開始，再接「感官覺察」或「默劇」的活動。

另一方面，你可能發現在任教的班級中需要特別加強某些單元，譬如「韻律動作」。在這種情況下，你可以參考每章開頭之綜合表列指南，表中列出了同一個單元裡前後年級活動之頁數。你不用擔心在同一年或隔年中反覆進行同樣的教學活動，因為每個活動都沒有一定的結束方式。它的彈性很大，所以，即使反覆進行同樣的內容，每次活動的經歷都會不一樣。就正如孩子們會不厭其煩地聽好幾遍自己最喜歡的故事，也樂於一再重複做他們所喜愛的戲劇活動。

一如前一版，我將每個故事都完整地呈現在書中，因此老師就不需要為了教學而去搜尋故事。本書中的故事幾乎都是新的，它們同時代表了幾個不同的文化。

透過一些教師的調查發現：五、六年級的課程挑戰性比較大，因此必須在課程中做實質的改變，且增加一些和寫作、設計及評論等有關的教材。透過實際教學，我發現這些材料提供學生更大的激勵、挑戰與成就感。

在不同年級的章節中，其一貫的特色是把「回應與建構意義」的單元要素呈現出來。就如其他的單元要素，多數的課程基本上都是互動的形式。例如在「觀眾禮儀」的系列課程中，它要學生實際練習恰當的行為表現，而不只是說說而已。另外，在「劇本分析」的系列課程中，學生們針對一部真實的劇本為範例來進行回應與分析。在「電視、電影與劇場表演間的異同」系列課程中，讓學生們使用真實的攝影機或想像的取景架來展現他們的發現。這些課程都是希望幫助學生們增強其對劇場特質的欣賞與了解。

第五章的內容與其他章節有所不同，是關於創作戲劇運用在其他學科及特殊教育上的技巧。很多老師都發現「戲劇」對於其他科目是個相當有效的教學工具。本章將描述一些科目與戲劇某些相關的概念。如果想讓這項工具發揮最大的教學效果，應該先讓孩子熟悉這種戲劇的學習過程。只有如此，它才能真正應用於其他的教學中。對那些有特殊的身心或情緒需求的兒童而言，戲劇是

一個非常有利的工具。本章將提供對這類學生進行戲劇活動之建議。

在老師們的回饋調查中指出，書末附錄中的建議相當有幫助，因此我維持了附錄A中的部分，其中戲劇活動是以一些主題，如「季節」、「五官」等來分類。附錄B提供了一些適合戲劇化課程的兒童文學作品。而附錄C提供了一些書籍目錄，以協助想要增進教學資源的老師們。

這本書及其姊妹作的完成，得到各方特別的協助。在我開始嘗試一些活動時，許多小朋友、大學生及課堂的教師們都曾是我的臨床「實驗品」。他們對這些活動提供了非常寶貴的建議——這些反應，協助我對於本書的內容做進一步的增刪編輯工作。受限於版面篇幅，我無法將所有人的特殊貢獻一一列舉，但我要特別感謝 Sara Akers、Ellen Baltz、Laurence Binder、Kathleen Blum、Joan E. Brownrigg、Michael Cantrell、Shirley Trusty Corey、Brenda Cotto-Escalera、Ruth Denney、Susan Dickes、Jan Graves、Lucilla Iglehart、Jeannie Jackson、Carol Jones、Judy Matetzschk、Monica Michell、Lynn Murray、Thelma Pate、Nancy Prince、Sally Pritchard、Richard Runkel、Melanie Smith、Gayle Starr、Molly Tower、Jennifer Wydra 和 David Yagow。

再一次的，我希望對兩位精神導師表達感謝之意——他們對我的教育哲學及發展有深遠的影響。其一是 Geraldine Brain Siks，她認為教導學生們認識戲劇並從中學習與成長是非常重要的，應該把它推展至國小課堂中。也很榮幸的，她願意為我在本書中作引言。另一位大師是 Agnes Haaga，她深信「戲劇」是每個人與生俱有的本能，這個信念引導其發展出一套個人的領導模式，在其中，參與者能快樂釋懷地感受自我及人類的生活經驗。經由這兩位導師之努力，為戲劇藝術這項充滿生趣的學科開啟了新的門路。因此，與眾人一樣，我很感謝她們。

除此之外，我要感謝 Coleman A. Jennings 為本書作序推薦，以及 Orlin Corey 在我增修期間的耐心等候。最後，感謝我的先生 J. Robert Wills 對我持續的支持與鼓勵；還有我的孫子女們 Emmett、Emily、Austin、Allison、Megan 和 Roselie——他們是我新的靈感泉源。

***Barbara Salisbury Wills***

# 致 謝

"Fog" from *Chicago Poems*, copyright © 1916 by Holt, Rinehart and Winston, Inc. and renewed 1944 by Carl Sandburg. Reprinted by permission of Harcourt Brace Jovanovich, Inc.

Permission to adapt "The Squire's Bride," from *My Book House*, © The United Educators, Inc.

Permission to adapt "The Wind and Sun," from *The Fables of Aesop*, by Joseph Jacobs, copyright © 1964, MacMillan Co.

"The Stone in the Road" from *Stories to Dramatize* by Winifred Ward. Reprinted with permission from Anchorage Press, copyright © 1952, renewed 1980 and 1981.

"Why Mosquitoes Buzz in People's Ears," adapted by Monica Michell, reprinted with her kind permission.

Permission to adapt "Jack and the Northwind" from *Tarheel Tales* adapted by Tom Behm, copyright © 1976, by Anchorage Press.

"The Birds of Summer" from *Star Tales* by Gretchen Will Mayo. Copyright © 1987 by Gretchen Will Mayo. Reprinted with permission from Walker and Company.

"The Frog Who Wanted to be a Singer," and "Spread the Word: A Storyteller's Rap" by Linda Goss, from *Talk That Talk* edited by Linda Goss and Marian E. Barnes. Copyright © 1989 by Linda Goss and Marian E. Barnes. Reprinted by permission from Simon & Schuster, Inc.

特別感謝以下人士：

Monica Michell for sharing her expertise about using drama in the museum;

Charlotte T. Wooldridge for sharing her expertise about using drama with children from special populations;

The Texas Education Agency for sharing their working documents on the assessment of theatre arts.

譯　者　序

　　翻譯這本原文書的上冊是十六年前，當時大女兒未滿兩歲，我剛回國在幼教系教創造性戲劇的課程，在缺乏中文教科書的情形下，將我美國母校亞歷桑那州立大學教授 Barbara Salisbury Wills 的著作翻譯成中文。當時僅僅譯了上冊（幼稚園及國小低年級部分），認為其中內容足以提供自己及學前幼教老師的使用需要，因此也就沒有接續翻譯下冊的部分。《創作性兒童戲劇入門》出版後，筆者開始忙著到幼稚園進行相關的行動研究，接著幾年又忙於教學、研究、系務及出國交流等工作。轉眼之間，在幼教系的教學及研究時光已邁入第十個年頭，而翻譯下冊的想法，仍依舊保留在我的行事曆裡，被擱置在「未來待完成」的事項中。

　　累積多年在學前階段「戲劇教育和遊戲」的研究興趣，也順勢以「兒童戲劇教育」的主題升等，心想自己就會一直留在幼教系直到退休。然而世事多變，未料「戲劇／表演藝術」竟會在九年一貫的教育改革後，成為中小學藝術人文領域主軸課程；也未料我會忽然接受校長的指示，於九十二學年度在台南大學創立「戲劇研究所」，三年後又接著成立「戲劇創作與應用學系」。

　　從幼教系轉到戲劇系，隨著課程內容與教學對象的轉移，我的研究興趣也持續擴展，從原來的「學前階段」進入「中小學的戲劇藝術教育」。尤其在研究所授課期間，許多學生是學校藝術人文或表演藝術的教師，他們常好奇問我：「到底中小學的表演藝術課程該教什麼？」「要怎麼教？」雖然市面上已有許多譯作或少數的本土著作，但許多是用故事、議題來編排課程，較少是以年級或能力指標為主──這又讓我萌生接續先前的工作，繼續完成翻譯下冊的想法。雖說如此，但真正把如此「心動」的想法付諸「行動」的實踐，還是在我轉到

戲劇系的第七個年頭——在心理出版社林總編輯的積極接洽與耐心等待中，開始準備翻譯的工作。而在前後近半年的努力下，終能在暑假過後完成初稿；而此時距離上冊完成的時間，已倏忽過了十六個年頭，我的大女兒也已是個亭亭玉立的大姑娘了。

　　這本戲劇課程第一版的背景，是始於 1987 至 1988 年完成的美國國家藝術教育報告——《邁向文明》（1988）。有感於人類的文明進展與藝術發展密切相關，未來世紀的公民需要具備美感的素養，而這必須從一般的藝術教育著手。在各類的藝術教育課程中，戲劇教育可能是中小學最缺乏的一塊。幾位知名的戲劇教育學者如 Nellie McCaslin、June Contrell、Barbara S. Wills 等，就陸續在 1987 年後著書出版教師手冊或指引，企圖讓缺乏戲劇背景的教師輕鬆地應用戲劇於教學中，也希望藉此推動中小學的戲劇教育。就在如此的歷史背景下，芭芭拉老師完成本書的第一版，當時我正在美國接受戲劇教育的洗禮，本書的出版，讓我獲益良多，也成為日後回國翻譯的第一本戲劇教育之書——《創作性兒童戲劇入門》。

　　在第一版出書的六年後，美國的《國家藝術課程標準》（1994）在許多學者的努力下終於完成。這次的「課程標準」把音樂、視覺藝術、戲劇及舞蹈，依 K 到四年級、五到八年級和九到十二年級，一一列出個別領域的能力指標。在「戲劇」的部分，由於芭芭拉老師也是本次實際參與的研究學者之一，因此也促使老師決定將先前的著作進行改版，在《國家藝術課程標準》出現後的兩年，完成了本原文書第二版本的修訂工作。第二版的架構與形式和第一版雷同，只是第二版更新或擴充了部分的戲劇題材並列出可能的評量方向，使其更符合實際教學的需要。此外，第二版也在個別戲劇教學目標後，列出相關科目的教學目標，如此更方便教師進行跨科的統整課程教學。在翻譯之初，為求一致，原來以第一版本為主；但幾經考慮，為了對讀者有所交代，最後仍決定放棄舊版，以第二版為主，雖然又多花費了許多時間修改，但如此才能讓讀者見到更豐富充實的內容。

　　本書以年級編排，對象為小學中、高年級的學生，對一般教師或欲進行表演藝術課程的帶領者而言，這都是一本相當實用的書。雖然在九年一貫課程後，

市面上也出現了各版本的藝術人文教科書，但在「戲劇／表演藝術課程」的部分，為了符合九年一貫的統整精神，其內容多以結合主題並融合視覺或音樂內涵出現，於戲劇單科的內涵部分較不完整。在缺乏職前或在職訓練的情形下，教師們很難對戲劇／表演藝術的課程做系統性全面的了解。本書的內容恰可補充這方面之不足，對戲劇／表演藝術本身的內涵與教學方法能提供深入的了解與教學示範。

翻譯工作已完成之際，心中充滿了想要紀念與感謝的人。首先，我想以此書紀念本書作者——芭芭拉老師，因為她在數年前罹癌過世，戲劇教育界就此少了一位重要的學者，而我自己也少了一位精神導師。其次，我要感謝協助我完成本書的好夥伴——珮如、心宜與心玟，及扮演本書推手的心理出版社總編輯與校閱工作的同仁們。最後，要謝謝我們戲劇系及研究所的師生們，因為學生們的學習與疑惑，讓我有持續進行翻譯工作與實驗研究的動力；而因為系上同事的支持，讓戲劇教育成為本系的特色。除了工作上的夥伴，當然，我最想感謝的還是這些年來持續陪伴我努力與成長的家人——我的先生與兩個可愛貼心的女兒。

最後，我也想以此書獻給我的父母，因為他們的慈愛，讓我從小就愛聽故事、玩遊戲；也因為他們的信任與鼓勵，早在大家都不知「戲劇教育」為何物的年代，就支持我出國追求夢想並完成了學位，讓我能夠在事業的早期便幸運地走入自己最愛的領域——戲劇教育與兒童遊戲。

林玫君
臺南大學戲劇創作與應用學系
99.8

# 為什麼？什麼是？
# 怎麼樣？

「嗯，我學會集中精神……你得抓到事情的重點。」

（保羅，9歲）

「當我回家時，我不知道該怎麼形容這種很棒的感覺。」

（珍，10歲）

「我學到了如何扮演另一個人。」

（蘇珊，9歲）

「你不能將所有的事全都悶在心裡面，你得放鬆。」

（伊利克，9歲）

「你假裝它是真的，它就會真的發生了。不只是因為你正在假
裝，而是你真的使其他人了解它是真的存在的。」

（金，10歲）

　　以上是一些五年級的孩子們在參加了一系列戲劇藝術課程後所表達的評
語。這裡是他們針對一道問題——有關於他們學到了什麼，所做的回答。顯然
他們已經學到很多了！

　　在本章中，我們將重點放在討論實施小學戲劇藝術 1 教學的理由、課程內
容及方法。在「為什麼」這項著重在背景部分，主要是介紹戲劇的本質及把戲

劇帶入小學教學的價值。在「什麼是」單元中,將焦點集中在三個主要的戲劇要素與概念之介紹,且每個要素都有詳細的描述和定義。在「如何做」單元中,分成兩個部分來討論。一是「創作戲劇的過程」——它探討本書中所用的教案及格式,可供老師撰寫自己教案時之參考。另一個部分是「教室經營與管理」——對於如何為師生建立一個成功的創作環境,提供了許多的建議。本章的最後一個單元又回到了「什麼是」的主題,它是一張綜合表列指南,顯示了從幼稚園到國小六年級之戲劇概念的發展順序。

---

1 譯註:原文為 theatre arts,直譯為戲劇藝術,但在小學中,一般就稱為戲劇教育或戲劇教學。

# 為什麼研究劇場／戲劇藝術？

## 背景概況

　　劇場或戲劇，是人類經驗總合的重要部分。每個人只要回想自己的童年時期，或是觀察小學生玩扮家家酒、扮演西部牛仔或假裝上學、當偵探或是電視上的人物，不論扮演誰或是假裝做什麼，這些都能抓住他們的想像力。這種戲劇性的遊戲，是孩子們最重要的學習方式之一。對孩子而言，這是個體驗外在世界的方法。它能讓孩子們嘗試扮演不同的角色，揣摩別人所走過的路，試試做各種事情的感覺。

　　正如戲劇活動是每個人的經驗中不可或缺的一部分，它在整個人類歷史中，也扮演著吃重的角色。史前時代的原始住民，總會聚集在火邊，演出當日狩獵的經歷，或召喚神靈來幫助他們戰鬥，或祈求上天降雨。希臘人除了奧林匹克競賽十分著稱外，其戲劇也有相當的知名度。希臘人會花一整天或連續數天的時間去觀賞戲劇慶典的活動。橫越人類歷史，在每個文化中，我們都能找到戲劇活動的證據。今天，我們也有很多類似的慶典盛會，譬如足球賽開幕典禮，或遊行及嘉年華會。幾乎在每個社會團體中，不論是由三五好友、一個社區團體，或專業劇場人士之演出，戲劇的活動到處可見。我們發現它一直是人類反映其生活困惑艱辛或喜樂愉悅的一種方法。

### ❤ 價值與目標

　　研究劇場／戲劇藝術有兩個主要目標：

1. 幫助孩子發揮其潛能；
2. 幫助孩子了解並欣賞劇場／戲劇藝術。

為了討論需要，以上兩點將分別討論，但是其最終目標應該是恆為互補加強的。

## ❤ 兒童發展

兒童以不同的方式成長——無論在身體、心理、社會、創造力或精神方面。接下來的討論會著眼於劇場／戲劇藝術對孩子們成長與發展的幫助。

劇場／戲劇藝術在協助孩子們認識及了解自我是一個生物的個體。我們把肢體與聲音當作表達與溝通的工具。當孩子漸漸了解自己的能力且欣賞自我的溝通技巧時，其信心也因而建立。

劇場／戲劇藝術試著幫助孩子認識及了解自己是一個創造性個體。隨著不同的創作經驗，他能夠非常投入活動中，任思想奔流、想像力飛馳，而認知的關係就此產生。藉由戲劇的活動，動作、語言及所有的表情，瞬間變得非常真實，即使那只是短暫的經驗，它都能帶給我們淋漓盡致的感覺。

劇場／戲劇藝術希望能幫助孩子把自己設想為經驗的整合者。他們用自己的心智與身體，化藝術為具體的情境，然後學著如何解決其中的問題，統整及控制所發生的狀況。

劇場／戲劇藝術希望能幫助孩子把自己當成一個能夠深思熟慮的個體，對不同的人、事、物及環境，他能夠做周延細密的思考與反應。在不斷的討論及分析自我與他人的學習經驗中，戲劇活動鼓勵孩子發揮其聆聽及細心觀察的能力。

劇場／戲劇藝術希望能幫助孩子了解自己是社團的一份子。戲劇源始於群體。在參與這種「一來一回」的即興戲劇中，為了能與他人共同創作，孩子們必須學著去發展一種互信互重的默契，而戲劇活動的內容，正可以幫他們同情他人，且能進一步了解他人的情感與行為。

## ❤ 劇場／戲劇藝術

劇場／戲劇藝術之目的是希望能幫助孩子們了解及欣賞這類由對白及動作來敘述一個故事的藝術活動。對於戲劇了解之程度可包括兩個層次：其一是直

覺性的洞悉力，其二則是知識性的解析力。由於孩子們到學校中充分地參與遊戲活動，他們已經能夠憑藉直覺，抓住戲劇的箇中要領。而個體在參與戲劇活動的經驗增加後，其對戲劇的解析力相對增強。隨著年齡的增長，孩子們對解析周遭所發生之事物漸感興趣。慢慢地，對孩子而言，戲劇成了極具意義的遊戲，且愈明瞭其中的原理，愈能增加這種遊戲的趣味性。這份知性的解析力能給予孩子更多的發展空間，使得他們自在地運用及設計屬於自我的戲劇方式。他們學習整合劇作家、演員、設計者、觀眾，以及成為一個合作團體中的一員。

當學生擔任劇作家的角色時，他們得學著像劇作家一樣，做下列的決定：

- 人物的動作和對白
- 劇情結構
- 主題
- 場景
- 時間

當學生擔任演員的角色時，他們得學著像演員一樣，做下列的決定：

- 一個人物的外在特徵、動機及情感
- 肢體的運用
- 聲音的運用

當學生擔任設計者的角色時，他們得學著像設計者一樣，在線條、形式、顏色及質地等方面，做下列的決定：

- 場景設計
- 服裝設計
- 燈光設計

當學生擔任觀眾的角色時，他們得學著做下列的決定：

- 成為專注的觀察者和聆聽者
- 欣賞戲劇性的事件
- 行使適當的觀眾禮儀
- 評估和進行美感判斷

當學生擔任合作團體中的成員時，他們得學著做下列的決定：

- 提供自己的想法
- 尊重其他人所提供的想法
- 在團隊中解決問題

假如孩子能持續地發展一個角色並了解其關係、地位、背景及動機等問題；假如孩子從劇情的開始、中間、高潮，甚至到結束都能持續地創作；假如孩子不僅只是觀看，也能參與並評述一幕戲的優缺點——那麼我們可以確定，不論是在戲劇表演或情節的發展部分，孩子都已經有相當多的認識與了解。

總之，研究劇場／戲劇藝術就像是探討實際的人生。孩子們藉著表達與反映人類的經驗，漸漸增進他們對自己及他人的了解。

# 什麼是小學中的劇場／戲劇藝術？

## 戲劇之基本要素與概念

把劇場／戲劇藝術放在小學的教學中，其目的並非在訓練演員，而是藉著戲劇活動的學習來豐富孩子們的創作及表達的潛力。

本書的內容包含三大範疇，也就是所謂的「單元要素」：

1. 表演（Acting）：肢體與聲音的表達運用；
2. 戲劇創作／劇本創作（Playmaking/Playwriting）：集體即興創作；
3. 回應與建構意義（Responding and constructing meaning）：美感能力之發展。

上述的元素中，都包含了一般所謂「創造性戲劇」（creative drama）的重要成分。根據多年前美國兒童戲劇協會的定義：「創造性戲劇是一種即興、非表演且以過程為主的戲劇形式，在其中由一個領導者帶領一群參與者將人類生活經驗加以想像、反應及回顧的過程。」換句話說，老師引導孩子們思考、想像並且釐清他們的想法，進而能幫助他們用自己的語言和動作來表達與勾畫出他們的內心世界，其中的觀眾無他──除了自己，就是一起參與的同學們。

雖然目前「創造性戲劇」的名稱仍然被使用，但有些人比較喜歡直接用兒童及青少年「戲劇」或「劇場」或「即興創作」的名詞。這些名詞最大的差異在於教學目標。例如，這本書的目的是在幫助教導學生們關於劇場／戲劇藝術及發展學生對這類藝術形式的知識和技巧。而在 1994 年出版的《國家藝術課程標準》中，在戲劇部分，就特別列出學生在劇場／戲劇藝術中該知道的和該會做的項目。這些項目不是其他學科領域或兒童發展的附加產品，它們是有意地教導並幫助學生達到一定程度的學習成效。

單元要素 1　**表演：肢體與聲音的表達運用**

　　每個人都藉由某件「樂器」來表達與溝通其思想。這項樂器最基本的表達方式，就是運用個人的肢體與聲音。為了能增進其表達技巧，這個工具必須加以調整，且演奏者也必須了解其功能。以下簡短的說明就是在闡述這些能增進表達能力的元素與概念（下文中用楷體字印刷的部分，表示在後面第二、三、四章中，有摘錄特別的相關活動）。

　　**肢體活動**非常重要。它們能抒發孩子們的精力與情感；能讓孩子們了解，進而幫助其控制自己身體的運作情況；能增進孩子們的表達能力；也有助於集中想像力。在本書中，有兩方面的肢體活動：其一是韻律動作（rhythmic movement），其二是模仿動作（imitative movement）。韻律動作是隨著特定的韻律節奏所做的表達與動作。其他的動作活動包含了自由探索的動作元素，或是使用活動來描寫人類或非人類的角色，或是使用動作來溝通如火、風、力量或愛等抽象的概念。

　　藉由感官知覺，我們能夠活動且反應。**感官覺察**（sensory awareness）的活動能促進我們感官接收功能的敏銳度，且能幫助我們了解「感官」對我們能夠認識及享受這個世界的貢獻。**感官回喚**（sensory recall）的活動能幫助孩子記得對一件事情的感覺，及其外觀、聲音、味道及觸感。即使那只是非具體地存在於想像中，也能讓孩子們重新創造體會那些感覺。

　　表達性的運用聲音及肢體語言，包含了動作、感官及感情。感情或情緒是一個人生活的核心，也是戲劇的重心。快樂、悲傷、害怕、憂鬱、無聊、滿足等等，這些不過是在一長串情緒反應中的數項而已。孩子們需要去認識且慢慢了解他們的情緒反應，進而知道這些情感的表徵是「人之所以為人」的一部分。像**情緒回溯**（emotional recall）這類的戲劇活動恰能幫助孩子們了解，除了自己，別人也會有類似的情緒反應，它也能使孩子較能同情他人處境。

　　「肢體活動」、「感官運用」及「情緒回溯」都是默劇之要素。**默劇**是經由動作與手勢的運用來表達一個意念或情感的方式。這是一種不經由口而經由

動作的溝通方式。有時，我們也稱之為「肢體語言」。它是講話的基石，先於口語發展，且能擴延及加強口語效果。

講話訓練可以幫助孩子們流利地溝通與表達，且助長清晰的發音及控制聲音的能力。孩子學著使用他們的聲音，藉著說什麼和如何說的方式來表達他們自己。而聲調、音量、強度和速度都是口語溝通的一部分。

### 單元要素 2　戲劇創作／劇本創作：集體即興創作

當以一種形式或組織演出一個想法，就叫做「戲劇創作」或是「劇本創作」。劇本創作通常指一種正式的劇本，它比較算是一種特殊的作法，而戲劇創作則是比較非正式的作法。戲劇創作是當孩子們決定要扮演誰和做什麼時就算是創作，但他們不一定要寫下來。在本書中，無論是戲劇創作或劇本創作，都包含了學生們的集體創作。他們會以一段文學作品或學生原創的故事，一起計畫然後以即興方式扮演他們所計畫的內容。

人物塑造所包含的遠比單單只知道人物是誰還來得廣。如人物為銀行出納員、搶匪或是警員等職業外，還可以包含對人物外型特徵的想像：人物個頭是大還是小，強壯還是虛弱？人物的步伐是大而沉緩，還是輕而活潑？人物的穿著會影響動作嗎？像是國王的長袍，或是一件正式的舞會禮服，或是一件太空裝？人物塑造也包含了人物動機。那就是人物所要做的——使人驚訝、隱瞞、恐懼、說服、道歉、嘲笑……？知道人物動機後，通常能幫助判斷人物如何移動。舉個例子，假如一名潛水員的動機是去探索一艘沉船，這名潛水員的移動就不同於要從鯊魚口中援救潛水同伴的方式。態度是人物塑造的另一個方向，它會影響人物做什麼和如何做。舉個例子，假設動機是「隱藏」。假如人物很害怕，他除了表現出那個情緒外，同時還會想要找個地方躲起來。假如人物是調皮的，他找地方躲起來的移動方式就不同。另一個人物塑造的方向是人物說話的方式。舉例來說，在《糖果屋歷險記》的故事中，巫婆和妹妹格勒泰爾的聲音有何不同？一個惡霸和一個十分膽怯的人的聲音會有何不同？因此，說話的方式幾乎和說話的內容一樣，都能夠充分顯現其所塑造的人物。

　　有許多的概念可以幫助孩子們發展原創故事或是劇情。劇場／戲劇藝術就像文章和文學賞析一樣，當然是需要了解劇情的發展。劇情結構的分析是十分複雜的，但是本書中屬於小學程度的課程，會將分析鎖定在劇情的「起、承、轉、合」。大部分的劇情將重心繞著某種衝突的發展。一些特殊的活動可以幫助孩子了解衝突的起因──如「人與人」、「人與環境」或是「人與自己」的衝突。劇情結構和衝突往往會透露出某些潛在訊息或主題。辨識文學裡的主題並能選擇主題來進行寫作或即興創作，能幫助學生了解民間故事及古典戲劇文學之所以能維持其亙古吸引力的原因。而場景──故事在哪裡發生──對劇情發展也很重要。在超市裡可能發生的動作，會和在洞穴裡、月光下、海邊不同。故事的時間也很重要。時間可以指出歷史的某一時刻──現代、南北戰爭、西元2086年，或是一天的某一時段，像是清晨三點。在之後的例子裡，我們會看到半夜裡的門鈴聲和下午的門鈴聲，可能會引起相當不同的反應。

　　不論孩子是真人或是用布偶演出，在戲劇創作／劇本創作裡所做的活動都是即興創作。孩子們喜歡布偶扮演，尤其一些比較害羞的學生，他們反而比較喜歡這種能「藏在」布偶後的戲劇表達方式。在第二、三章有簡易的手偶和影偶的製作方法；然而，這些偶戲的製作，只是第一步。在劇場／戲劇藝術的課程活動中，如何使用動作和聲音來演活偶戲，才是最重要的部分。

### 單元要素 3　回應與建構意義：美感能力之發展

　　前兩個單元要素的目的，是透過即興創作來引導學生發展「個人的內在聲音」，以表達他們對世界的了解。透過積極擔任演員或劇作家的劇本創作過程中，他們學習揣摩其戲劇技巧。在第三個單元要素中，學生們藉著反應和分析他人的作品，來練習應用已經學過的知識。在其中，他們觀察、傾聽、反應並評估，企圖從欣賞過的表演中為自己及所處的社會建構意義。藉著這個方法，也逐漸發展了他們對戲劇美感的敏銳度。他們所採取的角色其實就是「觀眾」的角色。

　　「觀眾」一詞被使用在兩種不同的情境中──「教室」和「劇場」。當在

教室裡創作戲劇時，偶爾就會輪到部分同學觀賞其他同學演出一些想法或一景。那些觀賞者就是「觀眾」。在教室裡做一名好觀眾，和在劇場裡是一樣的重要。一個完整的戲劇演出，一定要有觀眾的回應。

正如同孩子們經由觀看偉大的藝術作品，會變成較優秀的藝術鑑賞者一樣；若要讓孩子們更了解戲劇，就該讓孩子多看戲，最好是到劇場欣賞。當孩子們看到演員們活靈活現地使用肢體語言，並創造出劇中人物時，其過程就如同他們自己在教室中所做的一樣。如此一來，孩子們所有的藝術概念就能反覆地強化。在劇場中，當演員們站在台上與觀眾同在的剎那，那種神奇曼妙的興奮之感，與坐在家中看電視或去看場電影的感覺，迥然不同。應該鼓勵學生們盡可能去看現場的戲劇表演。

### ❤ 劇場傳統

一般成人將劇場中的某些傳統視之為當然的規矩。但對孩子們而言，在未參與戲劇呈現前，應該對這些傳統有一番認識。比如說，在表演前，觀眾席的燈會忽暗忽亮，這是提醒觀眾們趕緊入席，因為表演即將開始。然後，觀眾席的燈光會漸漸熄滅，最後一片漆黑，這表示表演就要開始了。最後，舞台前的布幕升起或拉開，就表示戲要正式開鑼了（布幕降下或關起來，表示一段戲或整齣戲已結束）。有時候在一幕或是一個表演的結尾，所有的燈光會全熄滅一會兒，這段時間叫「暗場」。當表演全部結束後，演員們會回到舞台上，在燈光下敬禮，接受觀眾們鼓掌、喝采，這就是「謝幕」。最後整場的燈光全亮，大家就依序離開。

### ❤ 觀眾禮儀

當孩子們知道大人們對他們的期待，他們就會知道該如何做才恰當。在第二章有關於觀眾禮儀的具體課程，有兩個理由來解釋為何大家要遵守禮儀，最明顯的原因是，我們應該能了解且體諒其他觀眾想看清楚舞台上所發生的一切之心情，另一項原因，牽涉到演員與觀眾之間所存在的一種不同於電影及電視的特殊關係。因為有觀眾在，整個劇場的經驗才算完整。且當觀眾們能注意聆

聽，啼笑恰時，甚至在看到那些出人意料的表演而驚呼出聲時，這些反應正能幫助演員們。大致而言，觀眾愈專心，反應愈好，整體呈現效果也愈大。

## ❤ 電視、電影與劇場表演間的異同

稍早時戲劇被定義為一個以對白和動作方式敘說的故事。這個定義對於電影、電視甚至現場戲劇表演都算正確。但事實上，之前提及「肢體與聲音的表達運用」及「戲劇創作」的概念，對於電影和電視的創作而言也算類似。儘管如此，它們仍有許多不同之處。

其中最明顯的不同，應該算是「真人演員」在現場的舞台表演。除了演員和觀眾間的特別互動關係外，還有一些其他的不同，如場景、演出、動作的時間性、特效、攝影機的角度、觀眾的位置等。雖然之後的章節裡會有特定的課程解釋這些差異性，以下先行做一些概略性的描述。

因為攝影機是機動性的，因此在電影或電視故事中的**場景**，能以寫實的手法將現實的細節鉅細靡遺地呈現出來〔提到「劇場」（theatre）一般多指舞台現場演出的「劇場」而非電影「戲院」（movie theatre）〕。而在劇場裡，藉著場景、道具（像是家具）和燈光，舞台上能呈現的場景就相當有限。此外，舞台上的道具必須放在演員能夠自由穿梭而且觀眾始終可以看到演員臉的位置；然而，對於電影而言，其場景可以呈現出一天內正確的時段、天氣及其他的環境狀況。在劇場裡，透過場景和燈光所提供的「線索」，觀眾必須運用自己的想像，在心中創造出劇中的真實場景。

在電影裡演出的**時間**，可以更真實地呈現。舉例來說，一場冬天的暴風雪實景可以被拍成電影，但在舞台上只能提及或是象徵性地表現一下。「倒敘」或被某個人物「回憶起的場景」，在電影裡可以快速真實地呈現；然而，在劇場裡，「倒敘」是不無可能，只是若要觀眾跟上並理解，就要花一番工夫。在電影裡，鏡頭不僅可以「移動」，也能「開始」和「停止」，因此，時間流逝的「幻覺」，可以真實地被描述出來。例如，有個人物可能正穿著睡衣在料理早餐，而過了一會兒，電影可以呈現出她手拿著公事包走在街上。在劇場裡，服飾和場景的改變，必須實際發生在「表演的時間」裡。在電影裡，演員可以

在攝影機再一次開始運轉前，改變服裝，變換化妝，而且去到一個不同的場景；觀眾也可能不會注意到劇中所做的改變。他們只需要接受「事實」即可，根本不用理會影片中故事的時間已經有了什麼改變。

在劇場和電影的演出也有一些不同。基本的不同就是動作的「大小」。因為攝影機可以非常靠近演員，只不過是眉毛的抽動也能拍下而且觀眾會看得到，像這種抽動就會在劇場裡錯過，因為觀眾距離太遠，以至於不能看到這種微妙的動作。電影裡的手勢和動作都必須十分真實，否則人物看起來會像假的。依照劇場的大小和觀眾的位置，舞台劇演員會謹慎地選擇姿勢，使所有人看見他的動作。這些姿勢對於觀眾必須像是真實的，但假如他們近看，就會覺得有些誇張。舞台劇的演員也必須移動，使得觀眾至少大部分時間能看到她的部分或是她的臉。舉例來說，當演員在和另一個人物說話時，很少會背對著觀眾。聲音的使用也是不同的，須視某人是在舞台或是電影演出。在電影裡的人物可以耳語，而且觀眾會了解每個字，因為麥克風會非常靠近。在舞台上，耳語是聽不見的；演員必須使用「舞台式耳語」（stage whisper），那是相當大聲而且包括誇大的輔助音。舞台劇演員學到如何突出他的聲音，使最後一排的觀眾也能聽見他的聲音但不會覺得吵。然而電影演員則必須以正常的音量說話。

劇場和電影兩者都使用特效，但在劇場特效是有限的──大部分是有危險的，而攝影機則可以製造幻覺。人們可以很欣然地接受在電影裡像是真的汽車追逐、碰撞、火災和打架，因為它們似乎看起來很寫實。電影觀眾所看不到的，當然是所有製造這些事件發生的細節計畫；觀眾也看不到安全裝備，還有周圍等待支援的工作人員，例如要在驚險動作之後瞬間將火熄滅。觀眾不會注意到攝影機在驚險動作之後停止，而且之後再一次開拍通常是一個不同的場景。觀眾也不會注意到他們在電影裡看到的戰艦，也許僅僅只是一個二十吋大小，且使用海浪製造機所漂浮在浴缸裡的複製品。這種效果是不可能發生在劇場裡的。當然有些特效仍有可能在劇場發生，像是起霧、爆炸、暴風雨等等，但是舞台效果的真實性，大部分要靠觀眾們樂於接受劇場的幻覺且想像其中細節的意願。

在電影中，攝影機的「一雙眼」往往真的成為觀賞者的眼睛。**攝影機的角度**可以讓觀眾看到所有的細節和不同的觀點。例如，你可能看到主角遠遠走向

街道另一頭，然後馬上又可以從螢幕中看到主角臉上的特寫。攝影機總是為觀眾「預選」了將要看到的畫面——不管是一群人、兩個人、一個人或只有手部的姿勢。

　　在電影中，觀眾的位置取決於攝影機的角度。雖然觀眾一直坐在一個定點上，但他們視線可以隨著攝影機的移動而移動。若是在劇場裡，這樣的移動就不太可能，因為演員移動但觀眾卻不會隨著移動。在劇場中，觀眾席的位置會有各種不同的安排。有時舞台會在正中央，而觀眾則圍著舞台坐；有時，舞台有三面，觀眾仍會沿著外圍坐著。一般最常見的安排就是觀眾坐在舞台的前方，觀眾必須穿過所謂的「第四面牆」[2] 來觀看台上的景物。

　　若是就觀眾所需要投注心力的情形來比較，「電視」可能是最不需要花費心思的視覺媒體，因為觀眾可以隨意轉台。有些觀眾甚至可以靠著頻繁地轉台，一次欣賞兩種節目，甚至還可以一面看電視，一面走動、吃東西，或伸個懶腰。「電影」就需要觀眾們多花點心力了，至少他們必須走到戲院裡付錢看戲。一面看電影一面小聲講話，雖然有點對不起周遭的觀眾，但並不會影響螢幕中演員的演出。多數的例子中，無論是電視或是電影，通常都不太需要觀眾運用太多的想像力，因為所有的呈現都是相當的寫實。最需要觀眾們投注心力的，可能就屬「現場戲劇演出」了。觀眾們不只要進到劇場買票看戲，他們還是表演中的重要參與者。觀眾可能會說：「是啊！我願意相信那些演員是坐在火爐前」，即便他們親眼所見的只是舞台燈光和色片所營造的效果。劇場的觀眾願意運用自己的想像和專注力來幫助演員們創造戲劇。他們回應台上的劇情進展，但不是用講的，而是以恰如其時的笑聲和掌聲回應演員。演員也知道觀眾們在台下，這種共同感，創造了特殊的劇場經驗和令人信以為真的舞台魔力。

## ♥ 美感判斷

　　透過不斷地參與劇場／戲劇藝術的活動和觀賞現場戲劇的表演，學生學習

---

2 譯註：「第四面牆」指的是舞台前那一面介於觀眾和演員之間的無形界限，以此假想的牆面區隔台下真實與台上想像的世界。

如何評估且做出美感的判斷。換句話說，他們學習如何解釋為什麼自己喜歡或不喜歡一齣戲劇的原因，且會分析各種人物的行為特質。他們也學會分析劇情、認識衝突、預測結果並提出替代的行動方案。

明顯地，不同的學校會參與不同的演出，而所看的表演也會逐年不同。為了提供較具體的分析與評估的範例，本書為每個年級個別提供了一本劇本。學生們可以單純地把它表演出來，或依照大家的意願加上一些細節，甚至可以直接大聲地朗讀且討論其中內容。如此的範例就可以應用到學生參與的任何表演中。每個年級主要分析的焦點，和他們在前兩個要素中所學到的「人物」和「劇情」的概念息息相關。例如，在第二章中，學生學習到「人物的外型」和「動機」。當他們看過一齣戲且需要分析人物時，就可以將焦點放在這方面的概念上。

## 其他戲劇要素

我們前面已針對三個劇場最基本的要素做了描述，簡言之，劇場需要：

1. 劇作家：發展想法或故事的人，也包括劇情中的行動；
2. 演員：執行行動的表演者；
3. 觀眾：觀看和反應行動的人。

然而，還有另外三個要素對戲劇而言是很重要的，它們是「設計」、「導演」和「探究」。雖然這三個要素並不是主要的教學重點，但它們一直是隱含在戲劇課程中。舉例來說，雖然某些教案的內容並未特別標明要教「設計」或「導演」，但當學生們將一個故事或是想法編成戲劇，他們自然就會安排教室的地點來顯示特殊的場景，同時也會決定每個人飾演的人物及進出場的時間等等。下面將簡短說明「設計」、「導演」和「探究」等戲劇要素。

### ❤ 設計：場景的構思與安排

當我們讀到、聽到或是創作故事時，會在心中勾畫出一幅圖像，想像各種不同場景的樣子，白天（或是晚上）是哪種天氣、人物所穿著的服飾、特殊地

點播放的音樂、心情的片段等,這些都是故事中場景安排的部分。

劇場設計者通常會事先構思場景並預做選擇,思考如何能夠透過場景與觀眾溝通,藉以增進或提高戲劇的表現意義。他們的選擇包含視覺和聽覺的部分。在視覺方面需要考慮場景、服裝和燈光;另外聽覺方面需要考慮聲音和(或)音樂的影響。

對低年級的孩子,可以鼓勵他們想像戲劇活動中的故事場景,如重新安排桌椅家具及一些道具來搭建一個特殊的場景,或是使用布料及其他配件來表現某些人物的服飾。

在中年級裡,課程包括設計戲劇的場景和服裝,甚至製作模型或布置表演場地。另外,也可以鼓勵學生們注意戲劇中視覺和聽覺的表現,並仔細分析增加或減少這些視覺或聽覺元素,其對戲劇意義的影響。

### ❤ 導演:在教室中為即興演出所做的計畫

導演是能夠為正式和非正式的戲劇、電影或電視等製作,共同和設計者及演員們發展出一套具備整體美感創作概念的人。即使是國小的學生們,他們也能共同合作計畫、進行即興排練,並展現不同種類的教室戲劇演出。在他們參與的過程中,孩子們享受帶領小組及計畫視覺和聽覺元素的樂趣。透過不斷的計畫,和為同儕觀眾呈現所進行的即興戲劇創作或正式劇本的排練,他們從中學習到社會、團體及如何形成共識的技巧。

### ❤ 探究:找資料支援教室的戲劇化作品

在劇場中,常常有一位稱為「戲劇專家」(dramaturg)的人。通常「戲劇專家」是指能提供戲劇相關的文化和歷史性的資料,並藉此協助演員、劇本創作、導演及設計師等,做出恰當的藝術選擇。在學生自編戲劇的故事中,有時也會包含不同的國家或是時期,可以在圖書館找到相關的視覺素材,協助他們更精確地呈現出他們的戲劇作品。隨著孩子的閱讀和運用圖書館的技巧逐漸發展,他們就可以自行搜尋相關的書籍、文章和錄影帶,如此將大大增進他們對於故事中時間和地點的了解。有這樣的先備能力,將可以協助他們在戲劇創作

中的決定。例如，當他們發展一段南北戰爭或美國《人權法案》的即興創作，或是進行一段非洲或墨西哥文學的戲劇創作時，教師運用前述的方式鼓勵學生運用資料搜尋的能力，來支援戲劇創作的發展。

　　在課程進行中，老師們多半可以根據特殊班級之需要，有效地選擇並組合不同的活動。以下對創作戲劇活動過程的討論，是希望在運用本書課程外，老師們能藉此討論而有助於其自行設計教案。

# 如何於課堂中實施劇場／戲劇藝術課程？

## 創作戲劇的過程

在本書的第二、三、四章中，這些課程都照著所謂創造性戲劇的過程來做為我們課程之簡綱。老師們可發現這些過程並不陌生，因為它和其他學科的教學過程相當類似。例如，在其他學科的教學中，老師通常會先呈現教材，並提供學生可以運用相關概念來進行活動的原則與方法，最後會用一些評量的方法來檢視其學習成果。在創造性戲劇的教學中也包含了下列：開場白、故事或詩的引介、計畫、演出及反省和評估，我們將在下文中分別一一說明。而這個程序的應用情況，我們將在各章的實際課程中做詳細的介紹。

### 一、開場白

通常開場白能提供孩子們想要聽下面的故事或詩的一個動力。其目的是藉著集中孩子們的注意力，幫助他們把自己的親身經驗或想法串連到故事或詩中。有時我們可用問答的方式，或者結合討論與活動方式，來幫助孩子體認故事的內涵。

### 二、故事或詩的引介

把故事或詩介紹給孩子，最好的方式，是把它講出來，而不是讀出來。把故事「講」給孩子們聽，能讓你與孩子們增加視線上的接觸，且故事聽起來會比較生動活潑。在說故事前，老師可以特別要求孩子們注意聆聽故事中的某些部分。譬如說：「你在聽故事的時候，看看能否發現哪個人物會和你一樣，經歷這種害怕的感覺？」或「聽聽看，這個故事中有多少種動物？」

如果戲劇來自學生原創的想法，開場白通常直接跟隨活動計畫進行。

## 三、計畫

### 1. 以故事或詩為主的計畫方式

　　講完故事後，老師和學生們可以開始計畫怎樣呈現故事中的片段。老師可以開始提出問題。問題可能集中在其中一個人物的身上——譬如：在「潘朵拉的盒子」中的潘朵拉。而所問的內容完全依據課程之目標再決定詢問的方向。有些問題可能與其中人物的態度或者說話方式有關。最重要的是詢問孩子們對某些人物在一些戲劇情境下的感受。譬如：「當潘朵拉打開盒子之後，她會有什麼感覺？那你會有什麼樣的感覺？」不論人物是真實的或虛構的，經由同理心所產生的情感能把人與人連結在一起。

　　有時候，在故事中遇到打鬥或肢體衝突的部分，我們可以理解，老師們對於這種情況避之唯恐不及。其實，在這種情況下，我們可以設立一項規定：「不能碰」。在「打鬥」的情節中，這項規定對學生而言，是個極具吸引力的挑戰。老師適時地提出一些問題，將對這種情況有所助益。譬如：「我們要怎樣做才能讓惡魔不碰到潘朵拉，但卻能表演出潘朵拉被惡魔攻擊的情況？」然後，找幾個學生示範呈現他們的想法。

　　通常老師們會事先決定，有多少學生能在適當時機做即興的呈現。但通常大多數的孩子都希望能扮演幾個主要角色。所以，如果能安排一種情況，讓每一個人都有嘗試這份經驗的機會，會是個很好的主意。譬如說，讓所有的孩子同時試演同一特殊的人物；或者讓一半學生輪流呈現。例如：所有的孩子都扮演潘朵拉在未打開和打開盒子之後的情形，變成潘朵拉後，他們可以運用想像力想像惡魔從盒子飛出來的樣子。稍後，再分配給學生們不同角色，讓他們呈現一小段或整個故事。

　　老師自己必須決定在整個戲劇過程，你要做的事是什麼。有三種可能性：第一種可能性是你需要提供**旁述指導**。也就是說，在學生的默劇中，老師們口述提示建議的動作，他們可以邊聽邊做，而不會打斷學生們的活動（本書中，有很多對旁述指導的建議）。第二種可能性是經由**角色扮演**來幫助孩子把整個故事演完。譬如：老師可以扮演主角或是主角的好朋友。像這類已有權威性的

人物，你能利用此種有特權的角色提出問題，藉以刺激孩子們呈現時的動作反應。不用說，孩子們最喜歡老師在他們的呈現中插上一腳（在本書中也有這類的指引範例可供參考）。第三種可能性就是老師只站在一邊，單單做個好觀眾，欣賞孩子的呈現。

## 2. 以原創構想為主的計畫方式

有時學生需要一起小組合作以發展他們那一場戲。在這種情況下，老師可能需要在小組中四處巡視。學生們需要決定誰演哪個角色、他們在哪裡、他們在做什麼，以及他們的場景（scene）要在何時開始與結束（在本書的教案中會特別提供說明）。在學生們有了想法之後，他們應該試著演出這幕戲。

有時，全部的課程只來自一個想法。例如，他們全部都是深海潛水員。老師要藉著發問來幫助學生把實際的場景和行動具體的呈現：「為什麼你要進行這個特殊的潛水活動？」「你會發現什麼東西？」「你必須要注意些什麼危險？」「你需要什麼裝備？」「你要如何在水中與其他潛水員溝通？」在這種特殊的情境下，老師也許要成為一位供應裝備的潛水船船長，並且發信號給潛水員，告訴他們面臨的危險和告訴他們何時應該返回船上等等。

## 四、演出

在計畫之後，孩子已為呈現做了充分的準備。大家應該各就各位，且保持安靜。待大家都安靜下來後，聽老師的指示，開始進行呈現活動。「好戲開鑼」（curtain）是表示開始與結束的常用訊號。

## 五、反省和評估

活動過後，孩子會很想分享他們呈現後的經驗。進行活動過後接續討論的目的包含兩個部分：其一是協助孩子連結戲劇和生活的藝術；其二是幫助孩子藉由對戲劇緊密的觀察、專注的聆聽，以及做出判斷來辨認和欣賞戲劇的美感。

討論的方向會因著不同的課程、年紀而有所改變。有時題材本身適合反省性的問題（reflective questions），例如：「應該怎麼做，才能讓剛才的遊戲更成功？」或「討論一些需要經過仔細觀察才能夠了解的特殊情境」，或者問問

學生：「生活中是不是曾經發生過故事中類似的事件？」

　　有時，透過評估性的問題（evaluative questions）可以強化教學的目標。例如，課程的目標是清楚地做出默劇，老師就會問：「你要怎麼顯示這位潛水員找到了一個非常重的藏寶箱？」或是「潘朵拉做了什麼動作讓你覺得她很好奇？」學生們也許會有其他更好的建議。這類為增進呈現效果所問的問題也很恰當，例如：「我們應該怎樣改進，讓鯊魚和潛水員之間看起來更精采刺激？」隨著學生在戲劇活動經驗的增加，這些評估性的論點將顯示出他們對藝術形式更細且更深的理解。

## 六、計畫與二度演出

　　重複以上的過程，可以將焦點聚集在另一個人物或故事的另一個段落，甚至可以重新演出來加強前次的表現，只要老師及學生們喜歡，這些過程都可以反覆不斷練習與呈現。

　　每個課程可以用一個簡短的討論或者重複強調教學目標的方式做為結束。

# 教室經營與管理

　　創作戲劇成功的關鍵存在於兩個方面——**專注力**及**想像力**。一項特殊活動的效果端賴於孩子們專注力與想像力發揮之程度而定。就多方面而言，這兩項關鍵因素是互為影響的。想像力的應用包含了把一幅圖畫或影像勾勒於腦海中的能力。為了能勾勒出那幅影像，一個人必須專注凝神於特定的一個想法上。這種集中注意力的過程是必需的。否則，孩子們將不知該如何是好，而其所做出的戲劇動作也會顯得模糊不清，甚至會干擾到其他的參與者。幸運的是，我們有一套能幫助老師們成功達到教學目標的經營策略。以下是這套策略所考慮的主題：題材選擇、空間、時間、氣氛、暖身活動、教室控制、具像化、發問、分組、靜態活動及與觀眾分享。

## ♥ 題材選擇

　　雖然本書中的課程活動都曾被有效地應用於許多課堂中，但身為老師的

你，應該最了解你自己的學生。如果你認為那個特殊的課程不見得能引起你學生的興趣——不要用「它」！在本書中，有很多題材可供選擇，許多的課程也都能成功地加以增刪，且重新應用到新的題材裡。

如果同年級的課程內容對你特殊的班級顯得太深或太淺，你盡可能採用其他階段的課程加以取代。重複地使用也無妨。事實上，如果觀察孩子們在玩遊戲時的特徵，你就能了解他們對於自己所喜愛的遊戲是百玩不厭的。而且，在戲劇活動中，他們能在同樣的單元裡，繼續不斷地學習新的東西。

## ❤ 空間

有些活動可以直接利用教室的空間，不加任何改變；但有的活動可能需要給孩子較大的空間。你可以移動一些家具，來創造出一個開放的空間；你也能找其他的教室空間加以利用。有時，甚至可以把午餐教室的桌椅移開，做為活動的地方，或者在一間兼有舞台的綜合教室裡活動。在這些空間中，最難從事戲劇活動的地方是體育館。第一，因為它的「聚音」效果很差，不論想講話或聽話都比較難。第二，學生們會習慣性地在體育館中製造噪音，所以老師將會難以管理學生。第三，體育館的空間通常很大，以致學生們無法待在一個地點與老師溝通且接受控制。

## ❤ 時間

就時間方面而言，你該注意的是，一項戲劇課程總共需花費的時間及進行活動之時段的選擇。活動的時間並沒有一定的長短，有些只需要十分鐘，有些則需要三十分鐘或更長。你或許可以把兩個較短的活動連在一起進行。譬如說，你可以把一項韻律動作的活動與感官覺察的活動連在一段課程中使用。

在一天中選擇何時從事創作戲劇的時間，是更重要的。學生在從事創作活動時，頭腦必須保持清醒，且精神必須集中。在他們疲倦且急躁不安時來從事戲劇活動，學生及你自己都會對成果覺得很失望。或者，在學生們的心非常浮躁或失控的時候，你也會覺得很難幫助他們定下心來集中注意力（雖然在「暖身活動」的例子中，有些可以幫助學生們紓解過多的精力，以助其凝神貫注，

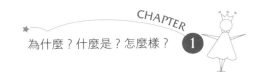

見後述）。這裡的重點是——要找出一段學生能充分專注地從事創作活動的時間。

## ♥ 氣氛

教室的氣氛必須能讓學生有備受支持與鼓勵的感覺。你要試著引發他們豐富的想像且刺激一些創作的新點子。他們必須完全信賴你，且同學彼此間也都能接納互相的意見。事實上，根本沒有「對」或「錯」的回答——只要他們能經過思考且用心誠實地回答你的問題。如果你發覺有些學生故意傻里傻氣地回答問題，一則可能是他們無法專心一致，二則也可能是他們想起引起你的注意。在這種情況下，你必須要求他們再重新思考他們的答案或不理他們。但這裡必須提醒你的是：有些對你看來似乎傻里傻氣的事情，對學生而言，卻完全不是那麼一回事。當你認真地回應且尊重他們所提供的建議時，學生們也逐漸更用心創造出他們最好的成果。你會發覺學生們全以你的行為當作模仿對象，他們學著尊重與欣賞別人所為，且接受每個人都能有其特殊貢獻的事實。在創作戲劇的氣氛中，學生不能夠隨意去諷刺或壓倒別人的言論。戲劇能夠成為建立信心的地方，通常孩子們在別的學科中受挫，但在參與戲劇活動後，都能從中「重建信心」。

## ♥ 暖身活動

我們都知道學生的精力充沛，你可以用一個暖身活動做為一次戲劇課程的開始。通常暖身活動都是肢體動作的活動，它能幫助孩子們紓解過剩的精力、增進其想像力，且能幫助他們收心，以備稍後做活動能集中精神。本書中的韻律動作及模仿動作之示範活動，都能拿來做為暖身活動（若重複練習這些活動也很好，絕無大礙）。

## ♥ 教室控制

每個人能忍受的「噪音」程度有限。在活動中，尤其在計畫與演出的階段，吵吵鬧鬧在所難免。但在可接受與不可接受的吵鬧聲中，其差別甚大。當

孩子們在一旁因充分參與討論而意見分歧，這時所製造的吵聲，我們可以接受。但如果吵聲是由於孩子們頑皮搗蛋而刻意製造的，那就無法忍受了。即使那些可接受的吵鬧聲，有時也可能增強到你無法忍受的地步，這時你就必須提醒孩子們降低他們的音量。

用「工具控制」來引發孩子的注意力能收到非常大的效果。一副小鼓、鈴鼓、鐃鈸或三角鐵，都比用你自己的聲音來控制學生們的吵聲有效得多。小孩子很快就學會依照你的敲擊工具的節拍而暫停活動，等待你下一個指示。在每個年級「準備開始」的第一課中，都附上了這類用工具控制的活動。最重要的是，你必須持續使用這套控制方法，且要求大家必須有所反應，才能繼續接下去的活動。

正如在前面「活動計畫」中討論過的，你所扮演的角色也能收控制之效，譬如：如果你扮演「森林之王」，那就可以合理地要求你的部下安靜而且聽國王的命令。因為你是以劇中人物的姿態出現，孩子們自然就會與你相互應和。

運用「旁述指導」也可以收到控制秩序的效果，因為學生必須專注聆聽指令，以配合你所提示的動作。「旁述指導」可以使他們專注在焦點中。

另一個完全可以接受的策略就是：當學生的行為已經不受控制時，只需要喊暫停活動，大家一起討論問題及要求學生提供意見並再重新投入，如此可以再試著重回戲劇活動中。如果他們的行為依然故我，就不再繼續進行這個活動。

## ❤ 具像化

除非孩子很清楚地知道他們將要做什麼，你絕不能率然地放手讓孩子去做，不然你會使自己陷入一團混亂。有一個好方法，就是要孩子們閉上雙眼，想像他們自己從事一項特別的行動。有時你也能趁他們眼睛閉著的時候，在一邊插入一些旁白。如果是需要使用音樂的課程，你可以播放音樂，同時要孩子們想像那項行動。另一個幫助孩子的技巧，就是要孩子們舉起一隻手指、坐下來或做一些看得到的信號，讓你知道他們已經想清楚自己要做什麼了。

## ❤ 發問

　　發問是所有考慮的因素中，最重要的一環。選擇了適當的時機與問題，能從孩子那裡獲得經過相當思索過的回答。通常我們用「為什麼」、「如何做」、「什麼地方」、「什麼東西（事）」及「什麼時候」等這類的問題開始。這些與那種單單限於「是」與「不是」的發問方式，截然不同。大致說來，當你希望獲得的答案是「肯定」的時候，絕對不要用一個可能導致回答「不」的問題。譬如說：「你們想要演深海潛水員嗎？」不管有意或無意，可能會有小朋友說「不」。

## ❤ 分組

　　孩子們必須學習如何在團體中互相分工合作，這是一項需要慢慢培養的能力。最好的方法是利用兩人一組的合作方式開始，漸漸擴展為三人、四人甚至五人。

　　同時，孩子們也必須學習如何與自己「好朋友」之外的其他同學一起合作。有好幾種分組方法，其中之一就是一、二報數，然後，要數一的小朋友同組，數二的小朋友到另一組。另一種分組的方法是以孩子名字中的第一個字母排序，從 A 至 C 的字母為一組，其他依序類推。或者我們也可以依照衣服的顏色、座位的順序，或者是否有兄弟姊妹來分組等，有各種可能的分組方式。

## ❤ 靜態活動

　　如果你發覺孩子在戲劇活動太過興奮時，可以用一個「靜態」的活動來幫助他們安靜放鬆下來，為接下來的正式課程做準備。也許你可以用一些較輕鬆的音樂要他們坐下或躺下，隨著音樂進入夢幻世界中。你可以要他們幻想自己變成了正在融化的冰淇淋、水蒸氣、慢慢地飄浮於天上的一朵雲、慢慢落入泥土中的小雨滴、沒有人拉線的小木偶，或是一隻睡在太陽下的小貓咪。如果你們問孩子們的話，他們甚至能提供一些如何靜下來的好主意。

## 💛 與觀眾分享

在孩子們擁有了許多創作戲劇的經驗後，部分或者所有的學生會希望與同學外的人分享他們的特殊成果。有時他們會願意與他們同年級的一起分享；有時，年紀大一點的學生會想與年紀小一點的學生分享。當一個班級對某個故事之戲劇化特別有興趣時，不論其靈感來自文學或者獨創，他們會想把它重新修飾一番，且一而再地演練以加強其成效。他們也會想把演練的過程錄影下來，以便觀察自己排演的成果，供作批評改進。這種對自己要「表演」給觀眾看的想法，會促使他們更加集中精神且下工夫去準備。

有時候，孩子們也可能利用已完成的劇本。通常，這會使得其中人物的塑造及行動顯得很僵硬、不自然，且無法讓國小年紀的學生們發揮其自由創作的能力。但如果已選用了一本劇本，我們就該用類似改編故事的方法，來準備這部劇本。也就是說，在學生正式排練呈現之前，要大家把它讀一、兩遍，然後演員們一起討論，再即席創作某些部分。盡量要求孩子們用自己的話來表達其意念，絕對不需要一字不漏地照背台詞。就像一篇故事一樣，原劇本只提供故事的大綱而已。

這項呈現計畫，宜簡宜繁，端賴老師與學生們自己的意思酌量增刪。全班每個人多少都想參與一些呈現計畫，有些人可以收集道具，有些人可以試試操作簡單的燈光或音效，有些人可以設計簡單的服裝，這些準備工作都是訓練孩子團結合作最佳的方法。

## 表列與程序

下面是以「單元要素」及「年級發展」來分類的綜合表列指南。雖然本書只介紹四至六年級的課程，老師們仍然可以從中了解各個年級的概念發展情形。圖中的箭頭代表一個特別概念在每個年級中順序發展的方向。

## 劇場／戲劇藝術綜合表列指南

| 單元要素 | 幼稚園 | 一年級 | 二年級 | 三年級 |
|---|---|---|---|---|
| 表演：肢體與聲音的表達運用 | 發展對身體與空間的認知能力，運用：<br>● 動作 —————<br>● 默劇 —————<br>● 聲音 ————— | | | ————→<br>————→<br>————→ |
| | | ● 感官覺察 ——— | | ————→<br><br>● 感官回喚<br>● 情緒回溯 |
| 戲劇創作／劇本創作：集體即興創作 | 文學作品的戲劇化，運用：<br>● 默劇 | | | ————→ |
| | | ● 偶戲 | ● 影子戲 ———<br>● 對白 ——— | ————→<br>————→ |
| 回應與建構意義：美感能力之發展 | | | | 觀賞戲劇活動，強調：<br>● 演員和觀眾之間的關係<br>● 觀眾禮儀 |

## 劇場／戲劇藝術綜合表列指南（續）

| 四年級 | 五年級 | 六年級 |
|---|---|---|
| 發展對身體與空間的認知能力，運用：<br>● 動作 ——————<br>● 默劇 ——————<br>● 聲音 ——————<br>● 感官覺察和回喚 ——————<br>● 情緒回溯 | ● 人物的情緒回溯 —————— | ⟶<br>⟶<br>⟶<br>⟶ |
| 文學作品的戲劇化，運用：<br>● 默劇 ——————<br>● 劇情結構 | 自創故事的戲劇化，運用：<br>● 衝突<br>● 情節 —————— | ⟶<br>● 場景<br>● 時間 |
| ● 人物塑造，強調：<br> ● 外型特徵<br> ● 人物動機<br> ● 對白<br>● 偶戲 ——————<br>● 影子戲 | ● 人物塑造，強調：<br> ● 以行為顯示態度 | ● 人物塑造，強調：<br> ● 以台詞顯示人物 |
| 觀賞戲劇活動，強調：<br>● 演員和觀眾之間的關係<br>● 觀眾禮儀<br>● 分析人物外型特徵與行為動機<br>● 了解劇中衝突<br>● 預知劇情結果 | ● 分析由行為所顯示的人物態度<br>● 了解衝突種類 ——————<br>● 評估與進行美感判斷 —————— | ● 分析台詞如何顯示人物<br>⟶<br>⟶<br>⟶ |
| 了解電視、電影與劇場表演間的異同，強調：<br>● 場景<br>● 演出 | ● 動作發生的時間<br>● 特效 | ● 攝影機的角度<br>● 觀眾的位置 |

# CHAPTER 2

# 四年級

四年級的學生，已經參加過劇場／戲劇藝術的課程，他們在動作、感官覺察、情緒回溯、默劇、聲音的模仿和簡易對白的創作上已經有了經驗。這一年的課程會提供學生應用並加強前述的表達性技巧，也會加入一些比較抽象的概念如詮釋性動作；另外，課程中也會強調自創性的對白。

在創造性戲劇裡，藉著使用默劇和偶戲，孩子們開始會用到即興創作，進而了解到何謂劇情結構；而且藉由融入人物的外型特徵和動機，他們也開始學會了何謂人物塑造。同時他們也會從事一些人物對白的寫作活動。

四年級的活動中也涵蓋了幫助孩子們發展美感概念的賞析課程。當他們觀賞戲劇活動時，他們就有機會學習觀眾禮儀及演員和觀眾之間的關係；在參與戲劇創作／劇本創作的課程中，他們也會學到如何去注意一些概念，像戲中人物的外型特徵和人物動機。他們的經驗也讓他們學習分辨劇情衝突。每個年級都附上一個劇本做為分析的範例。

四年級的課程，也會幫助孩子們了解一些電視、電影與劇場表演間的異同，尤其強調在場景和演出上的差異。

對於那些從未在教室中進行戲劇的班級而言，這裡的綜合表列指南正好可以提供一個完整的介紹和頁數的指引。在進入四年級活動之前，這類的班級可以從參與三年級的活動中成長[1]。此外，對原來就有戲劇經驗的四年級學生而言，老師們也希望複習以前的課程。

　　在另一方面，學生們也可以往上接到五年級的戲劇課程，藉此加深並強化他們在某一個戲劇概念中的應用技巧。孩子們很喜歡反覆從事戲劇活動，所以向其他年級「借用課程」，是很容易被學生們接受的。事實上，最令人開心的是藉由各年級的戲劇複習活動，學生們會變得更加熟練，所以他們很能夠接受複習。先前在 27 至 28 頁所提到的劇場／戲劇藝術綜合表列指南，可以看到各個概念該何時介紹。

　　下面的個人和人際行為可以用表列的形式呈現。學生應對他們的表現做定期自我評估。學生的自我評估可和教師的評量做對照。

　　1. 我會遵守班規。

　　2. 我會與人合作。

　　3. 我會做一個好的聽眾以表現對他人的尊重。

　　4. 我會回應他人的想法。

　　5. 我會尊重其他同學的空間。

　　6. 我會遵守教室安全規則。

　　7. 我會專心完成任務。

　　8. 我會表現適當的觀眾禮儀。

　　9. 我會尊重他人感受。

---

1 譯註：由於時空及文化的因素，三年級的課程在《創作性兒童戲劇入門》（心理，1994）書中，並未納入翻譯的範圍，未來在新的版本中才會重新編譯。

## 劇場／戲劇藝術綜合表列指南

| 單元要素 | 三年級 | 頁數 | 四年級 | 頁數 | 五年級 | 頁數 |
|---|---|---|---|---|---|---|
| 表演：肢體與聲音的表達運用 | 發展對身體與空間的認知能力，運用：<br>● 動作<br>● 默劇<br>● 聲音<br>● 感官回喚<br>● 情緒回溯 | 略 | 發展對身體與空間的認知能力，運用：<br>● 動作<br>● 默劇<br>● 聲音<br>● 感官回喚<br>● 情緒回溯 | <br>35-43<br>50-54<br>58-61<br>44-49<br>55-57 | 發展對身體與空間的認知能力，運用：<br>● 動作<br>● 默劇<br>● 聲音<br>● 感官回喚<br>● 人物的情緒回溯 | <br>137-146<br>154-157<br>161-164<br>147-153<br>158-160 |
| 戲劇創作／劇本創作：集體即興創作 | 文學作品的戲劇化，運用：<br>● 默劇和對白<br>● 影子戲 | 略 | 文學作品的戲劇化，運用：<br>● 默劇和對白<br>● 影子戲<br>● 偶戲<br>● 劇情結構<br>● 人物塑造，強調：<br>　● 外型特徵<br>　● 人物動機<br>　● 對白 | <br>62-67<br>97-108<br>97-108<br>68-76<br><br>77-96<br>77-83<br>84-89<br>90-96 | 自創故事的戲劇化，運用：<br>● 默劇和對白<br><br>● 偶戲<br>● 衝突<br>● 人物塑造，強調：<br>　● 以行為顯示態度 | <br>165-167<br><br>192-195<br>168-178<br><br>179-191 |
| 回應與建構意義：美感能力之發展 | 觀賞戲劇活動，強調：<br>● 演員和觀眾之間的關係<br>● 觀眾禮儀 | 略 | 觀賞戲劇活動，強調：<br>● 演員和觀眾之間的關係<br>● 觀眾禮儀<br>● 分析人物外型特徵與行為動機<br>● 了解劇中衝突<br>● 預知劇情結果<br><br>了解電視、電影與劇場表演間的異同，強調：<br>● 場景<br>● 演出 | <br>109-112<br><br>109-112<br>113-127<br><br>113-127<br>113-127<br><br><br><br>128-129<br>128-129 | 觀賞戲劇活動，強調：<br><br><br><br><br>● 分析由行為所顯示的人物態度<br>● 了解衝突種類<br>● 預知劇情結果<br>● 評估與進行美感判斷<br>了解電視、電影與劇場表演間的異同，強調：<br>● 動作發生的時間<br>● 特效 | <br><br><br><br><br>196-207<br><br>196-207<br>196-207<br>196-207<br><br><br>208-209<br>208-209 |

031

## 💗 開始前的說明

　　文中仿宋體字的部分，是以老師為第一人稱對學生說話的口吻。這些「直接引句」可能是給學生的一些指示、問題，或者「旁述指導」的評語。所謂「旁述指導」意指孩子們在表演活動中，老師觀察孩子們的活動所做的指導，以便激發其想像力、提供新的想法且鼓勵他們的努力成果。

　　仿宋體中的引句，只是希望提供參考使用。每個老師有其個人風格，應該依其特殊風格及班級之特別需要，加以增刪其中的評語與問題。

---

### 準備開始

◎**戲劇目標**：藉著討論與演出活動，發展對戲劇的初步認識與了解；認識想像的重要性

◎**相關教育目標：**

　語文：使用非語言的溝通

　體育：發展協調感、反應力和平衡感

◎**教材教具**：一個控制器，例如鼓或是鈴鼓

---

## 一、開場白

　　將「戲劇」這個詞寫在黑板上，然後將字顛倒次序。例如：劇戲。

　　告訴學生這個詞是某一件待會兒他們要做的活動中，所要用到的詞，他們需要一些工具來進行這個活動，而且他們本身就具備這些工具。看看他們是否能解開這個詞。

　　進行戲劇活動時需要什麼工具？老師可以接受所有的答案，但特別強調基本的工具：

　　　　聲音，

　　　　肢體，

　　　　心智。

每一種工具都非常重要。問他們為什麼認為心智是重要的？著重於想像力的重要性。

## 二、計畫

告訴學生今天他們將要練習他們的想像力：

> 找到你自己的活動空間，以不碰到他人為原則。
>
> 在你的腳下你會看到一條假想長度的繩子。
>
> 當我給一個開始的信號時，你就撿起繩子開始用一些方法使用它，盡你所能的想像，用這條繩子可以做出許多事情。

## 三、演出

使用鼓或是鈴鼓，給一個開始的信號。

兩分鐘之後，再給一個相同的信號停下來。

> 想一想還有多少可以用繩子做的事情？要超過五件以上。

藉著自願者示範每個人自己的構想，找出一些他們的想法。

## 四、計畫

要他們找一個夥伴。他們仍然是使用一條想像的繩子，這次是一條拔河的粗繩子。要每一對夥伴去握他們的繩子，決定他們的繩子有多粗，而且試著在他們的手上感覺看看。

複習這個遊戲。兩個人各自在一條假想線的一邊，他們兩邊都繼續握著繩子。目標是每個人拉著繩子，使對面的人被拉過這條線。

因為繩子是假想的，問他們要做些什麼，可以使它看來像是一場真的拔河。討論拉和拖——當某個人用力拉，另一個人表演他正被拖著；然後另一個人用力拉而另一邊表演被拖了多遠等等。你可以要求兩名自願者來示範，問在一旁觀察的學生：他們正在做什麼？他們做了些什麼樣的動作，使得它看起來像真的拔河一樣，也可以問問學生，還可以再加些什麼動作。

## 五、演出

　　每一對設定他們自己假想的繩子，所有隊伍同時表演。接著，使用鼓或是鈴鼓開始活動。在他們表演了十五秒左右，提醒他們你將默數到十，在那一刻你會敲響鼓，而控制了繩子的人會把對手拉過線。如果仍然有一些人說他們兩邊都掌控了繩子，就判定他們平手以結束比賽。

## 六、反省

　　問有多少人能想像他們是真的在拔河。他們做些什麼動作使它看起來像真的？困難的地方在哪？

　　討論想像力：

　　　　在戲劇裡為什麼想像力很重要？
　　　　在人一生中想像力有多重要？
　　　　為什麼一個想要找到治療癌症方法的科學家要用到想像力？

## 七、評量

　　在這一課及更早的課程中，你會發現他們口頭上的描述，會比他們實際上的演出更加活潑。那是因為他們還有一點害羞——不知道他們是否可以相互信賴，或是信賴你，還有因為他們的默劇技巧還沒有趕上他們的想像力。老師可以記錄他們現在所能做的，並鼓勵他們使用想像力。因此，當孩子們在戲劇上有更多經驗時，你會看到他們在默劇上有持續的進步。

單元要素 1　表演：肢體與聲音的表達運用

概念　經由動作來發展對身體與空間的認知能力

━━━ 重 與 輕 ━━━

◎**戲劇目標**：運用體能做出「很重」與「很輕」的感覺

◎**相關教育目標**：

　**語文**：在各種情境中，能夠注意聆聽

　**體育**：參與有關肌耐力、彈性的活動；發展協調感和平衡感

◎**教材教具**：一個鼓或鈴鼓，配合活動進行

## 一、開場白

　　告訴班上同學，假裝他們正在繞著操場慢跑，只是他們是在原地做。指導他們注意跑步時如何擺動他們的手臂和腿。

## 二、演出

　　旁述指導：

　　　　繼續跑，但假裝你的腿上和腳上都加上了很重的鉛塊，讓你難以移動。

　　　　現在你的手臂上也加上了很重的鉛塊。

　　　　現在把一個鉛塊放在你的腰上，你一面繼續慢跑，一面感覺腰上的重量。

　　　　突然間你腰上的鉛塊移掉了。

　　　　接下來你手臂上的鉛塊也消失了。

　　　　然後你腿上和腳上的鉛塊都不見了。

　　　　不只是重量消失了，而且現在你的體重只剩下一點點，幾乎輕得

像羽毛一樣。

　　因為你太輕了，幾乎得綁著才不會飛走。

　　飄到地上，然後放鬆。

## 三、反省

　　討論變重變輕的感覺。有時候，當學生們過於緊繃而需要放鬆時，可以好好運用這個活動。

## 四、評量

　　評估他們是否跟從指令和達成目標。

## 向前看齊

◎戲劇目標：觀察並跟隨一個韻律的模式行動

◎相關教育目標：

　語文：在各種情境中，能夠注意聆聽

　體育：發展協調感和平衡感；參與韻律活動

## 一、開場白

　　告訴學生，你將要看看他們在團體中合作的情形。將班上分成五、六組。每一組排成一排，所以每個人永遠只能看到他正前方同學的背。

## 二、計畫和演出

　　每一排的第一個人就是領隊。領隊做一個動作，這組人就跟著他做，動作限制在移動手和手臂。領隊應該要慢慢地動，好讓其他人跟上。幾分鐘後，給個指令停止。

　　第一個人排到這排的後面，然後換第二個人變成領隊。這次領隊可以使用手、手臂、腳和腿，但不可往前移。

　　每次有新的領隊時，給予不同的指令，如：

　　　　用你全部的身體，但得是慢動作。

　　　　用你全部的身體，而且往前移動，要確定不會干擾到別排。

　　　　肩並肩地移動。

　　　　留在原地，但可以上下移動。

## 三、反省

　　問他們這個活動哪裡最簡單和哪裡最難。負責大家一起準確地移動是誰的職責？答案當然是：「每個人！」

## 四、評量

　　除了這個目標之外，記錄哪一個孩子喜歡當領導者的角色，哪一些孩子是比較勉強的，後者較需要建立自信心和同儕的認可；前者較需要在組織團體上做協調，使得全體都有參與的機會。

## 安全地倒下

◎戲劇目標：安全跌倒的動作

◎相關教育目標：

　語文：遵從多個步驟的指示

　體育：發展協調感和平衡感

## 一、開場白

　　孩子們很喜歡摔一跤的動作。當他們演出故事時，某個人經常會加入跌倒的動作。如果讓他們按部就班地練習，下面這兩種跌倒的動作就會很安全。你一面緩慢大聲念出下面的程序，一面指導孩子慢慢練習幾次。

　　這個重點是避免跌在身體骨頭的部分。不要讓膝蓋、骨盆、手肘、手腕、肩膀、脊椎或是頭撞到地板。一面要孩子保護自己的安全，一面要他們盡可能以放鬆的方式來進行跌下來的動作。

## 二、計畫

　　後倒：

　　1. 右腳後踏，身體重心在右腳

　　2. 提高左腿

　　3. 兩手高過頭

　　4. 坐在右腳後跟上，然後轉到脊椎旁邊的肌肉部分。不要讓手撞到地板。

　　這種倒下方式，由右腳或是左腳向後退來完成都可以。抬腿縮骨盆，是為了跌倒時不要撞到尾椎。讓學生們學習這種簡單坐在自己腳後跟的跌倒。以這種極具控制性的方法來練習跌倒，之後會讓人看起來像是真的跌倒。

　　側倒：

　　1. 右手高過頭

　　2. 兩腳膝蓋往左轉

　　3. 只留屁股在右邊

　　4. 使身體像一個右括弧「）」

5. 倒向右邊，小心不要以尾椎跌到地上

像一個搖滾樂手在一張搖椅上倒下，而且倒在身體肉多的部分：小腿、腿窩、屁股、脊椎旁的肌肉。要順其自然倒下，不要忽然停下來。

在他們熟練跌倒的動作之後，加入一些變化，例子如下：

- 慢動作跌倒
- 用兩倍的時間，以更慢的動作跌倒
- 假裝被打中胃般地跌倒
- 被一個假想的東西絆倒

學生們會加入其他的建議。

## 三、反省

討論他們在學習跌倒上可能會有的困難。就像其他的事，練習是需要的！討論為什麼對演員來說，練習安全地跌倒是一件重要的事。

## 四、評量

這個活動應該練習好幾天——它可以當作課程開始時的暖身。假以時日，每位學生應該可以依規定的順序成功做出跌倒的動作。

## 全身上下動一動

◎戲劇目標：運用動作激發想像力

◎相關教育目標：

　　語文：在各種情境中，能夠注意聆聽

　　體育：參與有關肌耐力、彈性和心血管耐力的活動；發展協調感和平衡感

## 一、開場白

　　問學生們當他們很冷很冷時身體會怎麼樣？會顫抖和甩動。這就是他們今天所要做的事——甩一甩、動一動！

## 二、演出

　　旁述指導：

　　　　開始甩甩你的手。

　　　　有多少不同的方位可以甩？

　　　　　　向前甩

　　　　　　向後甩

　　　　　　向上甩

　　　　　　一高一低的甩

　　　　加上你身體的另一個部位。

　　　　加上更多其他的部位，直到你全身都在甩動。

　　　　盡你最快的速度甩。

　　　　當你甩動時，想想一些你所看過的甩動，例如：水泥攪拌器、烘衣機、落水狗或果凍。

　　　　現在變成你想像的東西正在甩動。

　　　　現在開始慢慢地甩，然後還是一樣的東西嗎？或是變得不一樣了？

　　　　慢慢地甩動到地板上，漸漸停下來，然後放鬆。

## 三、反省

談一談他們所變成的各種會「甩動」的東西。

## 四、評量

在討論一些關於他們甩動的事物前，要他們把方才變的東西寫在一張紙上。用這個方法，你會發現哪些學生正在忙著使用他們的想像力，而哪些學生需要練習和鼓勵。

## 大海灘球

◎戲劇目標：運用意象，放鬆身體
◎相關教育目標：
　　語文：在各種情境中，能夠注意聆聽
　　體育：參與有關彈性的活動；發展協調感和平衡感

### 一、開場白

　　告訴學生，有一種很多人都在使用的放鬆方法就是冥想。就是運用想像力在他們心中形成一幅畫面，然後放鬆。今天他們將練習想像自己變成一顆海灘球。

### 二、演出

　　　　想像你是一顆又大又圓的海灘球，被打得彈來彈去。
　　　　你彈到空中，當你著地時輕輕地彈回來。
　　　　向前向後彈好幾次。
　　　　突然間你發現你正在洩氣。
　　　　速度愈來愈慢，直到你再也彈不起來。
　　　　你變得愈來愈平，直到空氣全沒了。
　　　　放鬆。

### 三、反省

　　問他們是否能夠達到放鬆的目標。要他們提出其他可以使他們十分放鬆的想像。其他想法見附錄 A 的 367 頁。

### 四、評量

　　留意那些需要更努力學習放鬆的學生。要他們思考這件事，想像他們能發現什麼方法來放鬆，然後改天再告訴你。下一次進行這一課時，要每個人自己想像，然後使用它來放鬆，並且在稍後問問他們的想像內容。

**集體建構**

◎戲劇目標：以小組創造物體的形狀和動作

◎相關教育目標：

　　語文：使用非語言的溝通；參與小組問題解決的活動

◎教材教具：將每一個物體的名字寫在一張張小卡片上

## 一、開場白

　　在前一課，每個孩子變成了海灘球，又輕又溫柔地前後彈跳著。在這一課，他們會變成不同的物體，但他們將集體創造這些物體。

　　嘗試表演一、兩組的物體。首先，將他們分成四、五個人一組。每一組創造一顆巨大的海灘球的形狀，然後表演它如何移動。在組裡的每個人要當這個物體的一部分。你可以使用像在大海灘球課程（42頁）裡一樣的旁述指導。指出在同一個團體會使用不同的方法一起移動和工作。

　　讓他們試試另一個意象的題目，比如說──營火。不需要給太多計畫的時間，他們應該一起盡快地做出計畫。

## 二、計畫

　　給每一組一張小卡片，上面有一個物體的名稱。告訴他們，你只給他們兩分鐘計畫如何塑造這個物體和使它移動。

　　可能的物體包括：降落傘、飛機、機器人、除草機、灑水器、車子。

## 三、演出

　　每一組表演他們所創造的物品給班上其他同學看。觀看的人將試著去判斷那是什麼。

## 四、反省

　　問他們老師給的問題中，什麼是最難的。

## 五、評量

　　評量他們是否能成功地表演出物品以及進行團體合作。

 **概念** 經由感官覺察和感官回喚來發展對身體與空間的認知能力

聽覺和想像

◎戲劇目標：運用聽覺激發想像力

◎相關教育目標：

語文：在各種情境中，能夠注意聆聽；使用各種不同的詞彙表達想法

### 一、開場白

要同學們閉上眼睛，聽教室外面他們聽到的聲音。每一個人應該專注和仔細地聽其中一種聲音。

誰在製造聲音？為什麼？

是這個人正在做某件事或正要去某個地方嗎？

編一個關於這個聲音的故事。

### 二、演出

幾分鐘之後，要他們張開眼睛和坐在隔壁的人分享他們的故事。

### 三、反省

討論我們的想像力會如何經由感官而得到想法。這次是經由聽覺。你的味覺如何刺激你的想像力？那視覺呢？觸覺呢？

### 四、評量

每位學生是否能和同伴分享他的故事？

## 海灘

◎**戲劇目標**：使用感官模仿海灘活動

◎**相關教育目標**：

    **語文**：在各種情境中，能夠注意聆聽；使用各種不同的詞彙表達情感和想
            法；正確地使用形容詞

    **體育**：發展協調感和平衡感

### 一、開場白

    要全班找一個舒服的地點，坐在地上，然後大家閉上眼睛開始想像：他們正坐在某一個他們最喜歡的海灘上。當他們開始想像時，藉著問如下的問題給予旁述指導：

        現在的天氣如何？感受一下溫暖的陽光。

        你聽到什麼聲音？

        把你的手放在地上——你摸到了什麼？

        你看到你周圍有什麼？

        你在海灘上最喜歡做的一件事是什麼？

### 二、演出

    張開你的眼睛，繼續想像你在海灘，開始做你最想做的那件事。

    學生將會有不同的回應。有的人只想要躺在陽光下；有的人則是想要游泳；或者是堆沙堡；甚至是玩飛盤。

### 三、反省

    在他們玩了一段時間之後，問他們哪一個「意象」對他們最真實。他們聽到了什麼？他們回憶的海灘聞起來像什麼味道？

## 四、評量

　　要他們選一個最能幫助自己回喚起「海灘」感覺的感官媒介。請他們寫下一段描述，包含在海灘他們所「看到的」、「感覺到的」，或是「聽到的」。他們要使用各種不同的形容詞，使讀者也能「看到」、「感覺到」和「聽到」。

閣樓

◎**戲劇目標**：運用感官進行探索閣樓的默劇
◎**相關教育目標**：
　**語文**：在各種情境中，能夠注意聆聽；使用非語言的溝通；使用各種不同
　　　　的詞彙表達情感和想法
　**科學**：運用感官的技巧／方式取得資訊

## 一、暖身活動

　　告訴班上同學，接下來幾分鐘他們所做的，是需要專注和敏銳的感官，所以他們要練習，使每一個感官都變得敏銳。

　　首先是嗅覺：

　　　閉上眼睛，只是藉由嗅覺，看看是否能聞到粉筆、漿糊或者任何能讓你知道你身處於教室的東西。

　　其次是聽覺：

　　　閉上眼睛，你聽到什麼聲音？
　　　假裝有人正走在走廊上，注意聽腳步聲。

　　接著是觸覺：

　　　摸摸你口袋裡或是桌子上的某一個東西，注意它摸起來的感覺。
　　　把它放下而且想像你正在摸它。讓你的手指記住它摸起來的感覺。

　　最後是視覺：

　　　回想你家中的臥室，想想裡面的家具、色彩，還有地板的樣子。
　　　回想你房間在黑暗之中看起來的樣子，還有你能看到的大型物體的陰影。

### 二、開場白

問有沒有人去過閣樓。對那些從來沒有聽過什麼是閣樓的人，他們會怎樣向他人描述閣樓的樣子？試著帶出用每一種感官接觸所做的描述。例如，閣樓裡可能有發霉的味道，暗暗的，而且到處都是蜘蛛網，有嘎吱作響的地板和很低的天花板，到處都堆滿了箱子和大皮箱。

### 三、計畫

閣樓探險會有很多驚喜，因為你不知道你會在那裡發現什麼。

想像有一間又老又大的空屋子，你決定去那裡探險。

你發現裡面有一間閣樓。你要如何進入閣樓？

試著先在心裡產生一幅清楚的閣樓畫面，然後讓自己感覺到臉上真的碰到蜘蛛網、聞到了發霉的味道、聽到嘎吱嘎吱的樓板響聲，甚至看到許多的箱子和大皮箱。

### 四、演出

一聽到我的信號，閣樓探險就開始，看看你發現了什麼。

在他們玩了一段時間之後，開始建議：

當你環顧四周，你會發現一些很不尋常的東西。

仔細看著它。

那個東西可能來自哪裡？

你會用它做什麼？

### 五、反省

當他們完成這個活動時，許多人會想要分享他們在閣樓裡發現的東西。他們可以用說的，或是用默劇表演出他們所發現的東西，讓其他的人猜猜看。詢問他們聽到什麼或是摸到什麼，讓他們覺得「閣樓」是這麼的逼真。

## 六、評量

　　其他地方也可以去探險，只要能觸發豐富細膩的感官體驗，如一個山洞、一間廢棄的舊屋或者一座茂密的森林。你可以指派給他們一項作業，例如：請他們列出一些會在山洞裡體驗到的感官細節。和夥伴一起完成這個作業會更有趣和更有幫助。

概念　經由默劇來發展對身體與空間的認知能力

**我伸、我伸、你猜猜看**

◎戲劇目標：藉由一個特殊的動作進行默劇

◎相關教育目標：

　語文：在各種情境中，能夠注意聆聽；使用非語言的溝通

　體育：發展協調感和平衡感

## 一、開場白

站起來盡量地伸到最高。

盡可能地將你每一邊伸到最遠。

盡可能降到最下面。

現在給你一個向上伸展的目標：

調整高掛在牆上一幅歪掉的畫。

你看到了一些蒼蠅。去拿一支蒼蠅拍，然後伸出去拍打牠們。

## 二、計畫和演出

請他們想一想他們得伸長和觸碰的理由是什麼。

當有人建議一些想法時，全班要跟著運用默劇表演出來。或者，你可以要求學生將他們的點子當作一個祕密，然後重複表演五至六次給班上的同學看。

## 三、反省和評估

全班一起試著去正確地判斷出每一個人所做的。問他們哪些默劇表演得特別清楚。

## 四、評量

確認在戲劇課一開始，那些想像力有困難的同學，現在是否已能輕鬆地進行想像。

## 運動

◎戲劇目標：以默劇做出戶外運動

◎相關教育目標：

　語文：在各種情境中，能夠注意聆聽；參與小組問題解決的活動

　體育：發展協調感和平衡感；參與改編的遊戲

## 一、開場白和計畫

　　將班上分成五或六組。每一組選出一個要用默劇來呈現的戶外運動。他們應該要思考他們需要什麼樣的用具，而且他們將如何表演這個運動，好讓班上同學能知道他們在表演什麼。給他們一分鐘的時間計畫。

## 二、演出

　　當每組在表演他們的運動給其他人看的時候，即使班上同學立刻猜出他們在做什麼，也要讓他們表演一段時間才結束。而班上的同學應該去辨識玩這類運動所做的特殊動作。

## 三、反省和評估

　　討論那些十分逼真的動作細節。在討論中，可以將重點放在動作和球的關係上，例如：眼睛看著手上的球，把力量集中在揮棒或是傳球的動作上。

## 四、評量

　　依照他們在默劇中所表現出的動作清晰度來給分。

## 深海潛水

◎**戲劇目標：**進行深海潛水的默劇

◎**相關教育目標：**

　**語文：**在各種情境中，能夠注意聆聽；使用非語言的溝通；使用各種不同
　　　　的詞彙表達情感和想法

　**體育：**發展協調感和平衡感

◎**教材教具：**當他們在潛水的時候，你可以使用背景音樂，像是 Holst 的《行
　星組曲》（*The Planets Suite*）裡的〈海王星〉（Neptune）

### 一、暖身活動

　　首先，指導學生們進行暖身，使用 35 頁中「重與輕」的活動。

### 二、開場白

　　問學生們是否知道哪些人士會穿上很重的東西從事一種特殊的活動。如果
他們都沒提到深海潛水員或是水肺潛水員的話，給他們一些線索。然後問他們
諸如下面的問題：

　　　　為什麼潛水員要使用那麼重的裝備？

　　　　他們還使用哪些裝備？

　　　　為什麼他們總是和一個夥伴或是同伴一起潛水？

　　　　他們潛入海底有哪些原因？

　　想法可以將範圍從發現沉船擴大到為了科學研究尋找標本。

### 三、計畫

　　選定教室裡的某一個區域當作是會載他們出海去的船。在這艘船上，他們
會找到他們所需要的潛水裝備。

　　每一個人都找一個同伴，而他們來到船上時，互相幫對方穿上他們的裝
備。

### 四、演出

你可以扮演這次探險隊領隊的角色，當他們潛下去的時候，你將留在船上。告訴他們先不要戴上頭部設備或是頭盔，直到你說戴上，因為他們一戴上後，就再也不能說話了。問他們在水底下的時候要如何和他們的同伴溝通。當然，這個答案是——「透過默劇」。

依照他們先前提出的意見決定這次潛水的任務是什麼。身為探險隊的領袖，你可以對於他們嚴肅的任務和潛在的危險定調。告訴他們，他們被選中參加這個探險隊，是因為他們是國際知名的潛水專家，而這是一次特別重要的任務。問他們：適合他們的特殊專長是什麼——例如，水中攝影。每個人應該會有一些特殊的目標，不管是照相、找線索、蒐集不尋常的標本，或是其他的任務。當他們潛下去以後，經由他們頭盔中的特殊傳話系統，你將是唯一能和他們溝通的人。在他們潛水之前，花點時間測試看看這個通話系統。之後，他們就與同伴一起跳離開船（有些人可能會知道得往後跳離開船）。

在他們玩一會兒後，你可以和他們溝通，告訴他們潛在的危險。

> 我的雷達發現在你附近有一個危險的物體。
> 我不知道它是什麼，但請你特別小心。

在他們「打敗」了那個大敵之後，告訴他們從你的儀錶顯示，他們的空氣含量已經降到很低了，上來的時間到了！警告他們回來時要「非常」慢，否則他們會有壓力不平衡的危險，可能會得到潛水夫病。

### 五、反省和評估

當全體都回到船上時，大家卸下裝備，然後分享他們的冒險故事。

問他們如何和他們的同伴溝通。

如何改進他們的默劇？

### 六、評量

評量他們默劇的品質和能夠專注的程度。當他們在水中時，他們能克制說話嗎？

學生們也許會去想像其他的水底探險。例如,他們也許發現了失落的亞特蘭提斯城的線索,或是海神的王國。

 概念  經由情緒回溯來發展對身體與空間的認知能力

## 記得當時……

◎戲劇目標：使用情緒回溯演出特殊的感觸

◎相關教育目標：

　語文：使用各種不同的詞彙表達情感和想法；參與小組問題解決的活動

### 一、開場白

　　問班上學生他們現在感覺如何。答案可能從「快樂」到「無聊」都有。要他們說出他們以前曾經有過的一些其他情緒，然後將它們列在黑板上。

　　將重心集中在某一個情緒上，像是「瘋狂」，請他們回憶他們曾經瘋狂的情形。

　　　　當你瘋狂時，你的身體感覺怎樣？

　　　　當你瘋狂時，你的臉上會有什麼樣的表情？

### 二、計畫

　　將班上分成小組，然後從黑板上的表單裡，分配給每組一個特殊的情緒。假如有超過一組以上有相同的情緒也沒關係。每一組都去想出一種或是好幾種會產生這些情緒的狀況。

### 三、演出

　　各組演出他們的狀況給其他同學看，而同學們試著去判斷這是什麼樣的情緒。

### 四、反省和評估

　　問班上這組試圖要表達什麼特殊行為。他們或許會想提出讓場景更生動的方法。

## 五、評量

　　要他們寫下回憶中特別高興（或是悲傷，任何你想用的情緒）的時刻。他們要描寫出他們的情感和行為。

## 看情形

◎**戲劇目標**：表演當環境改變時，動作如何改變

◎**相關教育目標**：

　**語文**：在各種情境中，能夠注意聆聽；下結論

### 一、開場白

　　要同學們想一下他們早上起床後所做的三件不同的事。

### 二、演出

　　他們可能會重複相同的事，但是他們做的方法，會依情況而有所改變。

1. 這是一個晴朗、充滿陽光的日子。你感覺很棒，而且在學校裡即將舉行一場派對！

2. 現在是三月，你感到厭倦上學了。天氣有些陰雨。你知道會發回一張你考得很糟的考卷。

3. 你的狗狗之前死掉了，你起床時想起了你死去的狗。

4. （兩人一組）你很生氣，因為你很搗蛋的弟弟或是妹妹將你的牙刷藏了起來。你也可以用說的來表現。

### 三、反省

　　問他們在各種不同的場合會有如何不同的動作。討論步調和精力上的改變。

### 四、評量

　　記錄在不同的情況下動作是否有適當的改變。

 概念 **聲音**

### 迷路的小貓咪

◎**戲劇目標**：在一個既定的情況下，使用「說服」的言論

◎**相關教育目標：**

 **語文**：在各種情境中，能夠注意聆聽；辨識出說話者的目的；使用一套簡
短的理由說服同輩或是成人

## 一、開場白

將四個人分成一組。兩個當父母，兩個是小孩。情況是這樣的：

> 兩個孩子在下雨天放學走路回家，這時他們聽到了小貓咪的叫聲。他們四下尋找，然後在矮灌木叢下發現了一隻可憐又濕透了的小貓咪，牠全身都濕透了而且哭得很可憐。小貓咪沒有身分證明的項圈。他們將小貓咪帶回家，而且試著說服他們的爸媽讓他們留下這隻小貓咪。之前他們的爸媽就因為各種理由而不讓他們養寵物。

## 二、計畫

每個人花點時間想像他可能是爸爸或媽媽，問問他們會因為不想養寵物而和小孩起哪些爭執。接著，要學生扮演小孩的角色，要他們想像同樣的事。

## 三、演出

從發現小貓的場景開始演出。當扮演小孩的兩個學生表演時，另外扮演父母的人必須假裝在家裡，做一些他們常會做的事。

在他們演出一段時間後，告訴他們剩一分鐘就要結束這幕場景了。他們會被允許留下這隻小貓嗎？

## 四、反省

　　隨後討論他們發生的一些爭執。

## 五、評量

　　要學生們想想其他需要去說服的情況。每一組可以將他們的狀況演給其他同學看。而同學們可以提出其他一些想法，他們可以加進去幫忙說服。

打 電 話

◎**戲劇目標**：描述聲音的音高和語調如何反映情感

◎**相關教育目標**：

**語文**：在各種情境中，能夠注意聆聽；使用各種不同的詞彙表達情感和想法

## 一、開場白

每一個人假裝在和他最好的朋友打電話。他們有某件很重要的事要告訴朋友。某次在對話的過程中，他們起了一個很大的爭執而掛上電話。也許他們會再打去，也許不會。

## 二、計畫和演出

給他們一分鐘思考關於這通電話的內容，他們將會告訴朋友（想像的朋友）什麼事。提醒他們去想一想：他們的朋友會在電話的另一頭說些什麼。

## 三、反省

隨後問他們當他們開始爭執時聲音會如何改變。

## 四、評量

問他們當家裡某個人很生氣時，他們會如何說話，將討論聚焦在聲音的品質上。

## 留言

◎戲劇目標：清晰明白地說話

◎相關教育目標：

　語文：改變口語的內容並符合文字規範

　音樂：培養清晰的發聲

◎教材教具：錄音機和空白錄音帶

## 一、開場白

問他們是否曾經打電話給某人時，聽到了電話錄音。指出有時候人們必須外出，而他們不想錯過任何重要的電話，所以會使用這種錄音裝置。

## 二、計畫

讓孩子想像家裡的電話有一台電話答錄機。在放學後，他們將前往某處而且要讓他們的媽媽知道。他們打電話而且留下以下的訊息：

　　　說出你是誰，

　　　現在幾點，

　　　你要去哪裡，

　　　如何找到你，

　　　你何時回家。

## 三、演出

一天大約錄下六位孩子的留言，然後聽這些錄音並加以評分。留意如果一天錄太多，班上孩子會覺得很無聊。

## 四、評估

依照留言的清晰度進行評分。

## 五、評量

依目標的完成度來評量他們。那些說話不夠清晰的人應該重錄，直到每個字都能聽清楚。

單元要素 2　戲劇創作／劇本創作：集體即興創作

概念　運用默劇和／或對白，將文學作品戲劇化

---

### 拔 河

◎戲劇目標：運用默劇表演故事中的人物動作

◎相關教育目標：

　語文：在小組中使用問題解決；使用非語言的溝通；了解人物的感情和情緒；辨別主要想法下的意涵；選擇口頭演示所需要的訊息；從上下文了解字義；為了娛樂呈現故事；逐漸熟悉各種文學作品、人物及經典文學中的主題

　體育：發展協調感、反應力及平衡感

---

## 一、暖身活動

使用 33 頁「準備開始」課程的拔河活動。

## 二、開場白

拔河是屬於某一種「較勁」的關係，表示「誰是最強壯的」、「誰是最有體力的」，要學生想一些其他的「較勁」關係。

要學生在聽到接下來的西非民間傳說時，想想故事中有哪些不同的「較勁」關係。

## 三、故事引介

# 拔河

（改編自西非傳說）

　　烏龜對他自己抱有相當大的肯定。他不介意自己個子小，而且覺得自己跟森林中最大的動物一樣厲害。他吹噓著有關他的「好朋友們」——大象和河馬的事。他還厚臉皮地說他和他們一樣有力氣。

　　烏龜向鸚鵡吐露：「我老實跟你說啊，他們兩個的頭腦加在一起，也比不過我腳趾頭上的腦力。」

　　鸚鵡對於烏龜所說的感到震驚，他把烏龜說的話，告訴所有的動物。很快的這些話就傳到了大象和河馬的耳中了。

　　大象只是笑著說：「讓他說吧，我不會因為某人的小小言論而感到不安的。」

　　河馬也一樣，邊笑邊說：「烏龜？烏龜？那隻小畜生？饒了我吧！」

　　當烏龜聽到大象和河馬取笑他，他伸出他的頭，舉得高高的，然後義憤填膺地說：「真的嗎？太有趣了。我們倒想好好瞧瞧，對吧？」於是烏龜仍然高舉著頭，動身去拜訪大象了。

　　現在每個人都知道大象很大。但是我們談的這隻大象，可是一隻巨無霸！簡直是宇宙超級無敵大！光是他的鼻子就有好幾哩長，而他的耳朵可以被當作飛船來航海。當烏龜靠近他時，他正躺著。

　　「你好，大象朋友。」烏龜信心滿滿地說著。

　　大象拍動著一隻耳朵，而這陣風幾乎將烏龜吹翻。「是誰在叫我『朋友』啊？」他瞪大了眼說著。

　　「是我，烏龜。我老遠來拜訪你，我的朋友。」

　　大象慢慢站了起來，遮住了好幾哩的陽光。「讓我們直接說吧，」大象用他強壯的聲音說著。「不只你不是我的朋友，我還聽說你宣稱自己和我『一樣』厲害。這裡唯一的『一樣』就是——你所說的沒有『一樣』是真

的。」

「我想的可不『一樣』，」烏龜驕傲地說，「而且我打算證明給你看。」

「什麼？」大象不敢相信他的耳朵，急忙說：「你打算證明你跟我『一樣』厲害？」

「嗯，」烏龜說，「那可不一定哦。事實上，我很有可能比你還厲害。」

這個想法似乎太荒謬了，以至於大象一點也不生氣。他只是大笑著說：「好吧，烏龜，有你的。你的證據在哪裡？」

烏龜撿起了一根又長又壯的樹藤末端說：「我們來比賽拔河吧，我給你這一頭，然後我會移動直到樹藤伸直為止，我們就開始拔河。我們要一直比賽，即使是吃飯或是睡覺的時間也不能停，直到我們其中一個贏了或是繩子斷了為止。」

大象笑著搖頭說：「好，烏龜先生。當你準備好了只要搖一搖樹藤。」

烏龜拿著他的那一端樹藤前去找河馬。喔！河馬很大嗎？他真的很大耶！他是個巨無霸！他大到當他去水裡洗澡時，會造成海嘯！雖然如此，烏龜還是來到他那裡。

「你好，河馬朋友。」

「你在叫誰『朋友』？」河馬抱怨著。

「假如我們還不是，我們很快就會變成最好的朋友。」烏龜回應著，並沒有因為河馬的不悅而卻步。

「我聽說，你曾經講一些我的壞話，」河馬指控著。「像是你認為你比我聰明。」

「也許我是，也許我不是，」烏龜說。「我們何不來場比賽呢？」

「這是什麼意思呢？」河馬懷疑地問。

「我們來比賽拔河吧，」烏龜說。「我給你這裡的藤蔓末端，假如我們之中的一個把另一個拉過來，我們就可以說他比較厲害。假如繩子斷了，我們就算是一樣厲害。」

河馬覺得烏龜實在有點搞不清楚狀況，不過，最後為了擺脫他，河馬同意了。

烏龜離開時，說他會搖動樹藤當做開始的信號。

烏龜來到樹藤的中間，然後大力搖動著，使它能抖到兩端，向大象和河馬發出信號。當樹藤拉緊時，烏龜笑著往後站。

在走了這些路之後，烏龜十分餓。所以他回家吃了一頓美味的午餐，接著睡了個午覺。

當他醒來時，已經過了好幾個小時了，他決定最好去檢查一下樹藤。而在那裡，樹藤因為被緊緊地拉直而顫抖著。首先它會移向某一邊，然後它又慢慢地移向另一邊，沒有哪一邊贏。烏龜決定時間到了——他拿出他的小刀，然後從樹藤中間切斷。啊蹦！大象往後摔到森林裡。噗通！河馬往後跌進水裡。

烏龜帶著樹藤斷掉的一端去找大象，而他正坐在地上不能走路。

「大象，你好嗎？你的腿怎麼了？」烏龜問。

大象回答：「烏龜，我必須說，我實在是低估你了。我不知道你是怎麼辦到的，但我必須承認我們是一樣厲害。但是我的腿需要休息一陣子，有時候你可以來和我共進晚餐，我的『烏龜朋友』。」

「我很樂意，『大象朋友』。」而烏龜笑著拿著另一段斷的樹藤末端去給河馬。

當烏龜到達水裡時，他看到河馬一面呻吟一面揉著頭。

「你看起來不太妙。」烏龜說。

「是啊，」河馬說。「當樹藤斷時，我的頭撞到水裡的石頭。我不知道你這麼壯，烏龜。我很抱歉之前對你很魯莽。叫你『朋友』是我的榮幸。」

烏龜待在那裡和河馬朋友喝茶，一直到和大象朋友的晚餐時間到了。

而現在，當動物們要開會時，你會看到貴賓席有三張椅子。一張是給大象，一張是給河馬，還有一張是給烏龜的。當然是因為烏龜已經證明他們是一樣厲害的，對吧？

### 四、計畫

討論故事中所透露出來的「較勁」關係。

要他們描述這三種動物的大小。當烏龜聲稱他和大象及河馬是一樣厲害的時候，他們有何反應？他們如何描述烏龜的個性？

將班上分成四組，來感受一下大象和河馬的大小。其中兩組塑造大象的角色，另外兩組則塑造河馬的角色。組裡的每個人都是一種動物的一部分。這隻動物必須要能移動，而且表演如何用樹藤拔河。他們可能要在黑板上或是一張紙上勾畫出每個人該如何動作。

### 五、演出

首先，兩組人馬來演出拔河的場景，而其他人觀察他們是否看起來真的像是使盡全力用力拉。請一位觀眾用默劇演出剪斷樹藤的情節，而動物們就要依序反應。

### 六、評估

談談第一批演員做得好的地方以及提供些需要改進的建議。討論組裡每一個成員為這個題目而做的努力，可能要按順序來。

然後結合剛才的建議，輪到另外兩組表演，再討論這第二次的演出。

### 七、計畫

討論烏龜與大象的會面，還有烏龜與河馬的會面。一個人當烏龜，或者由兩到三人扮成一隻烏龜，尺寸仍然要比其他兩隻動物小。選擇成員扮演大象和河馬。他們需要決定誰演哪一隻動物的聲音，以及那個聲音的樣子。

### 八、演出

演出故事。這會是一個值得拍下來的好故事。

### 九、反省和評估

溫習錄影帶。要學生討論自己默劇的表達效果。另外，也討論他們在一起工作的合作情形。

## 十、評量

　　他們是否了解小組必須合作才能完成任務？是否能確實運用默劇呈現這個故事？

 運用即興創作，將文學作品戲劇化並了解劇情結構

> **夏之鳥**
>
> ◎**戲劇目標**：描述劇情結構裡的起（開頭）、承（中段）、轉（高潮）、合（結尾）；使用即興創作演出一個故事的高潮
>
> ◎**相關教育目標**：
>
> **語文**：了解人物的感情和情緒；選擇口頭演示所需的訊息；為了娛樂呈現故事；逐漸熟悉各種文學作品、人物及經典文學中的主題；回應多樣的文學形式；描述一個故事的時間和場景；下結論
>
> **社會**：解釋團體如何影響個體的行為

## 一、開場白

　　故事和戲劇通常是描述主角遇到了一些問題，有時候問題大到牽涉到一整群人。舉個例子，世界上有些人沒有足夠的食物吃──飢餓是一個嚴重的問題。要同學們說出其他會影響全體人類的問題。

　　要學生在接下來的故事中，注意聽聽其中人物發生的問題；同時，要學生留心記住故事人物在解決問題時所發生的事件順序。

## 二、故事引介

### 夏之鳥

（Gretchen Will Mayo）

　　在一些美國的原住民傳說中，曾經流傳著有那麼一段時間，動物和人類是在一起生活、工作和交談的。對於奧吉布瓦人和其他的亞爾岡京人而言，人類算是一種「族群」，而動物們則是其他種類的「族群」。以下就是一個這樣的故事──有關奧吉布瓦族的「大河鳥」傳說。

　　奧吉布瓦人告訴我們，現在我們看到叫做「北斗七星」的群星，就是費

雪（Fisher）。費雪是一種很少人知道的動物，長得像是一隻大型的貂。他是個足智多謀的獵人，也是兇猛的戰士。奧吉布瓦人說，北斗七星的長柄，就是費雪那隻既長又多毛的尾巴。

寒冷的風雪持續吹掃著，冬天似乎沒有盡頭。所有的族群都在尋覓冷冬融解的訊息，並期待夏天的來臨。但是，夏天並沒有來。

一天又一天，焦慮的族群想知道該怎麼辦，於是召開了一次會議。狐狸、麝鼠、海狸，還有其他部族的兄弟們，全都安靜地擠坐在營火旁。他們呼求著天上那些曾經幫他們解決問題的動物神靈的名字。到了最後，一個名叫費雪的老練獵人首先說話了。「夏天沒來的原因是因為夏之鳥沒回來。」曾旅行到許多遠地山陵的費雪說著。

「發生了什麼事呢？」大家問著。他們談論著每一年當樹葉轉成金黃時，鳥兒離開的情形。

「從來沒有發生過夏之鳥不回來的情形。」年紀最大的長者說。

當大家議論紛紛時，費雪思考著。「我想我知道是誰讓夏之鳥沒有辦法回來，」費雪隨即說道。「我有一個自私的堂兄，他把所有好東西都霸占了。他的名字叫做酷臉（Cruel-Face）。如果他抓到了夏之鳥，他一定會把他們關起來。」

族群們憤怒地哭著問費雪他們能做什麼。

「酷臉有著灰熊的意志，」費雪回答。「只有他吃剩的才會留給下屬。為了得到這些慰勞品，他的族群必須為這個沒良心的人赴湯蹈火。」

費雪慢慢掃視了圍在營火旁的海狸、馴鹿、狐狸，和所有其他的同族的臉。「準備展開十天的行程吧，」他說。「我們必須去酷臉那兒把夏之鳥帶回來。」

大家都同意而且分頭去收拾他們的東西。隔天早上，費雪就帶領著他的族群離開了營地，穿過了被冷風掃蕩過的田野。

他們穿越了荒山野嶺的樹林，沿著被雪掩蓋的小徑走著。他們努力地穿越流冰和跨過冰凍的河流。第八天，寒冷仍然迴盪在崎嶇的小徑上。環顧四周，世界似乎只剩下一片灰暗和死寂。費雪要他們在夜晚時紮營並看著營

火，好預先看見一個溫暖和陽光的日子到來。但是一些同行者開始吵著想要回頭。

隔天早上，他們邊走邊感覺到天氣較暖和了。白雪慢慢融入小徑，而河流也開始淙淙流動。到了晚上，這些旅人已脫掉他們厚重的外套。他們來到一處又寬廣又乾淨的湖，將行李放在沿著湖邊聞起來甜甜的草地上，感覺像是春天了。

正當大家驚訝於這樣的變化時，費雪指著湖對岸的營火光。「那就是酷臉的村落。溫暖的微風吹著這裡，因為夏之鳥沒有離開這個地方，」他說。「我會找到酷臉的，但你們必須幫我。」

費雪定了一個計畫。麝鼠和海狸要在黎明前先開始，他們的工作是在村民的獨木舟上鑿洞以及削薄船槳。「天一破曉，」他對麋鹿說，「你必須游進湖裡。狐狸會製造吠叫的噪音提示麋鹿通過了，」他繼續說。「你們其他人要製造出一場全世界都聽得到的騷動。」費雪想了一會兒，然後補充說：「還有一件事。假如夏之鳥過來了，不要等我。跟著他們！」

「沒有你我們不走，」麋鹿哭著，「不管發生什麼事。」

但是費雪要麋鹿安靜下來。「不，我的朋友，不管發生什麼，我們必須放走這些夏之鳥。因為他們的靈魂掙扎著要飛向自由。」

「我們明白沒有什麼可以阻止他們！」麋鹿說，而且每個人都同意。

當黎明來臨時，狐狸的咆哮聲吵醒了酷臉族。當他們從他們的小屋子裡爬出來看是什麼噪音時，他們看到麋鹿跳進了水裡。興奮的村民們帶著他們的弓和箭，快速地划著獨木舟。麋鹿愈游愈遠，一直游進深水裡，從岸上只能看到他華麗的鹿角。

費雪躲在草叢裡，注視著匆匆上路的村民們，然後他溜進了酋長的小屋。

他看到酷臉坐在泥地板中間的一個小火堆前。他的旁邊有一些箭桿子。在他周圍，從屋頂到天花板，到處都是成堆的樺木箱子。

如牛般的酋長彎身向著火，在一個放在燒紅木條上面加熱的小陶罐裡，用一根長棍子往裡面攪了又攪，罐子裡持續保溫的膠水是酷臉用來把羽毛黏

在箭桿上的。

費雪看到酷臉忙著做箭，以至於沒注意到他。費雪隔著那些燻煙窺視並聽著酷臉的動靜，然後他爬向了那些箱子。

酷臉突然像一隻吠叫的狼撲上來，但費雪的動作更快。從酷臉手中將沾了膠水的棍子搶了過來，費雪將快滴下來的棍子揮了一圈，在酋長嘴上塗上一筆厚厚的熱膠。

一臉驚嚇的酋長將手放到他的臉上，雙手卻像水蛭一樣黏在赤裸的皮膚上。他跳起來大叫，卻叫不出來。他的嘴巴被緊緊黏著。酷臉繞著屋子跳著，羽毛飛舞著，箱子壓碎了，棍子也四處散落。

機靈的費雪把握機會，用力撞擊這些箱子，撬開一個，又在另外一個箱子上挖洞。結果，正如他所猜想的——從第一個箱子裡飛出了畫眉鳥和囀鳥；從第二個箱子飛出來的是雀鳥和麻雀，然後接著是松鴉和鵪鶉、燕子、啄木鳥和知更鳥。

當他的堂兄一面在屋裡到處亂撞，費雪則乘機打開了每一個箱子。一群如彩虹般的鳥群從自私酋長的木屋中飛出，像煙霧般飄了出去而且飛越了湖泊。這時，那些被陷在漏水的獨木舟上的酷臉族正抬頭往上看。

「看！」一位戰士哭喊著。

「聽！」其他人叫著。「夏之鳥跑了！」他們開始划動著他們的獨木舟直奔村莊。他們的槳已被麝鼠和海狸破壞，而在村民著急的擊打下斷裂了。獨木舟進了水而且沉了。酷臉的族人們立刻開始游上岸。

當夏之鳥飛過了湖泊，經過了森林，狐狸、麋鹿、麝鼠、海狸，和所有其他費雪的朋友急忙跟在後面。在他們身後的冬風早已席捲了所有的木屋。

至於費雪，他仍然在木屋中躲避憤怒酋長的追擊，這時，只剩下最後一個小箱子還沒打開。費雪用一支箭桿在箱子上刺了個洞，一群受驚嚇的蜂鳥衝了出來。他們火速且閃爍地繞著酷臉的頭，而費雪乘機衝出了小屋。

就像隻被狐狸追趕的兔子一樣，費雪從酋長那兒跑走，想趕上他的朋友們。他跑過了村莊，穿過了小屋，卻正好遇到那群又冷又濕且剛從湖裡游上來的村民。

071

費雪縮著身體，像是一隻受困的動物，尋找著逃出去的路。然後他跳到一棵高大的樹上，猛然地向上爬，同時他聽到憤怒村民們的喘氣聲緊跟在後。樹木跟著搖晃，樹枝也折斷了，費雪伸手可及的就是天空了。

「勇敢的費雪！」星星們颯颯地說著。「勇敢的費雪，你是我們的好兄弟。」他們的叫聲像是百鳥的歌聲。費雪伸出了他的手臂，然後就從酷臉族中脫離出來，升上了樹頂和小山，費雪加入了冬季天空裡友善的星星中。

海狸、麋鹿、狐狸還有其他同伴，和夏之鳥回到了他們的村子。一路上，迎接他們的是綻放的花朵和久睡後展開的新芽。但是當大家想到費雪可能遭遇的事，「害怕」仍然使他們的心熱不起來。隔了一夜，他們就重回小路上尋找那位還沒回來的朋友。

月亮從滿月變成了薄薄細小的一彎，而費雪的同伴們還在找他。某晚大家圍著營火聚在一起，一個小男孩忽然指著天空說：「我看到費雪在星星那裡耶！」

大家看了又看，「勇敢的費雪已經逃到天國了！」他們興奮地一傳十、十傳百。然後他們很快地將費雪和夏之鳥的故事告訴村裡所有的人。

一些村民聽到這個傳言就說：「從今天起，我們自己應該把夏之鳥關起來，這樣，就能確保溫暖的夏風一直吹著我們的土地。」

但有些人則望著天空，問道：「不知道費雪會怎麼說？」

「費雪會說夏之鳥應該自由地做他們自己。」狐狸說著，而且大多數的人都同意。

這就是現在我們所看到的，一年中有半年的時間，人們輕快地走在溫暖的微風中，他們聞到千種花朵的芳香，而且也伴著雲雀的歌聲中工作。但是當季節轉換時，夏之鳥就會展翅飛往另一個地方。這時冷風吹著，天空中的太陽沉得較低而且雪也會掃蕩著小路；同時，人們開始在冬季的夜空中搜尋費雪，而為了使得長夜快點度過，大家分享著他們勇敢的朋友和夏之鳥的故事。

## 三、計畫

　　首先，解釋劇情的結構。你可以把情節部分做成一個表格寫在黑板上。

　　　一般而言，故事一開頭就點明了問題。故事中的基本問題是什麼呢？假如問題沒被解決會怎樣呢？

　　　通常故事的結尾也和前面的問題多少有點關係。所以可以從「問題」的角度來看，這個故事是怎麼結束的呢？

　　　故事的中段會告訴我們，主角是怎樣嘗試去解決其中的問題。列出故事中事件發生的順序。

　　　在故事結束前，通常會有一個較刺激的部分，也就是有一個可以解決問題的機會，這個部分稱為高潮。這個故事的高潮是什麼？

　　和學生討論高潮場景中的細節。有三件事是在同時間發生的：(1)費雪和酷臉打鬥，同時釋放鳥兒們；(2)村民看到鳥跑掉而且試圖上岸；(3)和費雪同行的那些動物在一旁觀看。假如這個故事是一部電影，它是可以被剪接的，我們會看到一些打鬥、一些在獨木舟上的村民在掙扎、再回到打鬥等等。然而在舞台上要一次做所有事情會很混亂，我們不知道該看哪裡才不會漏掉最需要呈現的高潮。高潮部分，當然是費雪和酷臉之間的對抗，老師可以藉著問像下面的問題將焦點放在那兒：

　　　當費雪爬進酷臉的小屋時，酷臉在做什麼？描述製箭的過程。就在你的位置，表演酷臉忙著製箭（給他們一些時間嘗試這個角色）。

　　　當費雪看到酷臉時，他心中浮現什麼？他如何進去？你怎麼揣測他的感覺？（要一、兩位學生示範費雪如何爬進去。）

　　在這裡你可以重讀故事的這個部分，從「酷臉突然像一隻吠叫的狼撲上來」到「一群如彩虹般的鳥群從自私酋長的木屋中飛出」。隨後，要他們依序列出每個行動並寫在黑板上。

　　每兩人一組，每隊要計畫這幕打鬥，從費雪看酷臉在製箭，到費雪打開最後一個箱子後跑出小屋。他們唯一不能違反的規矩是：不能碰到對方。他們得

看起來像是在打鬥，但是絕對不可以碰觸對方。假如有任何一隊碰到了，他們得立刻坐下。

## 四、演出

請好幾隊的自願者表演給班上其他人看。班上可以想像他們是費雪的朋友，從牆上的小裂縫觀看。

## 五、評估和計畫

討論在這些場景之間所製造出的懸疑，推測費雪是否能完成他的任務？什麼部分的場景真的像他們所看到的？要怎麼做才能演得更好？

在費雪奪門而出後，下一個場景仍然繼續，問學生接著發生了什麼事。可以請一些學生扮演生氣的村民、一些學生扮演在一旁看著費雪的朋友，而一些則是扮演星星的角色，一起以百鳥般的歌聲歡迎他，並向他低語著：「勇敢的費雪」。回頭來看酷臉村民們，他們實際上並沒有抓到費雪。當費雪從屋裡衝出來時，村民可以大叫，接著，當他爬上樹梢時，村民可以以生氣的姿勢定住不動。每一組（村民、朋友、星星）需要事先計畫他們將要做什麼和說什麼。

## 六、演出

演出整個高潮的場景。

## 七、評估

問他們比較喜歡這次演出的哪一部分。為什麼在高潮的一幕，安排時間是重要的？當他們看到這幕時，他們要觀眾如何去感受？

## 八、評量

他們是否有表演出或者是以討論高潮的方式來透露出一個資訊，也就是角色的問題和故事的高潮有何關聯？當他們即興創作時，他們能夠做計畫而且小心謹慎地執行嗎？

## 發展「情節」概念的應用能力

◎戲劇目標：即興創作包含四個情節的故事

◎相關教育目標：

語文：使用各種不同的詞彙表達情感和想法；進行有組織的口頭呈現；為
　　　了娛樂呈現故事；預測未來可能的結果；下結論

### 一、開場白

依前一課的討論方式複習「情節」的一些概念。

### 二、計畫

將班上分成三、四組。給每組一個情節的開頭並指出其中待解決的問題。
他們必須決定呈現哪裡是情節的中段、高潮和結尾的部分。他們可以依組員的
人數，在劇情中增加各種角色。以下是對場景的一些建議，但是不一定要受限
於這些，可以自由創造。

1. 你打開櫃子的門而所有的衣服都不見了。

2. 你爸爸要你不要游離岸邊太遠。

3. 你正爬在一座陡峭的山路上，而你有一條腿因為絆倒而受傷了。

4. 你正在打棒球，而球擊中一位老婦人而且將她擊倒了。

5. 你沒聽爸媽的忠告，騎著新的腳踏車上學。

6. 你帶了一些很值錢的東西去秀給同學看，而且搞丟了。

7. 你叫你的小狗來吃晚餐而牠沒出現。

8. 你亂打小報告，現在沒人要跟你玩。

給學生一些時間計畫和嘗試這些場景。要他們使用開頭、中段、高潮與結
尾等項目，列出情節大綱。

### 三、演出和評估

可以把這一幕演給班上觀看。在每一幕之後要觀眾辨識劇情中的開頭、中
段、高潮與結尾，這可能需要花兩天時間來完成。

**四、評量**

　　可依照本課的教學目標，來評量學生的演出和演出後的討論。有一個方法可以確定全班都能辨識出情節部分，而非只有某些參與討論的同學，就是要他們針對兩、三幕劇情，寫下他們的回應。

概念　文學作品的戲劇化，強調人物的外型特徵

### 滿懷感恩

◎戲劇目標：使用姿勢、手勢和動作來表現出扮演人物的外型特徵
◎相關教育目標：
　語文：選擇口頭演示所需要的訊息；了解人物的感情和情緒；使用各種不同的詞彙表達情感和想法；辨別主要想法下的意涵；回溯事實和細節以支持主要的想法；預測未來可能的結果；下結論；逐漸熟悉各種文學作品、人物及經典文學中的主題

## 一、開場白

討論感恩的概念。

說「謝謝」的目的是什麼？

假如你為某人做了好事而他（她）不發一語，你會怎麼想？你感覺如何？

告訴他們留意接下來聽到的故事。這個故事是來自拉丁美洲國家智利的一個民間故事。

在讀到「這是一個『從此過著快樂幸福的日子』的故事嗎？故事還沒結束呢……」時，可以暫停一下，讓學生想想接下來會發生什麼事。

## 二、故事引介

### 滿懷感恩

（改編自智利民間故事）

他的名字是約翰‧哈利紐澳──一位住在破爛的小木屋裡又窮又老的男人。他工作勤奮，但僅夠餬口。有些時候連殘羹剩飯也沒得吃。不過，當他

有食物時，他都預備和任何人分享。大家都知道他的慷慨和仁慈。

許多人以為他獨居。事實上，還有一隻小老鼠與他為伴。小老鼠並沒有打算選一個較好的人家住，因為約翰總是會為她留一些食物。「畢竟，」他會說：「老鼠也得吃東西。」

某一天約翰朝碗櫃裡看了看，他知道那裡有一塊麵包皮，但是麵包皮不見了。小老鼠把它全吃光了，只剩下一點麵包屑。他用悲傷的雙眼看著老鼠說：「我總是留一些給你，小老鼠。你應該記得我也得吃東西，下次不要這麼貪心了。」

小老鼠低下了頭。約翰是對的——她太貪心了。她記得很清楚，以前大部分的人會將她丟出去，而只有約翰，總是對她很親切。她想著自己該如何找機會報答他的慷慨，因此她失蹤了好幾天。

一天晚上她快速地鑽進屋子，興奮地告訴約翰她所聽到的事情和她的完美計畫：「約翰，有一個國王住在離這裡很遠的地方，他有錢到得用蒲式耳籃（註：可以裝大量穀物或者水果的籃子，以下簡譯為「大草籃」）來秤他的金子！最棒的是他有一位未婚的女兒。跟其他公主相比，她是不算年輕，對你而言，她會是位完美的妻子！」

約翰開始想笑，但是小老鼠阻止了他：「約翰，你得聽我的而且照我說的做，這很簡單。去國王那裡問你是否可以借一個大草籃來秤你的金子。」

這會兒約翰真的笑了：「我不知道你的腦袋在想什麼，小老鼠，但我不需要一個大草籃來秤那些想像中的金子。我倒是可以想像自己有個大草籃。」他笑得更厲害了。

「很好。我自己去找國王！再見！」她下定決心要報答約翰的仁慈，於是她出發了。

當她到達皇宮的門口時，她躲到大石頭後面，將她自己變成一位僮僕。這個老鼠僮僕穿著十分氣派，因此人們都猜想他主人是一位非常富有的人。

事實上，那正是守衛所想的。當老鼠僮僕要求與國王說話時，他直接引導僮僕進去。

「國王陛下，我有一個請求。我的主人——約翰‧哈利紐澳，問你是否

可以借他一個大草籃。」

「大草籃？」國王詢問。「做什麼？」

「秤他的金子，陛下。」

「真的？」國王摸著他的頭：「你的主人一定是個十分富有的人。也許比我還富有？」

「這我就不知道了，陛下。我所知道的是，他需要一個堅固的大草籃秤他的金子。」

「很好，你可以帶這個大草籃給他。不過，我倒想見見這個有錢人。告訴他，他得親自送籃子回來給我。假如他不來，他不會再有機會秤金子了。」

「謝謝你，陛下。他會親自奉還的。」

快要到約翰家時，老鼠僮僕已經變回一隻老鼠了。而事實上，看到她在回去的路上掙扎地拖著籃子是很滑稽的。約翰往窗外看到了，然後出去幫小老鼠的忙。

「現在我要這個籃子究竟要做什麼，小老鼠？」

「什麼都不用做，只要將它還給國王就好。但是假如你不去，他會讓你人頭落地。」

「但是看看我——穿著這身破爛的衣服，是很難到得了國王的面前的！這真的是太離譜了，小老鼠。」

「別擔心、別擔心，你不會有問題的。除此之外，如果你還想要活命的話，就別無選擇了。」

他們兩個出發了。順著這條路，他們得穿越一條架在深溪上的繩橋。約翰很害怕。

小老鼠牽著他的手走過橋。橋搖搖晃晃的，約翰摒住呼吸過橋，但是到橋中間時，小老鼠跑到約翰的雙腳之間，約翰一時失去平衡就跌進了冷水裡。

小老鼠跳進水中幫助約翰上岸。好一個可憐的畫面，約翰一身破爛的衣服破得更嚴重，而且濕透了。「像這樣，我更沒辦法去見國王了！」約翰哭

訴著。

小老鼠同意：「你就待在這兒晾乾衣服，我馬上回來。」

小老鼠直接跑到皇宮，在進入大門前變身為一個英俊的僮僕。

「喔，陛下，」老鼠僮僕哭喊著，「我有個可怕的消息。我的主人在來這裡的路上，渡河時他的馬逃走了，所以馬車翻覆了，而且他也濕透了，他今天不能來了。」

「胡說八道，」國王說：「我有多想見到你的主人呀。我會送一些衣物還有我的馬和馬車給他。」於是國王送出了這些東西。

穿上那些精緻的衣物，約翰看起來有些不同了。他高大直挺地站著，的確，他看起來年輕了二十歲，而且確實像一位高雅的貴族。

他坐著國王精緻的馬車到達了皇宮，國王在那裡迎接他，好像他是一位皇室貴族。所有的慶祝儀式準備好了。當然，約翰很困惑小老鼠如何計畫這一切的。但是，他還是很開心，享受著每一分鐘。

當國王的女兒看到約翰，她臉紅了。這位高貴的紳士會要她做他的新娘嗎？自從她母后過世，她就守著皇宮，所以沒有心思給那些追求者。但是這位有魅力的男士是那麼的與眾不同！

國王也在思索著，他似乎很難再找到比這位用大草籃秤他的金子還更好的女婿！

「約翰，你可以娶我的女兒。在婚禮後，我會借給你我的馬車和僕人去幫你準備你們的皇宮。我女兒和我會跟著去。」

幸運的約翰！可憐的約翰！他的心臟快從他的喉嚨跳出來了。他試圖告訴國王真相，但是每一次他一開口，老鼠僮僕就轉移他的注意力或是對他說：「噓。」接著是一連串的慶祝活動，在約翰意識到之前，他已經娶了公主。

約翰和老鼠僮僕坐進了馬車。「喔，」約翰哀嚎著：「當他們看到我住的地方，會說什麼？我該怎麼辦？」

「約翰，到目前為止一切都好好的，對吧？」老鼠僮僕問著。

「對，但是……」

「那麼你沒有理由好擔心的。有點耐心吧，主人！」老鼠僮僕安慰他。

整趟旅途約翰沒說什麼。他用氣餒的眼神坐著，像是知道他是一個被宣判死刑的人。當他們靠近他的小屋，他注視著。好棒！他破爛的小木屋已經搖身一變成為一座美麗的皇宮！約翰看了看老鼠僮僕，但是僮僕已經不見了。只看到小老鼠站在那兒：「這是要送給你的，因為你的好心和親切。皇宮裡有你和公主想要的每件東西，願你能更幸福快樂。」

這是一個「從此過著快樂幸福的日子」的故事嗎？故事還沒結束呢……

＊　　　　＊　　　　＊

很久以後，約翰和公主「的確」一直過著快樂幸福的生活，但是約翰過慣他富有的生活後，變得很忙，甚至根本忘了他的朋友——小老鼠。

有一天，小老鼠死了。公主看到那不過是一隻死掉的老鼠，就將她丟到皇宮後面的垃圾堆上。

就在這一天，約翰經過時發現了。他立刻認出小老鼠。當他將她溫柔地放在他的雙手上，淚水湧出他的雙眼。「小老鼠，我的朋友，是你帶給我這些財富和快樂，我怎麼會忘了你，」他哭著：「疏忽了你，我應該被處罰的。有件事是真的，小老鼠，你應該擁有全智利最好的喪禮。」

約翰準備了一副精緻的金棺材，上面鑲著珠寶。他派人去世界各個國家取花回來，整個皇宮看起來像是一座花園。

約翰坐在金棺材旁邊好幾小時了，要小老鼠原諒他。接著，奇蹟發生了，小老鼠張開了她的雙眼。「約翰，我不是真的死了，我只是很失望你忘了我和所有我為你做的事。被丟在垃圾堆上是……嗯，真是太丟臉了。我只是要知道你是否會想起我。」

約翰用盡了他所有的話語拚命地道歉。「我知道我無法彌補已經發生的事，但至少現在請你來住在我的房間。」

「不了，」小老鼠說：「我的任務已經完成了。你仍然記得我——雖然你曾一度忘了我——而且你仍對我滿懷感恩。有很多人甚至是不記得感恩的。」才說完，小老鼠便閉上雙眼安息了。

### 三、計畫

問學生覺得這個故事的結局如何。當約翰看到小老鼠死掉的樣子，他為什麼這麼難過？

換個角度看，約翰其實很幸運，因為在朋友過世前，他有機會對她表示感謝。有時人們想要表達卻已經太遲了。

今天這堂戲劇課著重在「人物的外型特徵」，要他們想想這代表什麼意思。

首先討論小老鼠可能是公的或母的。從她會說話、移動大草籃，而且能把自己變成人類，就可以看出，她是一隻相當不尋常的老鼠。

當她是一隻老鼠的時候，看起來是什麼樣子？

她怎麼移動？

現在把你自己變成一隻老鼠，從碗櫃中找東西吃。

現在跳到故事前半，讓我們看看小老鼠怎麼掙扎地移動大草籃。

現在我們回到故事中小老鼠變成僮僕的那一刻。在你變身之前，花點時間想想：是慢慢地變身還是很快地搖身一變？穿著漂亮衣著的僮僕，心裡的感覺如何？他怎樣以「姿態」來表現自己是一位貴族的僮僕，好讓守衛准他進去？當我發出一個信號時，你們就變成一位僮僕，走進國王的城堡裡。

接下來討論約翰。他外型的變化不像小老鼠那麼極端，但是，還是可以察覺出前後的不同。引導學生改變一般對「老人」那種「顫抖」、「虛弱」或「無力」的刻板形象，嘗試表現出「不是太老」的樣子。他的生活艱困，也可能因而在外表上留下了滄桑的痕跡。當你進行討論時，可以讓他們嘗試各種外型的表現，或者也可以在完整的討論後再嘗試。

在故事的第一個部分，約翰被描述成一個辛勤工作的貧窮老人，在你心中想像的畫面是怎樣？想想他的姿態和走路的方式。

在老鼠想到去見國王的計畫前，你認為他對生命的態度是怎樣？

當他「意外地」掉進水裡，他感覺如何？那件事如何影響他的姿態和動作？

然後他穿上了國王送來的衣物，當那件事發生時，故事中是怎麼描述的？在你心中認為約翰會是什麼樣子？為什麼服裝會造成如此的不同？你認為他的聲音會因為他的姿態而有什麼改變呢？

故事發展到後面時，約翰的外表可能還有一次大的改變。這次的改變不是因為服裝上的改變，而是因為發生某件事所造成的。是什麼造成的？（當他發現小老鼠在垃圾堆上而且對著她哀悼）他感覺如何？那會如何影響他的外型？

兩人一組，每組讓他們從下列必須轉換人物外型的場景中，選擇一幕進行演出：(1)小老鼠變成僮僕去見國王時（第一次或第二次的拜訪）；(2)約翰掉落水裡，因為小老鼠的幫忙而穿上國王的衣物；(3)最後一幕是當約翰發現小老鼠在垃圾堆上，從這裡演到結尾。他們要計畫一幕戲而且進行排演。

## 四、演出

自願者可以表演他們選的一幕給班上看。同學要密切注意人物的外型特徵。

## 五、評估

討論他們看到的轉變。

## 六、評量

要他們寫一段關於約翰或是小老鼠的短評，描述他們如何改變的細節。可依照他們對這一課的計畫、排練工作、討論及短評的內容等進行評分。

**概念** 文學作品的戲劇化，強調人物動機

### 北風和太陽

◎**戲劇目標**：表達劇中人物的動機

◎**相關教育目標**：

**語文**：在各種情境中，能夠注意聆聽；選擇口頭演示所需要的訊息；使用
一套簡短的理由說服同輩或是成人；了解人物的感情和情緒；使用
各種不同的詞彙表達情感和想法；進行有組織的口頭呈現；為了娛
樂呈現故事；回應多樣的文學形式；逐漸熟悉各種文學作品、人物
及經典文學中的主題

**社會**：支持個人擁有不同意見的權利

## 一、開場白

將班上分成五、六組。老師提出下面的謎題，請每一組為這個謎題想出一
個答案，而且發展出一些肢體動作來表演出答案，但不要大聲說出來。

什麼東西永遠在飛

而且永遠不休息？（答案：風。）

每一組表演他們的答案給班上其他人觀看。之後，問他們哪一個答案最接
近謎底。他們有可能會答對。如果無法答對，就將正確答案告訴他們。

假設有兩個人正在爭論他們誰比較厲害。

要如何證明他們誰比較厲害呢？

他們可能會打架；他們可能會舉行一場比賽，看看誰能提起最重的東西。

告訴他們，在一個古老的寓言裡，有兩個人物正好在爭論誰比較厲害。一
個是北風，而另一個是太陽。

二、故事引介

# 北風和太陽

（改編自伊索寓言）

某一天，北風和太陽起了一場爭執，在爭論誰比較厲害。

「我比較厲害。」北風很自負，他鼓起他的雙頰用力一吹，吹得樹上的每片葉子都在晃動。「太陽啊，你坐在那兒，除了發光，什麼都沒做；要是我沒吹開天上的那些雲層，別人也看不到你了！所以當然是我比較厲害。」

「別太肯定，」太陽平靜地回答，並且讓空氣裡充滿了溫暖的陽光。「這樣好了，我們乾脆來場比賽吧，好不好。」

「當然好，」北風說道：「最後每個人還是會知道誰比較厲害的。要比什麼好呢？」

「看到那邊那個人了沒？」太陽說道，視線穿過鄉間，正注視著一條蜿蜒的白色小路。沿路走來了一位肩上披著披風的旅人。

「我看到了。」北風說。

「那這樣吧，看我們哪一個能先讓他脫掉他的披風。」

「正合我意！」北風同意。「那簡單。很快的，我就會讓那披風離開他的身上。」

隨即，北風就開始吹了。「呼——呼——呼！」路上的旅人沒注意到。但是北風只是才開始而已。他愈吹愈大，愈吹愈大，湖面掀起了巨大的波浪，而且樹木幾乎也要被吹斷彎成兩半，就連天上的小鳥也被強風颳來颳去。但是那位旅人非但沒有脫掉披風，反而更是緊緊地抓著包住自己。而且北風吹得愈用力，他抓得愈緊，這並不是北風預想的結果。甚至當北風怒吼得如同千鬼齊哭，吹得像要折斷了最粗壯的老橡樹的樹枝，還是無法讓旅人從背上拿掉披風。最後，北風累得再也吹不動了。

輪到太陽了。這時候的天空覆蓋著暗暗的暴風雲層，但是當北風一停止吹，雲層慢慢地飄散開了，而太陽的光芒溫暖地灑在綠色的田野上。在太陽

晴朗的照耀下天氣變得愈來愈溫暖了，而且很快的，旅人解開了他披風的鈕扣，讓它寬鬆地掛在身上。感謝太陽溫和的熱力，他很快就高興地脫掉所有衣服，拿在手臂上。

「看吧！」太陽說：「是誰讓他脫掉披風的啊？你說啊！」

北風只是咆哮著，半句話也說不出口。但他知道他被打敗了，畢竟——太陽還是比較厲害。

寓意：柔能克剛。

### 三、計畫

故事開始於比賽還未決定前，北風和太陽在爭執誰比較厲害。

你如何表演這場爭執？

當他們爭執時，北風和太陽會做些什麼？

其中一種可能就是讓太陽和北風輪流表演他們所能做的——也許每次都變得更生氣直到比賽決定為止。

將班上分成幾組，讓他們演出開始時的爭執。有些演北風和太陽，有些則表演北風的影響力和太陽的動作。要他們想想北風和太陽會有哪幾種聲音的表達方式。他們用比賽方式來結束這個開場時的爭執。

### 四、演出

每一組演出開場時的爭執。

### 五、評估

討論他們的作品，並說出每一組最好的想法。然後從每一組選出的想法中做出最好的開場。

### 六、計畫

計畫這場爭執。

北風的動機及目的是什麼？那麼太陽呢？

他們兩個都有相同的動機：要證明誰比較厲害。

當旅人開始束緊他的披風時，北風感覺如何？他會做什麼？

在這段時間，太陽在做什麼？

為了幫忙表現北風的力量，可以在戲中加入哪些人物？

你要怎麼結束這場戲？

抽籤選出角色。

## 七、演出

當其他人正在演出時，有些學生也許想要製造北風的音效。

## 八、評估

問這部戲的哪些部分是可相信的。北風和太陽的動機清楚嗎？可以做什麼來加強戲劇的效果？

## 九、評量

記錄學生們如何透過動作和台詞來表現人物的動機。

## 發展「人物動機」的應用能力

◎戲劇目標：了解一個人物都有其動機

◎相關教育目標：

語文：辨識一個事件或人物行動背後的各種因素；使用各種不同的詞彙表
　　　達情感和想法；進行有組織的口頭呈現；了解人物的感情和情緒

## 一、開場白

問學生：

為什麼鳥兒在聽地面上的聲音？

為什麼狗在叫？

為什麼你敲門？

為什麼你在班上舉手？

我們做每件事都有個原因或是目的。目的的另一個說法是動機。

想像你進去一間房間，然後關上門。原因是什麼──你的動機呢？也許你的動機是要獨處，因為你生氣了；也許是要躲開你的弟弟；也許是要藏一個生日禮物。

想像你在烤蛋糕，你的動機是什麼？你的動機是你做某事的原因。

## 二、計畫

一位劇作家必須為劇中每個人物決定其動機／目的。在劇中，主要人物往往在達到其目的前會受到一些阻礙，而這些阻礙就是劇中的衝突點，這也會使得劇情變得有趣。

將班上分成兩人或三人一組。給每組一張卡片，上面有一個人物和動作，右邊的空白處可以寫上動機。每組要決定其中的動機是什麼。

舉例：

| 人物 | 動作 | 動機 |
|------|------|------|
| 媽媽 | 叫她兒子 | |

有許多可能的動機，像是：跑腿、打掃房間、吃晚餐和接電話。每組決定其動機並演出。

下面是一張人物和行動的表格。你也可以加入其他的，或者，在班上表演或討論這些想法一會兒後，同學們可以製作他們自己的表格。

| 人物 | 動作 | 動機 |
| --- | --- | --- |
| 1. 男孩或女孩 | 從船上拋出一條繩子 | |
| 2. 貓 | 潛伏抓老鼠 | |
| 3. 男孩或女孩 | 聽錄音帶 | |
| 4. 小孩子 | 騎腳踏車 | |
| 5. 男孩或女孩 | 溜冰 | |
| 6. 男孩或女孩 | 洗車 | |
| 7. 男孩或女孩 | 往抽屜裡看 | |
| 8. 男孩或女孩 | 藏起來 | |
| 9. 男孩或女孩 | 用腳尖走路 | |
| 10. 男孩或女孩 | 畫圖 | |
| 11. 狗 | 哭泣嗚咽 | |
| 12. 祖父母 | 大聲朗讀 | |

## 三、演出

每一組會輪好幾次。那些觀看的人，也得試著辨識演出行動和人物的動機。

## 四、評估

一旁觀看的學生試著決定演出人物的行為動機。其動機清楚嗎？如果沒有，要怎麼把它演得更清楚？

## 五、評量

在他們看過一幕戲之後，要他們寫下一些人物的動機。

分派他們看一個電視節目，要他們判定每個主要人物的動機是什麼。

**概念** 文學作品的戲劇化，強調自創性對白

### 路上的石頭

◎**戲劇目標：**即興創作並寫下故事的對白

◎**相關教育目標：**

　**語文：**使用各種不同的詞彙表達情感和想法；改變口語的內容與形式以符
　　　　合不同的目的和觀眾；了解人物的感情和情緒；逐漸熟悉各種文學
　　　　作品、人物及經典文學中的主題；使用文法、標點符號和拼字的基
　　　　本原則

## 一、開場白

和同學們討論一種假設的情況，就像下面的例子：

　　假設你是真的要對你的家人很好，所以你煮了每一餐，洗了所有
的碗，將家裡清乾淨，而且帶他們去他們想要去的地方。你不只一天
做這些事情，而是連續好幾週。

　　你的家人很高興，然而很快的他們就不再提供任何幫忙，讓你一
個人做所有的事。事實上，只要你稍微慢一點去做他們叫你去做的某
件事，他們便大發雷霆。當你試著去討好他們時，你感覺如何？

告訴他們，這個情形和某一個特別的故事裡發生的事情，沒有太多的差
別。

當他們在聽的時候，他們心裡會產生某個畫面，像是人物們在做些什麼和
長什麼樣子。

## 二、故事引介

# 路上的石頭

（由 Winifred Ward 改編自傳統故事）

　　從前有一位公爵住在村郊的一座豪宅裡。他對村民十分仁慈而且慷慨，每當他們陷入困境時，他都會適時伸出援手。

　　假如有人穀倉的屋頂被風吹走了，公爵便會讓他的僕人去幫他再蓋一個；假如鎮上有人生病或是有危急，他便會去援助那些不幸的家庭。當穀物歉收的時候，村民們都相信他絕對不會讓他們處於飢餓之中。

　　然而，隨著一年又一年的過去，公爵發覺人們太過於依賴他的慷慨了。他們變得愈來愈懶，而且取代了以往的感激之情，他們變得容易嫉妒和不滿。因此，他做了一個決定，他要去測試大家，看看是否至少還有一些村民願意盡力為他人服務。他希望藉由這個方式，使人們能夠看清自己真實的一面。

　　某一天清晨，他到了公路上，並且把一顆大石頭推到馬路中間。他盡全力又拖又拉，但是他沒有讓任何人幫他。就在他把石頭推到路中間放好之前，他從斗蓬下拿出了一袋金子，放在地上，再用石頭蓋住它。接著他去附近的樹叢後面，看看會發生什麼事。

　　過了一會兒，一位農夫沿著馬路走來了，他正趕著羊群要去市場。當他看到一顆大石頭擋在路上時，他簡直不敢相信他的眼睛。

　　「跑去前面，小夥子，」他對他兒子說，「看看那是不是真的是一顆石頭。」因為那個時候天色才剛亮，他想那有可能是從牛車上掉出來的某個東西。

　　「真的是個石頭，爸爸，」男孩在觀察之後說話了：「它怎麼會在這裡呢？」

　　「嗯，有件事是可以確定，」農夫回答。「我們別去移動它。就讓公爵的僕人們將它移走吧。」然後在他兒子的幫忙下，他趕著羊群繞過那顆石

頭，嘴裡卻一直碎碎念著這件麻煩事。

過了不久，兩個農婦沿著馬路走來，帶著一籃籃的雞蛋要去賣。她們正忙著商量希望賣到的蛋價，好用這些錢拿去買新衣服，所以一開始她們看到石頭時，並沒有感到太奇怪。事實上，其中一位還坐在石頭上疲倦地捏捏腳，並決定坐在那兒休息個夠。如此一來，另外一個婦人也故意裝作從沒看到那顆大石頭。

「奇怪，就算是一輛馬車也沒辦法移動這個東西，」她說。「我想是公爵丟在這裡的！」

她的同伴只會一邊坐在石頭上休息，一邊夢想著如果能像公爵夫人般那麼富有，就能擁有一些好衣服；但她不知道在她伸手可及之處，正有一筆為數可觀的金幣，讓她可以買到比她這輩子所穿過還要多的衣服。

一小時一小時過去了，一大票的人經過了這條繁忙的公路，有些人大罵這顆石頭，有些人則對它感到很新鮮，但是卻沒有半個人想要將它移開馬路。經過的人包括：工人、富有的商人和士兵；有一些驕傲的女士，因為沒有空間讓她們的馬車過去，只好掉頭；一位學者，因為沉醉於書中而不小心被石頭絆倒；另外還有一位小販、一位吟唱詩人和一名乞丐。

大約黃昏時，正當公爵已經完全放棄希望的時候，他聽到遠遠傳來一個人吹著口哨的聲音。來的是磨坊主人的兒子，他的肩膀上正扛了一大袋的麵粉，吃力地沿著路走來。突然間口哨聲停了。

「一個大石頭在馬路中間！」他自言自語：「這麼大顆的石頭在這裡真是奇怪！有人會被它絆倒的！」說時遲那時快，他把那袋麵粉放在地上，然後將石頭推離開馬路。當他回來拿麵粉的時候，他看到了那袋金子。

「有人掉了這個。」他想。但就在他剛拿起來沒多久，公爵已經從他藏身之處快步走了過來。

「念一下袋子上寫些什麼，孩子。」他說。

「給移開石頭的人。」年輕人驚訝地念著。「所以……？」

「這是給你的，」公爵慈祥地說著。「我很高興村子裡有一個能夠設身處地為別人著想的人。」

「喔，謝謝您，謝謝您，先生！」男孩喜極而泣：「這只是做了一件小事！您實在是太仁慈了！」然後他急著離開去告訴他媽媽這件天大的好運氣。

## 三、計畫

故事中提到了許多人物，還可以再加進其他人物。這堂課的焦點會是這些人物的對話——他們的對白和他們念對白的方式。首先，引導學生想像這些人物的樣子，這對之後對白的發展會很有幫助——「他們長什麼樣子？」「他們如何移動？」「他們擁有什麼樣的個性和為什麼他們會走在這條路上？」等等。

試著演出一些人物如何移動：

驕傲的女士們，

學者，

乞丐，

士兵們。

問學生可能有哪些有趣的角色會經過這條路，且對這顆大石頭有些什麼不同的反應，但卻不去移動它。舉例來說，也許有個媽媽和小孩看到這顆石頭而決定在上面吃午餐，或是一位藝術家經過時決定在上面畫圖。

這個故事提供了一些人物該如何進行對白的例子，但是學生可以發揮更多。不要只是一直重複故事裡的對白，否則學生可能無法想出其他東西。

將班上分成三或四人一組。每一組的任務是要設計如何在路上遇到那顆石頭，並演出其中幾個人物。要他們決定這些人物將會說什麼及要怎麼說。他們應該幫每一個人物取名字。在排演一兩次之後，他們應該要寫下對白，使用較恰當的那個版本。

舉個例子來說：

瑪蒂達：這究竟是什麼啊？

賀坦斯：我們一定走錯路了！

## 四、演出

設定石頭的位置。也許可以用一張大桌子當成石頭。一次一組走到石頭邊演出。他們不應該拿著記有對白的小抄，沒有完全按照他們寫下的對白說也無妨。他們可以繼續即興創作。而每一組演出時，其他人就注意聽聽那些人物的對白。

## 五、評估

討論他們所做的，重點是適合人物以及情境的對白。他們或許可以提出使某些特定人物更有趣或更恰當的對白。問他們什麼是一個劇作家創作人物對白時需要思考的問題。

## 六、評量

讓他們投票看哪一組創作的情境對白最好。

## 發展「人物對白」的應用能力

◎戲劇目標：即興創作與撰寫對白

◎相關教育目標：

  **語文**：使用各種不同的詞彙表達情感和想法；改變口語的內容與形式以符
        合不同的目的和觀眾；使用文法、標點符號和拼字的基本原則

### 一、開場白

    在運用想像力時，用學生喜歡的韻律和故事可以展現有趣的情節發展效果。舉例來說，在《三隻小豬的真實故事》（作者為 Jon Scieszka）中，我們知道大野狼到小豬家只是想要借一杯糖。因為他正好患了非常嚴重的感冒，雖然極力防範了，但在他用力打了一個噴嚏後，還是把小豬的房子吹倒了！

    今天，學生們有機會發揮他們的想像力寫出未曾出版的場景對白。這堂課用小朋友的故事使一些熟悉的場景更有娛樂性。如果他們沒看過這本書，讓他們到圖書館查閱故事或歌謠，或者進行這個閱讀的課程，讓他們熟悉這個故事及人物。

### 二、計畫

    學生兩人一組，進行下列的事項：

1. 從下面所列題目中選一個，或者是用他們自己的創作。很多組選擇同樣的題目沒有關係。能夠看到大家想像的差異性是很有趣的。

2. 談談人物的動機和性格。

3. 即興創作動作及對白。

4. 寫下角色的對白。

有時候，他們偏好可以在演出之前寫出對白。

合適的題目：

      蜘蛛如何贏得瑪非小姐（Miss Muffet）的友誼

      大野狼和小紅帽的祖母宣布他們的婚禮

      熊爸爸控告金髮女孩損壞物品

小波波（Little Bo Peep）承認她需要眼鏡

漢弟蛋弟（Humpty Dumpty）透露他真正的身分——他不是一顆蛋

為什麼小傑克（Little Jack Horner）必須坐在角落

《糖果屋歷險記》的漢森與葛萊特對死亡女巫做了什麼

跳到月亮上的母牛是第一個太空人

為什麼食人妖那麼頑固地要吃山羊

灰姑娘和王子做鞋子生意

## 三、演出

每一對學生描述他們的場景在哪裡，還有發生的時間。他們可以選擇念他們自己寫的對白或者即興創造一個場景。如果他們選擇念台詞，他們的表演要更誇張。

## 四、評估

談談哪些部分的對白比較有趣，而哪些想法可能繼續再發展。

## 五、評量

以學生能夠達到教學目標的程度來評分。

運用影子戲和偶戲，將文學作品戲劇化

### 奇怪的訪客

◎戲劇目標：建構影子戲偶並演出故事

◎相關教育目標：

語文：選擇口頭演示所需要的訊息；使用各種不同的詞彙表達情感和想
　　　法；用適當的詞彙將經驗分類；遵從多個步驟的指示；描述一個故
　　　事的時間和場景；進行有組織的口頭呈現；為了娛樂呈現故事；回
　　　應多樣的文學形式；了解人物的感情和情緒；改變口語的內容與形
　　　式以符合不同的目的和觀眾

藝術：發現、探索和檢視藝術的元素，包含線條、顏色、形狀、質地、價
　　　值、形式和空間；用簡單的媒介，如素描、繪畫、勞作或三度空間
　　　的模型建構，來表達個人獨特的概念、想法和情感

音樂：用動作表達某種氣氛和音樂的意涵

◎教材教具：薄的紙板；剪刀、透明膠帶、粗線或細金屬線、（固定文件用
　　　的）雙腳釘、打洞器；操縱桿（可以用竹棍、竹筷、吸管或衣架等製
　　　作）；大的包裝紙盒，如道具箱；一片白色的薄板，或是其他白色的材
　　　質，盡可能沒有皺褶；兩盞燈，100 或 150 瓦光；半透明的質材，例如有
　　　色的玻璃紙，可以上色，或是透明的十六分之一吋的塑膠薄片或薄紗；用
　　　一段陰森的音樂，像是 Bartók 的《弦樂器、打擊樂器和金屬鍵琴的音樂》
　　　（*Music for Strings, Percussion and Celesta*）中的「慢板」。

### 一、開場白

　　播放音樂。問學生這個音樂產生了什麼樣的氣氛。在回答之中可能會出現
「神祕的」或是類似的形容詞。要學生用一種神祕的方式，隨著音樂擺動他們
的雙手。然後告訴他們慢慢站起來，隨著這首神祕的音樂，擺動他們的身體。

　　告訴他們，你知道有一個故事，正好和這首音樂一樣神祕。這是關於一個

老婦人坐在紡紗機旁紡紗的故事。由老師或是請學生描述紡紗機如何工作。

## 二、故事引介

### 奇怪的訪客

（改編自英國童話故事）

一個婦人，孤單的，在那一晚坐著紡紗。

　　她坐著，她紡著。

　　如此孤單。


風吹來，門開開。

沒人在？

唉——唉——唉。


來了一雙寬寬、寬寬的腳。

它們在火爐旁邊，坐了下來。


一個婦人，好寂寞，在那一晚坐著紡紗。

　　她坐著，她紡著。

　　她孤單嗎？


來了一雙長長、長長的腿。

它們在寬寬、寬寬的腳上，坐了下來。


一個婦人，好寂寞，在那一晚坐著紡紗。

　　她坐著，她紡著。

　　她孤單嗎？

來了一個身體，圓圓地滾動著。
它們在長長、長長的腿上，坐了下來。


一個婦人，好寂寞，在那一晚坐著紡紗。
　　她坐著，她紡著。
　　她獨自一人嗎？


來了一對長長晃動的臂膀。
它們在身體上，坐了下來。


一個婦人，好寂寞，在那一晚坐著紡紗。
　　她坐著，她紡著。
　　她獨自一人嗎？

來了一顆頭，搖來搖去、東晃西晃。
它在晃動的臂膀上，停了下來。


一個婦人，好寂寞，在那晚停止紡紗。
她看著這個生物。
聲音驚恐地說不出話。


「你怎麼會有這樣一雙寬寬、寬寬的腳？」
　　（那個生物回答著，我複述。）
　　　「因為長久的步行，長久的步行。」


「你怎麼會有這樣一雙長長、長長的腿？」
　　　「因為流浪塵世
　　　為要看它的價值。」

「你怎麼會有這樣一個圓圓、圓圓的身體？」

「因為追求一種輪迴，

無窮無盡的輪迴。」

「你怎麼會有這樣一對晃動著的臂膀？」

「因為晃動著鐮刀，

斧頭和鐮刀。」

「你怎麼會有這樣一顆搖擺的頭？」

「它繫於一根絲

等著被餵食。」

「但是，你來這裡是為什麼？」

「為什麼？

為了你！」

設計：

影偶戲是真正的剪影。有時它們完全用輕質材的卡紙板製作，當它們放在螢幕後面時會使人物看來全黑。有時候人物的某些部分會被挖開，然後貼上有色的玻璃紙，再放在螢幕後面顯現。

在這個故事裡，除了壁爐裡的火焰可以用紅色或黃色外，你可以用黑影實體來顯現人物，但假如你認為有些人物身體的部分，在加了顏色後，可以讓它看起來更詭異，那也是可行的。

當然，故事中的紙影偶只要大小比例

用螺絲釘固定

重疊、分開雙手和雙腳

對稱即可。一般而言，一個大約十二吋的紙影偶，是最方便操縱且易於觀眾欣賞的大小。

### 老婦人：

她可以在大腿的地方做樞紐，然後當她紡織時，她可以前後擺動。

用膠帶把吸管固定在中間

1. 在身體兩個部分重疊處做樞紐。在兩個部分都打一個洞，鬆鬆地嵌入一個雙腳釘，讓這些部分可以容易移動。
2. 將操縱桿固定在影偶的中心點。如果你用吸管來做操縱桿，可以用膠帶固定。如果你用其他材質的操縱桿，可用迴紋針固定在操縱桿的尾端，在用雙腳釘穩固在影偶上。

### 身體部位：

每一個部位都得加上一個操縱桿。腿雖然需要兩片紙形才能分開移動，但是都可以由同一人操作。腳和手也是一樣的。至於頭的部分，在剪臉部五官時，要特別凸顯以增進螢幕效果。

將身體的所有部分使用個別的操縱桿

**場景：**

你需要一台紡紗車、一張椅子，和一個火爐。「門」是在幕後。場景是固定的，其上方可以用垂下來的繩子綁住，下方用膠帶固定在舞台的地板上，藉此將它固定在舞台框架內。

將邊緣摺平，使之平貼箱底

**舞台：**

在一個大的厚紙盒中間切一個矩形。將白色布料緊緊地固定在缺口的內側，盒子的邊要留下，當盒子放在桌上時，燈光也不會從旁邊散出去。假如你想要的話，可以裝飾舞台（盒子）的正面。

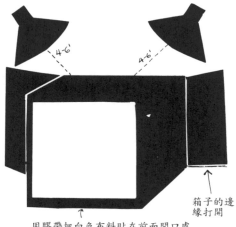

箱子的邊緣打開

用膠帶把白色布料貼在前面開口處

102

　　在距離螢幕四到六呎遠的兩邊，放兩盞 100 或 150 瓦的電燈。把燈源輕輕向下方集中，好讓光源平均地穿過螢幕。假如光源位置正確，就不會有偶戲操作員自己的影子了。

## 三、演出

　　每一個戲偶，都依照朗讀故事時的指示移動。戲偶做每件事時，通常會靠螢幕很近。當每個獨立的身體部位說話時，它們可以用某種方式移動。當每一個部位說話時，可以往前移動「一步」，從身體的其他部位分解出來，直到頭再把身體各部位結合起來。往後移動會使它看起來較大。在劇終時的「為什麼？為了你！」身體可以「跳」向老婦人，然後兩個一起一路飛向後面直到消失。同學們可以嘗試各種效果，直到找到他們喜歡的方式。

　　這個特別的故事，非常適合用齊聲朗誦的方式呈現。一些學生可能要練習，直到達到他們想要呈現的氣氛為止。

　　Bartók 的音樂也為這個故事增添了氣氛。

## 四、評估

　　討論戲偶、場景、聲音和音樂會如何製造氣氛。有沒有其他方法會讓故事變得更嚇人？

## 五、評量

　　合作的技巧是演出成功的關鍵。假如他們能藉著一起放入所有元素來製造故事的氣氛，他們在學習合作的部分會有長足的進步。

### 為什麼蚊子總是在人們耳邊嗡嗡叫

◎戲劇目標：建構人偶並演出故事

◎相關教育目標：

**語文**：選擇口頭演示所需要的訊息；使用各種不同的詞彙表達情感和想法；用適當的詞彙將經驗分類；遵從多個步驟的指示；描述一個故事的時間和場景；進行有組織的口頭呈現；為了娛樂呈現故事；回應多樣的文學形式；改變口語的內容與形式以符合不同的目的和觀眾

**藝術**：發現、探索、檢視藝術的元素，包含線條、顏色、形狀、質地、價值、形式和空間；用簡單的媒介，如素描、繪畫、勞作或三度空間的模型建構，來表達個人獨特的概念、想法和情感

◎教材教具：紙盤、盒子、厚紙板；牛皮紙、購物袋、剩餘的布料或舊枕頭套；報紙、舊的填充材料、長條的皺紋紙；釘書機、透明膠帶、剪刀；粗簽字筆、蠟筆、色紙碎片；繩子、橡皮筋

## 一、開場白

世界上沒有什麼比蚊子還令人討厭的了！這個西非的傳說解釋了蚊子為什麼會有這種搗亂的行為。

## 二、故事引介

### 為什麼蚊子總是在人們耳邊嗡嗡叫

（由 Monica Michell 改編自西非傳說）

一個慵懶的午後，蚊子看到鬣蜥蜴在太陽底下打盹。「起來，鬣蜥蜴，」蚊子說道。「我要告訴你一個笑話。」

「走開，別煩我！」鬣蜥蜴埋怨道。「我想睡覺，而且，我已經聽過你所有的蠢笑話了。」

蚊子並沒有走開，他繼續騷擾著鬣蜥蜴。最後，鬣蜥蜴將兩根小木條插

在他的耳朵裡，然後穿越高高的草叢，蹣跚地移開。

大蟒蛇看到鬣蜥蜴來了。「你好，鬣蜥蜴。」蛇說道。鬣蜥蜴沒有回答，他甚至沒有點頭。「喔，糟了！」大蟒蛇心想。「鬣蜥蜴一定在生我的氣。我好怕他正計畫一些陰謀對付我，我最好找個地方藏起來。」大蟒蛇看起來神經兮兮，然後就滑行到附近的一個兔子洞。

當兔子看到一條大蛇來到她的洞穴裡，她很害怕。她從後面的路跳出去，用她最快的速度奔逃，倉皇地跑進了雨林裡。

猴子正坐在樹上吃香蕉。他看到兔子在逃命，就想一定是有什麼危險的怪物在追趕她。猴子丟掉香蕉，開始在森林裡跳來跳去，而且發出尖銳的叫聲，警告著森林裡其他的動物們。在他大肆煽動的時候，猴子碰巧踩到了一根老舊、腐壞的樹枝。樹枝斷掉了，猴子轟然一聲掉落在貓頭鷹媽媽的窩裡，壓死了一隻貓頭鷹寶寶。

「喔，我可憐的寶貝。」貓頭鷹媽媽眼淚掉了下來。那天接下來一整天和那一晚，貓頭鷹媽媽都只是坐在她的樹上哭泣著。她的哀慟令人不忍去聽。

如今人人都知道，貓頭鷹媽媽的工作，就是每天早上叫太陽起來。但是，在哭了整晚之後，貓頭鷹媽媽即使連一聲小聲的梟叫也發不出聲。所以，太陽繼續睡，黑暗則持續逗留。

動物們開始害怕太陽不會再閃耀了。他們決定要呼喊天神來幫忙。「喔，天神啊，請你幫助我們！太陽不起來，我們什麼都看不到了！」

突然間，一道閃電劃過了天際，雷聲轟隆隆地震動著大地。動物們都擔心地等著。天神出現在聚集的動物眼前，然後大聲地說：「到底是發生了什麼事啊？」

「貓頭鷹媽媽不叫太陽起來。」動物們異口同聲地說道。

「貓頭鷹媽媽，」天神嚴肅地說道：「為什麼你沒有發出梟叫聲，叫太陽起來呢？」

「我哭了大半天和一整晚。」貓頭鷹媽媽抽噎著。「猴子殺了我的寶貝孩子。」

「我不是故意的，」猴子膽怯地說。「我看到兔子在逃命，所以就幫忙警告大家。」

「請不要怪罪我，」兔子全身顫抖著細聲地說，「是大蟒蛇把我追趕出家門的。」

「這不是我的錯，」大蟒蛇嘶嘶地說。「我只是要躲鬣蜥蜴。」

天神怒視著鬣蜥蜴。「嗯，鬣蜥蜴，你要替自己辯解嗎？」

鬣蜥蜴卻只是眨眨眼，然後他想起來他耳朵裡的木條，他立刻把它們拿出來。「對不起，天神。你可以重複一次問題嗎？」鬣蜥蜴禮貌的問。

「你對大蟒蛇設了什麼陰謀？」天神追問。「為什麼你不對他說『你好』？」

「我並沒有對我的朋友大蟒蛇設下任何陰謀。」鬣蜥蜴不知所措地回答。「而且我沒有回答他的原因，是因為我沒聽到。我將木條放在我的耳朵裡，因為蚊子一直用他荒謬的笑話來煩我。」

天神瞪著一個個的動物。「嗯……」他說。「讓我看看順序有沒有搞對。貓頭鷹媽媽的寶寶是被猴子殺了，而猴子會警告大家是因為兔子；兔子被嚇到是因為大蟒蛇，而大蟒蛇感到很恐懼是因為鬣蜥蜴；鬣蜥蜴之所以被打擾是因為那隻嗡嗡作響的蚊子。」

「答對了！」動物們一起大聲說。

「所以這表示，」天神宣布這個壞消息，「蚊子就是罪魁禍首！把他帶來這裡。蚊子必須接受懲處！」

然後天神轉向貓頭鷹媽媽而且仁慈地說：「當你回到你的窩時，你會發現我已經讓你的小寶貝復活了。」

貓頭鷹媽媽真是喜出望外！她用梟叫訴說著她的感激，也用梟叫聲表達出她的喜悅，而最後，太陽出來了！

但是動物們並沒有找到蚊子，他已經藏到森林深處了。所以，蚊子並沒有得到他應得的處罰。直到今天，蚊子仍然良心不安。這是為什麼他要在人們的耳邊嘀咕不停和嗡嗡作響：「嗡——吱——嗡——！有人還在生我的氣嗎？」

設計：

在西非，村中的說書人有時會用精細的面具和服飾，演出他們的故事。這裡所描述的這種特殊服裝，叫做人偶。人偶幾乎大得可以讓一個人穿，而且穿它時，它像是一件衣服，用一條繩子掛在脖子上。

故事裡有好幾個人物。也可加入其他人物，或是好幾個學生演猴子、蟒蛇和兔子。

1. 每個孩子可以決定想要扮演的角色和裝扮。

2. 用一個紙盤、一個盒子，或是一張厚紙板，剪下做人偶的頭。可用紙張碎片、蠟筆或簽字筆來設計人偶的臉。

3. 用牛皮紙、購物袋、剩餘的布料或是舊枕頭套製作身體。可以配合人物的特色在偶的身體上著色或是塗上顏料。

4. 用捲起的報紙、填充材料或是長條的皺紋紙，製作腿、手臂和翅膀。

5. 用釘書針或是透明膠帶，將人偶的頭、手臂、翅膀和腿，牢牢固定在人偶的身體上。

6. 在人偶的頭上加一條線，然後掛在脖子上，這樣人偶就會懸掛在人偶操作員的前面。人偶的頭會蓋在人偶操作員的胸前。

7. 假如你想要的話，你還可以將人偶的手臂、腳或是翅膀，用橡皮筋或是繩子，加在人偶操作員自己的手臂和腿上，這樣人偶就能走路、跳舞、揮手或是飛行。

### 三、演出

　　學生們可以先不用穿人偶來練習演出這個故事，而是將注意力集中在人物如何移動和聲音的部分。雖然他們可以照著原始的劇情演出，但是也可以一面排練，一面自由發揮，創造即興的行動和對白。在經過整體排練一、兩次後，可以加上服裝演出，若有機會把成果演出給別班看也會很有趣。

### 四、評估

　　討論各種角色的移動方式，和每一種動物經典的動作。他們可以提出一些改進的建議讓表演更好。

### 五、評量

　　針對學生的表演成果及評估討論的內容評分。

單元要素 3　　回應與建構意義：美感能力之發展

概念　觀賞戲劇活動，強調演員和觀眾之間的關係和觀眾禮儀

**向演員喝采！**

◎戲劇目標：了解對於一位盡了全力的演員而言，一名好觀眾是必要的
◎相關教育目標：
　語文：在各種情境中，能夠注意聆聽；為了娛樂呈現故事
　社會：解釋團體如何影響個體的行為；從心理、社會及文化的角度來描述
　　　　影響人類行為的因素

一、開場白

　　　　你們有多少人曾看過表演？
　　　　去看表演和去看電影有何不同？

　　假如沒人看過表演，就問：

　　　　有多少人看過馬戲團、溜冰表演或是魔術秀？
　　　　去現場看這些表演和在電視上看，有何不同？

　　主要的重點是演員就在現場，和觀眾一起在同一座劇場裡。那就是去劇場
和看電影、電視最大不同之處。演員們知道觀眾就在眼前，所以他們會盡全力
去娛樂觀眾。演員們可以精確地知道，何時觀眾會覺得表演很有趣，而且喜歡
他們的表演。問學生們，他們認為演員會如何知道觀眾的反應，可能有兩種方
式：一是觀眾安靜地聆聽；二是發生有趣的事情時，觀眾會大笑而且在表演結
束後會鼓掌。

　　當然，演員所演出的是與他們自己截然不同的人物。他們以演戲的形式來

對觀眾訴說一個故事。當演員們扮演一些人物時，他們了解這些人物並不是**真實**的自己，但是在表演的時候，他們會去做這些人物所做的事。重要的是觀眾可以幫助演員們去想像其中的故事和人物都是真實的。如果想要有一次美好的劇場經驗，演員和觀眾都得運用想像力才行。

## 二、計畫和演出

　　過了一段時間，學生們已經有了當演員和當觀眾的經驗。要某些人說一個笑話給班上其他人聽，並要觀眾想像這是個他們所聽過最好笑的笑話，並以熱烈的笑聲與掌聲給予回應。接著，可以試試讓學生把笑話重講第二次，並且要觀眾在聽完笑話後，給予噓聲或是不給予回應。再回過頭問他們，對於這兩種不同觀眾回應的感覺。

　　另一個強化演員和觀眾之間關係的方法，是重演一些以前做過的活動，或者計畫一些新的。教師可以引導學生表現出一位好觀眾所需要做的回應。

## 三、反省

　　要他們討論適當的和不適當的觀眾行為，還有為什麼觀眾的反應對表演很重要。

## 四、評量

　　他們的討論會透露出他們對教學目標的了解。

## 觀眾禮儀

◎戲劇目標：描述和使用適當的觀眾禮儀
◎相關教育目標：
　　**語文：**在各種情境中，能夠注意聆聽
　　**社會：**解釋團體如何影響個人的行為；從心理、社會及文化的角度來描述影響人類行為的因素

### 一、開場白

　　首先，以他們熟悉的狀況解釋「禮儀」這個名詞，例如用餐禮儀，或是到別人家作客。

　　要當一位好觀眾，到劇場時也得要遵守某些事情。看他們是否能想出一些可能要做的，將它們列在黑板上。藉著問「假如……」的問題，誘使學生提出其他的想法，以符合下面的禮儀規範。例如，「假如某些人遲到，而且花了很長一段時間找座位。這會怎麼樣影響到其他的觀眾？」

### 觀眾禮儀

1. 依照表演時間，準時入場。
2. 就座前，留意是否需要上廁所和喝水。
3. 體諒四周的人。在等候表演開始時，輕聲說話，而且管好自己的手、手臂和腳。
4. 當表演剛開始前，通常會有幾秒的時間，燈光調成微暗，有時也會變成全暗。當燈光熄滅時，安靜地坐著，以表現看戲應有的風範。
5. 表演當中，請勿交談。
6. 將食物和飲料收好，直到表演結束。
7. 在表演時的聚精會神，是尊重演員們的表達方式。藉著拍手喝采，以表示你對他們的努力致謝。
8. 當表演結束時，耐心等候，依序離場。

## 二、計畫和演出

在參與正式表演前,要學生練習如何進場和觀戲的禮儀。雖然你不能讓室內全暗,但是可以關掉一排燈源,以象徵劇場燈光逐漸變暗的情形。然後打開燈光表示「開場」。

一些學生可以重演他們早期演過的故事,或是演出他們在偶戲中的任何一幕。不管他們是演員還是觀眾,學生們要假裝他們是待在一座真正的劇場中。

## 三、評估

要他們為班上同學評量他們的劇場禮儀。在他們參與演出後,要他們談論觀眾禮儀,什麼是適當的?什麼是不適當的或是無禮的?

## 四、評量

依他們的觀眾表現評分。

 **概念** 觀賞戲劇活動，強調對人物外型特徵與行為動機、劇中衝突、
劇情結果的覺察

注意：觀賞戲劇活動的意思是去劇場看戲，或是看一場來學校演出的巡迴
表演。大部分的劇團會提供學習指南，幫助學生預作表演前的準備，而且幫助
他們了解緊接而來的活動。

下面的課程是以一部戲 ──《傑克和西北風》（*Jack and the Northwest
Wind*）為範例。這一課示範了如何分析一部戲的結構模式。這部戲可以讓學生
自行演出或者只要大聲地朗讀出來就可以。

### 傑克和西北風

◎戲劇目標：分析人物外型特徵與行為動機；了解劇中衝突；預知劇情結果
◎相關教育目標：

語文：在各種情境中，能夠注意聆聽；選擇口頭演示所需要的訊息；辨別
主要想法下的意涵；回溯事實和細節以支持主要的想法；辨識一個
事件或是人物行動背後的各種因素；下結論；回應多樣的文學形式

113

### 一、開場白

這部戲改編自北卡羅萊納州山區中流傳已久的民間故事。比起一般真實的
人物，劇中人物會比較像卡通的人物。告訴學生當他們讀劇本時，試著在心裡
產生一些畫面，像是故事中人物的長相或是正在做的事情。

## 二、故事引介

# 傑克和西北風

（根據 Tom Behm 的改編劇本）

| 人物 | |
|---|---|
| 旁白 | 風 |
| 媽媽 | 惡霸 1 |
| 傑克 | 惡霸 2 |
| 老人 | 爸爸 |

本戲共四個場景：傑克家、路上、老人家、惡霸家

旁　白：（傑克和他媽媽縮在一條又破又爛的毯子裡。）

　　　　傑克和他媽媽住在山上，而且他們非常窮，窮得一無所有。有一年冬天變得很冷而且開始下雪。

　　　　（傑克和媽媽顫抖著。）

　　　　西北風開始吹了！

　　　　（擔任風的角色要一面擺動手臂，一面吹風。而且當風吹時，媽媽和傑克冷得在一旁直打顫。）

媽　　媽：傑克！我快凍僵了！拿塊木板和鐵錘把牆上的裂縫補小一點！

傑　　克：我很想啊，但是去年夏天我用鐵錘打一隻臭鼬鼠，就把它給弄丟了。

媽　　媽：好吧，用石頭釘木板吧！

傑　　克：我已經把所有的釘子用來做捕蛙的魚叉了！

媽　　媽：（風吹得比剛才更大了。）

　　　　傑克，我們得做點什麼，否則我們會被凍僵的。

傑　　克：（突然靈機一動。）

　　　　我應該去告訴西北風別吹了。

媽　媽：（笑了起來）

　　　　那是我聽過最蠢的事！但是，你何不去試試！（她笑著出場。）

旁　白：第二天一早傑克就直接離開家，準備走進風中告訴西北風別再吹
　　　　了。他走著走著，而風愈吹愈大。

老　人：（進場）

　　　　你好，傑克！（傑克很驚訝。）

　　　　這麼「冷」的寒冬你打算去哪？

傑　克：我要前去阻止西北風。我們回家只會被凍死。

老　人：何必呢，傑克，你沒有辦法讓西北風停下的！

傑　克：我一定會成功的──只要讓我找到它吹出的洞口！

老　人：（大笑）

　　　　那一定是一個可怕又遙遠的路程。傑克，你最好到我那兒吃頓溫暖
　　　　的晚餐。

旁　白：傑克是真的餓了，所以他去了。傑克和老人坐在一張長桌子前，老
　　　　人從箱子裡拿了一張桌巾，然後喃喃大喊。

老　人：攤開，桌巾，攤開！

旁　白：桌上突然出現滿滿的食物，有雞肉、烤牛肉、番茄、沙拉、布丁。

傑　克：（反應劇烈）

　　　　這是我所見過最多的食物了！

　　　　（他狼吞虎嚥地吃著，隨手吃起雞腿，切著烤牛肉，吃著布丁。）

老　人：傑克，你今晚應該回家照顧你媽媽。假如你照做的話，我就把這條
　　　　神奇的桌巾給你。

傑　克：我很樂意這麼做。

老　人：那麼這是你的了。

　　　　（默劇演出他摺桌巾然後將它交給傑克。）

　　　　現在，傑克，在你回去的路上，你千萬不要在隔壁的屋子停下來。
　　　　那裡住了一些可怕又無賴的小孩。假如你在他們旁邊逗留，他們就
　　　　有可能會偷走你的魔法桌巾。

傑　克：我會小心的。這一切都很謝謝你。

　　　　（他們握手後，傑克就繞了舞台一圈走路回家。）

旁　白：當他沿路走近那間房子時，惡霸小孩跑出來和他說話。

惡霸1：天黑了，這條路晚上很危險，你最好在這裡過夜。

傑　克：不了，我得趕回家。

　　　　（小孩抓著傑克的手臂使他停下來。）

惡霸2：有個人昨晚才在這條路被搶劫。你最好留下來。

　　　　（兩個小孩在他耳邊進讒言。）

旁　白：傑克很怕搞丟他的桌巾，所以決定留下。

惡霸1：（去摸布）

　　　　這個怪怪又看起來像桌巾的東西是什麼啊？

傑　克：喔，這沒什麼——這只是給我媽媽的一個禮物。

惡霸2：（大笑）

　　　　好蠢的禮物喔，一條噁心的桌巾，真笨！

惡霸1：（邊諷刺邊拉桌巾）

　　　　是啊，還希望拿桌巾當禮物呢！（大笑）

傑　克：嗯，這看起來可能不值錢，但注意看囉。攤開，桌巾，攤開！

旁　白：結果，許多好吃的食物出現了。小孩們吃啊……吃啊……吃個不停！

旁　白：傑克真的累了而且很快就睡著了。

　　　　那晚小孩們偷偷換掉桌巾，然後放了一條沒有任何魔力的給傑克帶回家。

　　　　（小孩們出場帶回了一條假的布料然後把它攤開。）

　　　　第二天一早，傑克帶著桌巾回家了。

　　　　而風又開始呼呼吹了！

媽　媽：（進場）

　　　　喔，傑克，你沒有讓風停下。它還是吹個不停。

傑　克：我根本沒有去到西北風的地方，但是有人送了一個禮物讓我帶回家。

媽　媽：他送你什麼？

傑　克：一條會裝滿美味食物的魔法桌巾！

　　　　（舉起一塊布展示著。）

媽　媽：你試試看——我真想見識一下！

　　　　（坐下。）

傑　克：攤開，桌巾，攤開！

　　　　（媽媽大笑而傑克愣住了。）

旁　白：結果當然什麼事也沒發生。所以傑克的媽媽把布剪裁後，幫他做了
　　　　一件襯衫。

　　　　（媽媽出場。）

　　　　傑克待在家裡快一週了。但是很快的西北風又開始吹了。所以傑克
　　　　再次離家試圖去阻止西北風。只是這次他小心地從老人的房子後面
　　　　跨過去。

　　　　（傑克誇張地踏著鬼鬼祟祟的步伐，但是老人進場而且就走在他的
　　　　後面。傑克以為老人不在附近，於是鬆了一口氣而且轉身，看到他
　　　　便大叫跳了開來。）

老　人：你好，傑克！這麼冷的天氣你又打算去哪？要去阻止西北風？

　　　　（他略略地笑著。）

傑　克：我會的。你別再騙我了。那條舊桌巾根本沒有像你說的那種魔力。

老　人：你是不是留在那間我說過不可以去的房子了？

傑　克：（猶豫著）

　　　　嗯……

老　人：喔，我想也是。他們拿了你的桌巾！你現在就和我回家，我看看還
　　　　有什麼東西可以給你。

旁　白：於是傑克跟去了。

老　人：（默劇演出從盒子裡拿出雞。）

　　　　這兒有隻雞給你帶回家。現在你所要做的是，將你的手放在地下面
　　　　然後說：「來，金子！來」，母雞就會幫你下金雞蛋。

傑　克：金雞蛋！哇！謝謝你！

　　　　（小心地帶著母雞。）

老　人：傑克，你要記住，別再停在那幾個邪惡小孩住的地方了。

　　　　（出場）

傑　克：（往回走）

　　　　我保證我不會待在那兒了。謝謝你。

旁　白：但是小孩們認出了他，跑出來看老人給了他什麼。

惡霸1：在你懷裡的是什麼雞啊，傑克？

惡霸2：（裝傻）

　　　　牠會做什麼啊，傑克，下金蛋嗎？

　　　　（大笑）

傑　克：你怎麼知道？

惡霸1：沒有雞會下金蛋的！

惡霸2：除了故事裡，從來沒人聽過雞會下金雞蛋！

　　　　（一直笑。）

傑　克：當然會！看。來，金子！來！

　　　　（他們看到默劇演出的蛋，啵的一聲，掉進傑克的手裡。）

惡霸2：哇，怎麼會這樣？傑克，你可以留下和我們過夜啊！

　　　　（拉著傑克。）

惡霸1：當爸爸回家時，你應該表演這招給他看。

　　　　（拉著傑克。）

旁　白：然後他們說話很快（小孩們在傑克的耳邊吱吱喳喳說個不停，而且
　　　　邊拉想像的小提琴時，還邊哼唱搖籃曲），使得傑克在知道發生了
　　　　什麼事之前就睡著了。你知道接下來發生了什麼，對吧？

　　　　（惡霸1拿來了另一隻雞。）

　　　　是的，這隻雞不會下金蛋——牠甚至不會下真的蛋——牠是一隻公
　　　　雞！

　　　　（兩個孩子笑著出場。）

第二天一早，傑克帶著這隻母雞趕快回家。風自然還吹著！

媽　媽：（和善地笑著。）

嗯，傑克，我看到你回來了，而風正好還在吹呢。

傑　克：我沒有找到它從哪兒吹來的，但是我遇到了那位老人，他給我一隻會下金蛋的雞。看——來，金子！來！

旁　白：但是沒有任何蛋，於是傑克媽媽宰了那隻老公雞，將牠當作晚餐。（她帶著公雞出場。）

傑克待在家裡好幾個星期。但是不久西北風又猛烈地吹著。

所以傑克決定再試一次。他又再一次鬼鬼祟祟地穿過老人的屋子。（傑克偷偷地向後退，而老人卻從反方向走進來且輕拍了他的肩膀。傑克做了個誇張且吃驚的反應。）

老　人：你好，傑克！你究竟在後面做什麼？

傑　克：你給我的那隻雞並不會做你所說的事。我們把牠煮來吃了。

（轉頭走開。）

老　人：你又停在那棟房子了嗎？（傑克猶豫著）

我想也是！他們拿走了你的母雞！一定是這樣。假如你這次回家，我會給你一根棒子。

（走到盒子邊，打開蓋子，以默劇表現拿出棒子的樣子。）

傑　克：為什麼我要一根無聊的棒子——你這個笨蛋！

（坐下。）

老　人：這是一根魔法棒，傑克。假如你需要劈一些柴火，你只要指著一棵樹然後說：「揮動，棒子！揮動！砍下一些柴！」

旁　白：然後就在他眼前，棒子打倒了一棵大樹，順著山丘滾下來，滾進了庭院裡，裂開變成一堆柴薪，同時又碎開變成可以點燃的柴火。

老　人：回來，棒子。

（假想的棒子飛回到他的手上。）

傑　克：這就是我一直想要的東西。

老　人：這次你要確定哦，千萬不要在那個房子逗留了。

119

（把棒子交給傑克。）

傑　克：我保證。謝謝你。

惡霸1：（當傑克繞著舞台往回家的路時進場。）

　　　　這次你得到什麼，傑克？

傑　克：（自以為是）

　　　　得到了一根魔法棒！它可以將樹木削成柴火！

惡霸2：（哭訴著）

　　　　喔，傑克。我們家沒有木柴了，假如你幫我們砍一些，我們會滿懷

　　　　感激的。

傑　克：嗯，好吧。揮動，棒子！揮動！砍下一些柴！

　　　　（默劇演出丟出棒子。）

惡霸2：快看！它砍下了一棵大……

傑　克：（他們默劇演出看著樹倒在舞台上。）

　　　　木頭！

惡霸1：（樹倒時的震動讓全部人都跳起來。）

　　　　哇！正好滾進花園裡！

惡霸2：現在裂成柴火了！

傑　克：回來，棒子！

　　　　（他們看著棒子跳回傑克的手裡。）

惡霸1：現在只要等爸爸回家，傑克，讓他看看棒子的威力。

　　　　（傑克拒絕。）

惡霸們：拜託，傑克，拜託，拜託，拜託，拜託！

傑　克：（想了一下）

　　　　嗯，我想那應該沒什麼損失。我就在這等吧。

　　　　（孩子們坐著，默劇演出打呵欠且疲倦的樣子。）

旁　白：而傑克很快就睡著了。當孩子們的爸爸回到家，他們告訴他關於傑

　　　　克握著的那支魔法棒子的事。

　　　　（爸爸姿態粗野地進場，孩子們在他耳邊耳語。）

爸　爸：現在去砍木柴已經天色太暗了。你們兩個難道不能拿壁爐旁的一塊
　　　　大原木做實驗變成一些柴火？

惡霸2：當然可以。我只要將棒子從傑克手裡抽出來，然後說：「揮動，棒
　　　　子！揮動！將原木碎成一堆柴火！」

旁　白：棒子在原木上開始敲打，聲音很大聲，所以吵醒了傑克！傑克一看
　　　　到眼前發生的事，就跳起來，跑到門外，然後回頭大叫：

傑　克：揮動，棒子！揮動！把整個屋子拆了！而且如果屋裡的人不交出我
　　　　的桌巾和母雞的話，就把他們打一頓，快！

　　　　（當假想的棒子打他們時，小孩和爸爸又跳又叫。）

惡霸1：傑克！傑克！快阻止棒子，否則它會打死我們的！

惡霸1：母雞在這。

　　　　（在他們把東西交還給傑克後，爸爸和孩子全都匆忙跑出場。）

傑　克：很好！停，棒子！該回家了。

旁　白：而西北風又開始吹了。傑克回家時差不多天亮了。

媽　媽：傑克，風正好在吹。

傑　克：別擔心風了。你看！攤開，桌巾，攤開！

旁　白：可以確定魔法桌巾這次攤開會擺滿了食物！

　　　　（媽媽吃著。）

傑　克：看這個。來，金子！來！

媽　媽：這隻母雞在下金雞蛋呢！

　　　　（她開始撿起金雞蛋，但是傑克阻止她。）

傑　克：等一下。揮動，棒子！揮動！

媽　媽：看這根棒子在製造柴火！柴火堆得比房子還高了！

傑　克：有了這些金子，我們就能有鐵鎚和一些釘子，可以將房子修好了。

　　　　（傑克和媽媽得意洋洋地舉起他們凍僵的手。）

旁　白：所以，傑克再也不用出去找西北風並要它停止再吹了！

### 三、人物討論

下面是一些與人物有關的問題。有些答案可以直接在劇本裡找到。其他的則是要靠學生們的想像力，例如：要他們畫出一個特別人物的長相。

**媽媽：**

她的動機是什麼？

她怎麼看待她的兒子傑克？

她做了什麼事，顯示出她很在乎傑克？

每次傑克帶一些「魔法」的東西回家裡，她在想什麼？

她長什麼樣子？她穿什麼樣的衣服？

**傑克：**

他的動機是什麼？

用三個不同的形容詞描述他。

他對老人有什麼想法？

他覺得惡霸怎麼樣？

當他收到棒子時，他知道惡霸會發生什麼事嗎？或者他只是幸運？前面的討論會如何影響你等一下演出的結果？

傑克對他媽媽的態度如何？

他看起來的樣子如何？他的穿著是怎樣？

**老人**（這個人物也可以換成老太太）：

他的動機是什麼？

他為什麼要不斷幫助傑克？

他是誰？為什麼他剛好有這些魔法的物品？

他長什麼樣子？他穿什麼衣服？

他怎麼走路？

他的聲音聽起來如何？

惡霸：

　　他們的動機是什麼？

　　用三個形容詞描述他們。

　　他們長什麼樣子？他們穿什麼衣服？

　　他們是怎麼表演走路的方式，所以使他們看起來像惡霸？

　　他們的聲音聽起來如何？

　　他們覺得傑克怎麼樣？

　　當棒子開始打他們時，他們如何移動？他們會說什麼？

爸爸：

　　他的動機是什麼？

　　他知道他的兒子拿了傑克的桌巾和母雞嗎？當他們把這些物品還給傑克時，他很驚訝嗎？

　　當他看到棒子的魔法時，他在想什麼？

　　當棒子開始打他時，他如何反應？

風：

　　風要如何利用聲音和動作來製造一種誇張、卡通式的效果？

　　需要幾個演員一起演風比較好呢？

旁白：

　　旁白有什麼功能？這個角色為什麼重要？

## 四、討應劇中的衝突部分

　　主要的衝突是什麼？（傑克想讓他的房子變得更暖和，而且透過惡霸的阻撓和他的機智，呈現出這些衝突。）

　　每一個問題的出現都使衝突增強。依它們發生的次序，列出各種衝突或危機。

　　這部戲的高潮是什麼？（高潮的那幕是當傑克指揮木棒去拆房子，直到惡霸歸還桌巾和母雞。）

## 五、有關劇情結果的問題

如何解決基本的衝突？

你是從哪一個訊息開始知道最後的結果會怎麼樣？

有什麼事會改變結局呢？

## 六、舞台考量

假如全班要演出這部戲，當他們回答下面的問題時，他們得謹記觀眾的心理。

哪一個部分的演出需要精細的默劇？

傑克要如何利用舞台，使他看起來像是從一個地方走向另一個地方？

要如何規劃演出的區域，安排一個是傑克家，一個是老人家，一個是惡霸家？

當傑克試圖避開老人時，有許多喜劇的部分。閱讀舞台指導和練習它的時間點。

當演出戲劇時，要確定動作和對白的流暢性。在說話時不可以中斷，除非有替代的動作，而且通常旁白在說話時動作是進行式。

## 七、評估與進行美感判斷

一個戲劇的演出，一定要實際觀看，而不只是閱讀而已，所以學生一定要實際看過一部戲，才能夠做判斷。假如班上成員有實際演出《傑克和西北風》，他們就能對它進行評估。假如沒有，就討論一個大部分同學都看過的電視節目或是電影。下面的問題能運用在大部分的表演中：

1. 你認為這部戲怎麼樣？

2. 在劇情前後中演出的人物是可信的嗎？他們的主要動機清楚嗎？演員演出的動作和對話合乎人物的設定嗎？

3. 在高潮達到之前，劇中的衝突和張力是否逐漸被營造出來？

4. 服裝如何幫助你了解人物的樣子？

5. 場景如何幫助你了解劇中行動發生的地點？

6. 還可以做些什麼來增進這部戲的效果？

## 八、評量

有很多評量的可能性，完全取決於本課進行的目的是為了分析或是演出。你可以要學生以書面形式回應前述有關劇中衝突及人物動機等問題。

---

**看戲**

◎戲劇目標：表現恰當的觀眾行為；以畫圖、戲劇化的活動和討論來回應這部戲

◎相關教育目標：

　語文：使用語言的和非語言的溝通；使用各種不同的詞彙表達情感和想法；辨別主要的想法；回溯重要的事實和細節以支持主要的想法；回應多樣的文學形式

　藝術：用簡單的媒介來表達個人獨特的概念、想法和情感

---

### 一、表演前

　　大部分的劇團，在表演前和表演後會提供導讀指南給老師和學生。這樣的導讀指南可以幫學生們為觀看戲劇而做準備。他們準備得愈好，會愈想要欣賞這部戲。他們會去預期將會發生什麼，也知道了一些有關的情節和人物。

　　假如這部戲來自一個故事或是書本，你可以先讀這篇故事或是故事的節錄給全班聽。假如他們預先知道基本的劇情，他們會比較容易了解這部戲。

　　你可以要求學生在看這部戲之前，先演出一些較刺激的場景。你可以要他們在規定的時間內，回想他們害怕、難過或是快樂的時刻，就像故事裡的人物一樣。學生可以比較他們自己的演出和實際看到演員在舞台上演出的不同，他們會覺得很有趣。

　　假如你認為有任何的概念或名詞是他們不了解的，可以在事前先預習。

　　假如這部戲被設定在一段特殊的歷史時代，你可以準備一些這個時代的圖片，討論人們穿的衣服、使用的交通工具以及房子的樣式。

### 二、表演後

　　讓孩子在看完戲後，有各種方式來回應以強化他們的學習是很重要的。假如你拿到了一份導讀手冊，你可以從手冊中，選一些能吸引你們班上學生進行後續活動的建議。下面是許多老師們覺得有用的一些活動。很顯然，這裡只是「一般性」的建議，之後你可以依據孩子們所看到的劇碼做調整。

1. 畫圖：

(1)畫出你最喜歡的人物或是最刺激的情節。

(2)畫出場景。

2. 戲劇化的活動：

(1)表演每一個人物如何走路。

(2)從戲裡選一幕演出。為什麼要選這一幕？

(3)從其他故事選出一幕，同樣能夠展現勇氣、感到恐懼、達成目標——就像這部戲裡所看到的一些特質一樣。

3. 討論：

(1)在這部戲裡，最刺激的是什麼？在這個部分你的感受如何？

(2)你最喜歡的人物是誰？你喜歡他（她）的什麼？

(3)這部戲和原著的故事或書有何異同？（如果有的話。）

(4)當觀賞這部戲時，你要如何運用你的想像力？

(5)主要的衝突是什麼？這個衝突如何解決？

(6)還可能發生什麼樣的事而改變結局？

(7)場景、服裝、道具和燈光的設計人員，要如何使用他們的想像力？

## 三、評量

讓他們有機會運用畫圖、戲劇化的活動、討論（用寫的）其中至少一種方式回應。孩子們的回應會顯示出他們對這部戲的了解。

 概念　了解電視、電影與劇場表演間的異同，強調場景和演出

### 攝影機前的表演

◎戲劇目標：了解劇場演出與電視、電影演出的不同

◎相關教育目標：

　語文：在各種情境中，能夠注意聆聽；改變口語的內容與形式以符合不同
　　　　的目的和觀眾；為了娛樂呈現故事

◎教材教具：假如有可能的話，使用錄影機或是攝影機

## 一、開場白

　　利用《傑克和西北風》做為討論的基礎。

　　　　想像你在電視上看到《傑克和西北風》這部戲。

　　　　你覺得這會和在劇場上的演出有什麼不同？

　　和孩子討論一個事實──攝影機的機動性能夠讓一些地點隨著鏡頭的移動
而出現在畫面上，如一幢真正的房子或是一條馬路就會出現在電視螢幕上。因
此當觀眾看電視或電影的時候，不太需要運用他們的想像力來想像一些場景真
實發生的地點。

　　在電視或電影上的演出，和劇場有何差異呢？

　　想像坐在劇場裡。你和演員之間有多近？在演員和觀眾之間通常有一段相
當的距離。

　　現在想像是坐在電影院裡。銀幕一定會有一些距離，但是演員看起來有多
近？

　　在劇場裡，演員通常需要用較大的動作、姿勢，甚至他們需要較大聲地說
話，觀眾才會看到或聽到他們正在做什麼或說什麼。他們也要確定他們至少有
部分是面向觀眾的。

　　在電影裡，演員能用細小的、十分自然的動作，而攝影機會幫我們捕捉這

些動作,甚至演員如果需要耳語,音效設備也能收得到這些聲音。此外,如果想要有一些特殊效果的時候,攝影機可以繞著演員的前後拍攝。

## 二、計畫和演出

運用傑克和老人的第一幕,進行下面的活動。要兩個學生演出這一幕,給班上其他的人看,確定觀眾能看到他們做的每件事,和聽到他們說的每句話。假如可以的話,用攝影機拍下這一幕。

然後要他們重演這一幕,使他們所有的動作和表情盡可能地自然,而且不用擔心教室裡的每個人是否都聽得到。拍這幕時,適當地使用特寫鏡頭。

## 三、評估

然後將這一幕第一次和第二次演出的方式,做個比較。在攝影機前,第二次有可能仍然太誇張以至於似乎不自然。或許可以對於他們演出的語調做些建議。假如你沒有錄影機可供操作,討論他們想像中可以取鏡的方法。

## 四、評量

描述下面這段敘述,要他們運用已知的知識來回答可以怎麼做:(1)如果這部戲在劇場中的舞台上演出;(2)拍成錄影帶或是電影。假如你希望的話,他們可以兩個人一組一起合作。

閣樓又陰又暗。微小的生物正躲在角落而且掛在梁柱上,等著看會發生什麼。當埃里克和特蕾莎爬上來時,樓梯咯吱咯吱地響。雖然兩個人都很害怕,但他們知道他們正在找的答案就在閣樓裡。

「聽!」埃里克小聲說。

他們聽到先前聽到的嘆氣聲。現在更近了。

他們再爬上一步,他們彼此互看。

特蕾莎說:「走!」

他們踏進閣樓找答案。

# 五年級

參加過劇場／戲劇藝術課程的五年級學生，已經在動作、感官覺察、情緒回溯、默劇和自創性對白上有了經驗。這一年的課程會提供學生應用並加強前述的表達性技巧。

到目前的學習經驗，大部分的戲劇創作或劇本創作的課程多半以文學作品為主。上了五年級，學生將有機會以自己的自創故事進行戲劇創作。他們會繼續學習劇情結構、即興創作，並著重在具有衝突情節劇幕的寫作上。他們將會更深入探討人物的塑造，且聚焦在人物外在行為所顯露出的態度。

在美感成長的課程裡應用了學生曾經在其他課程中學習的概念。例如：當他們看到一部戲劇演出時，他們能夠實際顯示他們對衝突及人物態度的了解。在觀看戲劇後，他們學著對它評估並做出有所依據的判斷。本章提供一個劇本做為分析的範本。

假如學生沒有看過現場戲劇表演的經驗，可以從第二章觀眾禮儀及演員和觀眾之間的關係的課程中學習。事實上，這些對劇場概念進行的複習課程，對所有的學生都有幫助。

在五年級，會繼續探索電視、電影與劇場表演間的異同。這個學年將進行兩方面的討論，分別是戲劇動作發生的時間及特效。

本章有一個綜合單元，叫做「劇本交換」，會將這個學年度的學習帶到高潮，它讓學生有機會成為劇作家、評論家和演員。

五年級戲劇課程裡的重要特色，是學習小組問題解決過程中所需要的責任

和技巧。學生們有很多機會來評量團體的工作以及自己在團體中的參與。

　　對於沒有教室戲劇經驗的班級而言，下頁的綜合表列指南正好可以提供一個完整的概括介紹和頁數引導。在班上同學參與五年級活動之前，他們可以從表中所述四年級的活動中獲益。除此之外，老師們或許也希望能隨時複習一下之前的課程。

　　另一方面，某個班級也可能從日後參與六年級的活動中，展現一些戲劇概念的技巧，同時更加深這些概念的了解。孩子們很喜歡反覆地從事戲劇活動，所以「借用」其他年級的課程，是絕對沒問題的。而反覆操作同年級中的戲劇課程也是可以接受的，甚至是被渴望的，因為透過反覆練習，學生得以更加熟練。參考先前在第 27 至 28 頁所提到的「劇場／戲劇藝術綜合表列指南」，可以看到概念該何時介紹。

　　下面的個人和人際行為可以用表列的形式呈現。學生應對他們的表現做定期自我評估。學生的自我評估可和教師的評量做對照。

132

　　1. 我會遵守班規。

　　2. 我會與人合作。

　　3. 我會專注聆聽和仔細欣賞，以表現對他人的尊重。

　　4. 我會傾聽和回應他人的想法。

　　5. 我會提供想法。

　　6. 我會尊重其他同學的空間。

　　7. 我會遵守教室安全規則。

　　8. 我會專心完成任務。

　　9. 我會表現適當的觀眾禮儀。

　　10. 我會特別注意評論時的用字，以尊重別人的感受。

　　11. 對於建設性的批評我會妥善地回應。

## 劇場／戲劇藝術綜合表列指南

| 單元要素 | 四年級 | 頁數 | 五年級 | 頁數 | 六年級 | 頁數 |
|---|---|---|---|---|---|---|
| 表演：肢體與聲音的表達運用 | 發展對身體與空間的認知能力，運用：<br>● 動作<br>● 默劇<br>● 聲音<br>● 感官回喚<br>● 情緒回溯 | <br>35-43<br>50-54<br>58-61<br>44-49<br>55-57 | 發展對身體與空間的認知能力，運用：<br>● 動作<br>● 默劇<br>● 聲音<br>● 感官回喚<br>● 人物的情緒回溯 | <br>137-146<br>154-157<br>161-164<br>147-153<br>158-160 | 發展對身體與空間的認知能力，運用：<br>● 動作<br>● 默劇<br>● 聲音<br>● 感官回喚<br>● 人物的情緒回溯 | <br>224-232<br>240-242<br>247-258<br>233-239<br>243-246 |
| 戲劇創作／劇本創作：集體即興創作 | 文學作品的戲劇化，運用：<br>● 默劇和對白<br>● 影子戲<br>● 偶戲<br>● 劇情結構<br><br>● 人物塑造，強調：<br>　● 外型特徵<br>　● 人物動機<br>　● 對白 | <br>62-67<br>97-108<br>97-108<br>68-76<br><br>77-96<br>77-83<br>84-89<br>90-96 | 自創故事的戲劇化，運用：<br>● 默劇和對白<br><br>● 偶戲<br>● 衝突<br><br>● 人物塑造，強調：<br>　● 以行為顯示態度 | <br>165-167<br><br>192-195<br>168-178<br><br><br>179-191 | 自創故事的戲劇化，運用：<br>● 默劇和對白<br><br>● 場景<br>● 時間<br>● 人物塑造，強調：<br>　● 以台詞顯示人物 | <br>259-262<br><br>263-270<br>263-270<br><br>271-282 |
| 回應與建構意義：美感能力之發展 | 觀賞戲劇活動，強調：<br>● 演員和觀眾之間的關係<br>● 觀眾禮儀<br>● 分析人物外型特徵與行為動機<br>● 了解劇中衝突<br>● 預知劇情結果<br><br><br>了解電視、電影與劇場表演間的異同，強調：<br>● 場景<br>● 演出 | <br>109-112<br>109-112<br>113-127<br>113-127<br>113-127<br><br><br><br>128-129<br>128-129 | 觀賞戲劇活動，強調：<br><br><br>● 分析由行為所顯示的人物態度<br>● 了解衝突種類<br>● 預知劇情結果<br>● 評估與進行美感判斷<br>了解電視、電影與劇場表演間的異同，強調：<br>● 動作發生的時間<br>● 特效 | <br><br><br>196-207<br>196-207<br>196-207<br>196-207<br><br>208-209<br><br>208-209 | 觀賞戲劇活動，強調：<br><br>● 分析台詞如何顯示人物<br>● 了解衝突種類<br>● 預知劇情結果<br>● 評估與進行美感判斷<br>了解電視、電影與劇場表演間的異同，強調：<br>● 攝影機的角度<br>● 觀眾的位置 | <br><br>283-295<br>283-295<br>283-295<br>283-295<br><br>296-298<br>296-298 |

## ❤ 開始前的說明

　　文中仿宋體字的部分，是以老師為第一人稱對學生說話的口吻。這些「直接引句」可能是給學生的一些指示、問題，或者「旁述指導」的評語。所謂「旁述指導」意指孩子們在表演活動中，老師觀察孩子們的活動所做的指導，以便激發其想像力、提供新的想法且鼓勵他們的努力成果。

　　仿宋體中的引句，只是希望提供參考使用。每個老師有其個人風格，應該依其特殊風格及班級之特別需要，加以增刪其中的評語與問題。

---

### 準備開始

◎**戲劇目標**：藉著討論與演出活動，發展對戲劇的初步認識與了解；配合與協調同伴的動作
◎**相關教育目標**：
　**語文**：使用非語言的溝通
　**體育**：發展協調感、反應力和平衡感
　**音樂**：用動作表達某種氣氛和音樂的意涵
◎**教材教具**：一段緩和流暢的音樂，可以讓動作都放慢，例如出自《休息與放鬆的音樂》（*Music for Rest and Relaxation*）的〈海鷗〉

---

## 一、開場白

　　　*想一想你最喜歡的電視節目。*
　　　*你喜歡的原因是什麼？*

　　把想法列在黑板上。雖然原因會不同，仍然可以將它們分出類別，例如：大量的動作、有趣的故事和有趣的人物。告訴學生，他們所有的想法將是本課所要學的主題的一部分，而這個主題就是戲劇。

在電視演出不同人物的人是誰？（演員）

一位演員有許多工具可使用，就如同木匠有許多工具。

你認為演員使用的工具是什麼？

把下面的想法提出來討論：演員基本的工具是他們自己——他們的**身體**、**心智**和**聲音**。演員們需要將自己的身體維持在良好的狀況下，就如同木匠必須備妥他的工具隨時準備好要開工一樣。演員經常使用一些練習或遊戲。在上課時告訴孩子，為了磨練他們的心智、身體和聲音，他們將做一些和演員一樣的訓練活動。以下的活動可做為範例。

## 二、計畫

學生們應該全都站在他們能夠看到你的位置。播放音樂告訴他們你正在注視著一面鏡子，而他們全都是鏡子。當你舉起你的右手時，他們將怎麼做？（他們將舉起他們的左手，像一面鏡子裡的影像。）做出十分慢、又連續的動作。這個目的是為了當你做那些動作時，鏡子的影像能正確複製你的動作。他們將在短時間內抓到訣竅。

## 三、演出

每兩個人一組。一個是注視鏡子的人，另一個是鏡子裡的影像。他們可以盡量慢慢做任何他們想做的動作。告訴他們你會走來走去，而當你看他們時，你會很難分辨哪一個是鏡子，而哪一個是相反移動的角色；之後互換角色，再進行同樣的活動。

## 四、反省和評估

活動結束後，問學生：

哪些事容易（較難）做到？

你什麼時候不能正確地跟著夥伴動作？

解釋這是一個需要專心和合作的課程。這裡，演員的兩個工具是指什麼？

### 五、評量

　　留意他們表現出的專心程度。當他們的戲劇經驗愈來愈豐富時，你就會看到他們在持續力與耐力上的進步。

　　這一課的延伸活動，可以運用一些描述性的字眼來建議學生的動作。例如：「用力地」、「快樂地」、「優雅地」或「沉重地」移動，學生們也能自行提議。

**單元要素 1　表演：肢體與聲音的表達運用**

概念　經由動作來發展對身體與空間的認知能力

━━━━━━　鏡子延遲和接力　━━━━━━

◎戲劇目標：同步活動

◎相關教育目標：

　體育：發展彈性、協調感和反應力

### 一、開場白

你可以從 135 頁的鏡子課程開始，然後藉由指示夥伴延遲動作以增加困難度。模仿那位夥伴的鏡像動作，但要在二至四秒後才做出剛才的動作。這個動作是連續的，但要延遲一點做，當他們熟練了鏡子延遲，他們就可以準備好進行接力的活動。

### 二、計畫

要班上同學圍成一圈（如果教師也要參與，就站在圓圈裡，如果不玩，就留在圓圈外面），每一個人看他們左邊的人，並且記住那個人。之後他們分散到教室各處，而且找一個地方站好，不必離那個人很近，但要確認他們可以看到剛才所記住的那位同學。

### 三、演出

選一個人開始做動作，停二到四秒後，模仿他的人要做鏡子延遲的動作。一個接著一個，很快地全班都會參與在活動中。過一會兒，告訴第一個人做出最後一個動作後就靜止不動。

### 四、反省

問他們對這個活動的反應，有什麼好玩的驚喜或是突發的問題嗎？如果有

一個人沒有精確地做出動作，會有什麼結果？

## 五、評量

　　針對他們完成目標的程度進行評量。活動可以在不同的日子重複進行，他們應該會隨著每一次的活動而有所進步。

專心！

◎**戲劇目標：**和夥伴互換動作模式

◎**相關教育目標：**

語文：使用非語言的溝通

體育：發展協調感、反應力和平衡感

音樂：用動作表達某種氣氛和音樂的意涵，包括沉穩的節拍和肢體的節奏

◎**教材教具：**控制器，例如鼓或是鈴鼓

## 一、開場白

這個活動包含了好幾個階段。目的只是要孩子們盡可能保持他們的專注力。每一次做這個活動，他們就能更專心。

兩人一組。指示他們注意聽你拍打固定的四拍節奏（或是用鼓），之後，要學生以同樣的拍子回應你。

## 二、計畫和演出

1. 告訴他們當你拍打時，每一組要決定出某種動作，並且能跟上節奏。（這是介紹你選用的控制器的好時機。當你敲打時，他們要立刻靜止而且注意聽指令。舉個例子，當他們忙著計畫他們的動作，而你要開始進行活動時，讓他們將注意力放在控制器上。）他們要隨著節拍一起動作，每一節四拍，重複進行幾次，並且在每節之間暫停。每一組在每一節中重複他們的動作。

2. 告訴他們你會敲出相同的節奏，但每個人都得做出不同的動作。每組夥伴彼此面對，但是每個人自己隨著節奏做出不同的動作。重複進行幾次。

3. 接著，每個人要做出他的夥伴前一次所做的動作。

4. 最後，引導他們注意你在每隔四拍就會暫停一下的情形。這次，每個人做出自己的四拍動作，當你開始下一組四拍時，他們要做出夥伴的動作，而在下一組四拍時，他們回到自己的動作。每新的一組四拍他們就改變，這真的得很專注才行！

139

### 三、反省

　　問學生當他們專心時，哪個部分對他們來說最困難。一個人要專心，應該要怎麼做才好？留意容易造成分心的訊號，可以藉由一個信號協助他們專心。當他們注意到自己分心的時候該怎麼做？再次集中注意力，以完成這個任務。

### 四、評量

　　留意本課的哪一個階段能夠使多數的學生感到自在，在下次上課時就從那個階段繼續進行活動。

## 小心翼翼

◎戲劇目標：藉由一個動作的特性來創造一個演出

◎相關教育目標：

　語文：使用非語言的溝通

　體育：發展協調感、反應力和平衡感

## 一、開場白

　　告訴學生他們將找出身體有哪些部分是可以不需用到身體的其他部位就可以移動的。

## 二、計畫和演出

　　從身體的最下方開始，先從腳。當說到身體部位的名字時，全班同學就將那個部位動一動。在許多部位都動了之後，要學生們試著把全部部位同時動一動。

　　現在除了動作外，可以加些其他的要求——如下面「態度」性的字眼：

　　　小心翼翼轉動你的眼睛。

　　　小心翼翼轉動你的頭和眼睛。

　　　小心翼翼轉動你的手臂和頭和眼睛。

　　　用這種小心的方式繞著教室轉。

　　　你還能做什麼？保持小心地移動，然後你自己會產生一個想法。

　　聽聽他們說出所產生的想法。可能會有各式各樣的想法。讓他們重複他們心裡特別的想法的動作。舉個例子，某個學生會假裝在移動一袋炸彈。他小心而謹慎地移動它，然後丟出去或是使它爆炸，都由學生決定。另一個學生可能會想像在馬戲團裡，走在一條繩索上。他們可以決定他們要用什麼幫助他們保持平衡，還有他們會在繩索上玩什麼把戲。

## 三、反省

　　要他們分享經驗。與學生討論的焦點可以放在：同樣一個字卻能產生許多

不同的想法——這是人類想像力發揮的極致！

## 四、評量

　　留意那些無法做出動作的學生，有些學生已經很久沒有運用他們的想像力了。這個想像力的活動，就像是使用已經很少使用的萎縮肌肉一樣。另一個問題是：有些學生就是不能信任他們自己的答案是「正確」的。你持續給他們正向的鼓勵，可以幫助他們有更多不同的想法！

## 你 是 誰 ？

◎**戲劇目標**：藉由動作的刺激，創造一個人物的演出

◎**相關教育目標**：

　　**語文**：在各種情境中，能夠注意聆聽；使用非語言的溝通；使用各種不同
　　　　　　的詞彙表達情感和想法；體驗和連結與人物有關的感情和情緒

◎**教材教具**：鼓或鈴鼓

---

### 一、開場白

　　在鼓上敲著緩慢而穩重的節拍。要班上同學聽鼓的節拍，然後用這個節拍移動。班上隨著節拍進行而移動，隨著節拍停止而停止。

### 二、計畫

　　　　誰或是什麼東西會像這樣動？

　　　　這個人物可能會做些什麼？

### 三、演出

　　　　再一次跟著節拍移動，變成你心中所想的人物角色，然後做這個人物會做的事。

　　　　使用同樣緩慢的節拍，但在幾分鐘後，使用很大、很尖銳的重擊聲。

### 四、反省

　　之後問他們，他們是什麼人物，以及當鼓聲改變時，發生了什麼事。

### 五、評量

　　要求每位學生至少寫下兩個句子，其中一句說明人物是誰，另一句說明當鼓聲轉變時，發生了什麼事。藉此發現班上每個學生的想法，而不是只注意到每次討論時總會分享他們想法的孩子。

火

◎**戲劇目標**：使用不同的空間層次，創造出兩種不同角色的動作

◎**相關教育目標：**

**語文**：在各種情境中，能夠注意聆聽；採用邏輯組織一個口頭呈現；選擇口頭演示所需要的訊息；使用各種不同的詞彙表達想法；了解人物的感情和情緒

**體育**：發展協調感、反應力和平衡感；參與韻律活動以發展自我表現、創造性和耐性

**音樂**：用動作表達某種氣氛和音樂的意涵

◎**教材教具：鼓或鈴鼓**

在暖身活動可以使用一段活潑的音樂，像是 Hap Palmer 的「Movin'」；在森林大火的部分，Stravinsky 的《火鳥組曲》（*Firebird Suite*）中的〈地獄之舞〉（The Infernal Dance）是一個不錯的選擇。在重生的部分，《火鳥組曲》中的〈終曲〉（Finale），可以幫助營造場景。

## 一、暖身活動

透過暖身引導探索三種不同層次的空間：低層次（貼近地板的位置）、中層次（站起，但沒有完全伸展），和高層次（伸展並盡可能地跳高）。

要同學們在地板上找一個不會碰到別人的位置。放一段活潑的音樂，每次你一敲鼓，他們就改變姿勢，但要維持在低層次的空間中移動。在沒有重複的情形下，他們應該可以做五到六個姿勢的變換。在中層次中也同樣這麼做。

在高層次中，以連續動作來探索空間，會比停止和開始改變姿勢來得容易。

然後，要他們在每一層次的空間裡做動作，隨他們想要從高、到低、到中進行動作。

## 二、開場白

你們有多少人曾經圍繞著營火做活動？

有哪些特別的事情和營火有關？

讓我們在這裡製造一個營火。收集一些柴火。

大家生火，然後「點火」。

看著這堆火。描述火苗移動的方式。

你們每個人加入一片柴火，注意那片柴火，然後用你的手來模仿柴火燃燒出火焰的樣子。

營火是好的，但其他的火可能就不太好。

假如某個人在森林裡掉落了一根火柴，會發生什麼事？

## 三、計畫

那種火和營火有何不同？

它是如何發生的？它的過程會如何？

火要做什麼？（為了生存，它必須吞噬和毀壞。）

要每個人在地板上找一個地方，想像自己是一根小嫩枝、乾草堆裡的一叢草或是某些容易被點燃的物品。提醒大家待會兒在扮演時，若聽到音樂中的一個信號發出（如：在〈地獄之舞〉中，忽然一聲巨響，學生可以很容易地辨識出來），每個人開始想像有一根火柴掉了下來，而「大家」就被點燃了。

## 四、演出

當學生演出時，老師可以配合音樂，並使用學生稍早的討論及對「火」的描述做為旁述指導。

當火肆虐時，建議他們突然來到了河邊。

你變得很恐慌。你試圖跨過去，但你沒辦法跨過。

你拚命地四處找其他的東西來燒，但每個東西都燒光了。

慢慢地，你熄滅了！

音樂逐漸淡出，但是仍然繼續旁述指導，讓人聯想這片森林的荒蕪：

一週一週過去了，一個月一個月過去了，甚至一年一年過去了，
仍然沒有任何生命跡象，只有焦土。

在此刻，輕柔地播放〈終曲〉。

地底下，某些事情發生了。
生命開始微微慢慢地動了起來。
想像你是某顆種子，在地底下開始生長了。
慢慢地推出泥土外，再一次進入這個世界。

## 五、反省和評估

隨後問他們所經歷過的感覺，包含火和植物兩者。問他們動作有何類似和不同處。

## 六、二度演出

你可能希望重演「火」的部分或者加入動物的角色及其對「火」的反應。動物們是否有逃出，由孩子自己決定。假如你進行這個部分，要先確定扮演「火」的學生知道必須演出好像燒到動物的樣子，但是又不能真的碰觸動物。可以找一些自願者示範要怎麼樣才能做到。

## 七、反省

隨後，進行一場對火的討論和結論。

## 八、評量

他們如何在動作中結合三個層次的空間移動？ 相對於漫無目標的隨意移動，他們如何專注於自己角色的詮釋？

**概念** 經由人物感官覺察與感官回喚來發展對身體與空間的認知能力

### 瞎子走路

◎戲劇目標：加強聽覺和觸覺感官的體驗；認真執行領導者的責任；信任夥伴

◎相關教育目標：

　語文：使用非語言的溝通

　體育：發展協調感、反應力和平衡感

　科學：使用感官技巧獲得資訊

◎教材教具：你可以為這次活動準備眼罩

## 一、開場白

告訴班上他們將體驗沒有視力的狀況。

## 二、計畫

請他們兩個人一組，一個人當 A 而另一個人當 B。A 要戴上眼罩或是閉上眼睛，然後藉由 B 的引導在室內移動。A 應該要抓著 B 的手臂。B 一定要小心留意他們的視障夥伴。討論看得見的同伴要盡的責任。

## 三、演出

他們探索房間。B 引導 A 去觸摸各種平面，看看他們是否能夠辨識得出來。給他們幾分鐘探索，然後互換角色。

有了些經驗之後，你可以把活動變得更難一點。在室內放一些障礙物，像椅子或是垃圾桶。這次引導員完全不能碰到他們的視障夥伴。他們只能在他們旁邊走，並且告訴他們有幾個台階要踏、何時要轉彎，及何時要停止等等。他們要移動得非常緩慢。

## 四、反省

討論當他們的視覺被剝奪後,他們體驗到些什麼。

## 五、評量

這是一個令人振奮的活動,而且之後可以進行生動的討論。一開始,有些學生或許會因為無法完全信任自己的夥伴而偷看。但那些扮演看不見的學生會對自己和他們的五官感受學到更多。過一個月左右,再重演這個活動,看看他們之間彼此信任的程度是否提高。

## 詞語接龍

◎戲劇目標：在適當的時間聆聽和回應

◎相關教育目標：

　語文：在各種情境中，能夠注意聆聽；採用邏輯組織一個口頭呈現；改變
　　　　口語的內容與形式以符合不同的目的；描述一個故事；使用文法的
　　　　基本原則

◎教材教具：給每個學生一張小卡片，或是一張紙。每張卡片上有兩個詞。
卡片上的第二個詞必須是另一張卡片上的第一個詞。

範例：

第一張卡片：公牛　　　　第二張卡片：森林
　　　　　　森林　　　　　　　　　　洞穴

第三張卡片：洞穴　　　　第四張卡片：煙
　　　　　　煙　　　　　　　　　　（……等等）

## 一、開場白和計畫

　　第一次遊戲時你得準備卡片，下一次，各組的學生可以自己準備卡片。接
著說明這個遊戲。你一次可以讓班上一半的同學參加。

　　隨機分發這些卡片。

## 二、演出

　　你開始這個故事，舉個例子：

　　　　很久很久以前，有個惡霸名字既妙又貼切，他的名字叫做公牛。

　　班上有個學生的卡片上的第一個字是「公牛」。這個學生得用「公牛」做
為開始，繼續這個故事。假如第二個字是「森林」，這個學生必須用「森林」
這個字，結束他這部分的故事。例如：

　　　　公牛某一天決定要外出去找麻煩。他發現自己正抄近路走過一座
黑暗森林。

卡片上有「森林」這個字的另一位學生，就用這個字繼續這個故事，用卡片上的第二個字結束。

以這個方式繼續下去，最後一個人負責結束這個故事。可以在第一個字的前面附加許多字，例如，「在這個森林……」。

## 三、反省

討論這個遊戲中的難易部分。問他們要怎麼做才能順利進行。

## 四、評量

看看他們是否可以完成目標而不需老師的介入。

## 垂涎三尺！

◎戲劇目標：回喚一種自己最喜歡的食物，並且以默劇演出正在吃這個食
物；對夥伴的默劇有所回應

◎相關教育目標：

語文：使用非語言的溝通；使用各種不同的詞彙表達情感和想法

### 一、開場白

將班上分成兩兩一組，決定誰是 A 誰是 B，A 的同學想著他喜歡吃的食物
──只要一想到就會流口水的。

### 二、計畫和演出

他們在夥伴面前模仿正在吃這個食物，B 想像 A 所吃的是他絕對無法忍受
的食物；A 不了解 B 有多不喜歡這個美食，也許 A 會要 B 試著嚐一口，當他
們演這個場景時可以說話。

然後 B 想一個他喜歡的食物，然後在他的夥伴前面吃它。但這次 A 想像他
也愛這個食物，而且很遺憾不能也吃上一點。

### 三、反省和評估

在他們演完後，討論他們在吃什麼，而且他們是否有垂涎三尺。假如在現
實中夥伴們真的喜歡或不喜歡這個食物，要他們依指令演出對食物的反應會困
難嗎？假如有困難的話，可以先想像他們對另一個真正「喜歡或不喜歡」食物
的反應，再把那種感覺轉換到夥伴正在吃的食物上。

### 四、評量

要他們至少寫下六個形容詞，以描述他們喜歡的食物。形容詞可以包含口
味、質地、溫度、味道或外觀。他們要寫下一段關於這個食物的文章，其中要
包含這些形容詞。有些學生也許想要大聲念出他們的文章，以了解其他同學的
回應。

| 煙 |

◎**戲劇目標**：感官回喚煙的味道；表演不同人物對屋子冒煙的反應

◎**相關教育目標**：

　**語文**：使用非語言的溝通；使用各種不同的詞彙表達情感和想法；參與小
　　　　組問題解決的活動；使用一套理由說服團體

　**體育**：發展並練習對於安全的反射行為

　**科學**：預測因果關係

　**健康**：練習一般的緊急程序；了解環境的危險以獲得避免傷害和預防意外
　　　　所需要的技巧；明白家庭的健康是每個家庭成員的責任

## 一、開場白

　　　　氣味在不同的時間有著不同的意義。例如，假如我們圍著海灘上
的營火坐著，我們幾乎不會注意到煙味。但是假如你夜晚在床上聞到
煙味會怎麼樣？

　　要學生們在地板上找一個地方，然後想像他們正睡在自己的床上。突然間
他們意識到煙味，他們會做什麼？假如屋子裡有火災，他們將如何逃生？假如
那不是一場火災，他們如何查明白？給個訊號後開始演出。

　　討論他們對煙的反應。人們有不同的方式來反應——有的人變得很慌張，
有的人既鎮定又有效率地處理危機。

## 二、計畫

　　將班上分成四個人一組。每一組中有四個人物：一位年幼剛學走路的小
孩、一位家長、一位上了年紀的祖輩和一隻家犬。故事是大家睡得正熟時，他
們當中有一位聞到了煙味。

　　給他們幾分鐘計畫場景，回答一些問題，包含：誰先聞到煙味、這個人物
做了什麼、每個人會如何反應，而且假如需要的話，他們如何一起逃生。

## 三、演出

　　每一組可以同時演出他們的場景。隨後，可以要一兩組重複演出他們的場景給班上其他人看。

## 四、評估

　　討論不同人物的反應。他們的演出是否真的就像在煙霧瀰漫的屋子裡？他們能夠表演得更清楚嗎？

## 五、評量

　　留意那些專注在這個活動的學生，且表現出好像真的有煙的情況一樣。你也可以討論透過感官來回喚並演出有煙霧的感覺，及透過動作直接假裝有煙霧感覺的不同處。那些運用感官回喚來進行表演的人，會比較接近真實且讓人相信；然而有些只憑直覺反應就演出的人，其表現似乎會比較誇大且較難讓人信服。

概念　經由默劇來發展對身體與空間的認知能力

> ### 團體默劇
> ◎**戲劇目標**：一對或是一小組人集體演出默劇；能細膩地描述觀察到的戲劇
> 　　行動
> ◎**相關教育目標**：
> 　**語文**：在各種情境中，能夠注意聆聽；使用非語言的溝通；使用各種不同
> 　　　　的詞彙表達想法；參與小組問題解決的活動
> 　**科學**：使用感官技巧獲得資訊

### 一、開場白

　　要他們想想，在一整天中只需要一個人做的事情，例子可以包括刷牙、梳頭和打電玩。每一個人要找到他（她）的空間進行默劇。你可以用旁述指導的方式引導他們使用自己的感官——感覺那個東西有多重、多輕，或是它在手上有什麼感覺等等。

　　每兩個人分一組，其中一位以默劇表演這些活動給他的夥伴觀看。當夥伴觀看時，他要確切地描述出正在進行什麼活動，而且要描述到愈多細節愈好。

　　例如：「我看見你把牙膏從杯子裡拿出來，並且把杯子放下。你正在擠一點牙膏到牙刷上面，你現在打開水龍頭弄濕牙刷。你現在正在刷你的牙齒，而且嘴裡有很多泡泡……」

　　你也許可以利用某個學生在進行默劇時，為他們示範如何做細節的描述。在演出後要求觀察者做出「回饋」性的描述，其理由有二：一是幫助觀察者更專注在默劇上；二是如果觀察者的描述不夠正確時，可以提醒表演者對做過的動作要進行調整和澄清。

### 二、計畫和演出

　　每一組決定出一個需要兩人參與的活動，例如：鋪床、洗碗和擦乾碗盤、

幫另一個人拍照等。他們要開始練習,在你給了信號之後,加入另一組的人。每一組要以默劇表演出來,同時,要求負責觀察的夥伴隊持續給予回饋。

接著,請四個人一組,他們得決定一個可以四人參與的活動。假如你要維持活動的挑戰性,告訴學生不可以用「四人一起玩遊戲」的方式做為默劇表演的主題。每一組在全班面前表演他們的默劇。這一次觀察者要保持安靜,直到默劇完成。

## 三、反省和評估

默劇表演之後,要求觀察者寫下所看到的活動及三個注意到的細節。當全部結束後,討論他們的合作經驗並問問學生在生活中有什麼事情需要合作。

## 四、評量

評量學生合作的能力及默劇的表現。收集前述的作業並評量他們是否仔細觀察。

## 請將「那個」東西傳給我

◎戲劇目標：以默劇演出使用「某個東西」的樣子，讓大家看出那是什麼東西

◎相關教育目標：

　語文：使用非語言的溝通

　科學：使用感官技巧獲得資訊

### 一、開場白

　　「某個東西」是一個想像的物體。例如，現在你把手握住，就像是握著某個如籃球大小般的東西，你會說你握著的是「某個東西」。當然，這個尺寸是可以隨時改變的。

### 二、計畫和演出

　　你可以將全班圍成一圈或是分成兩、三個小圈進行這個活動。告訴他們你將傳「某個東西」給組裡的一個人，他可以隨意把「那樣東西」變成任何東西。他們可以使它變得更大或是更小，像氣球一樣吹它，壓扁它、切它，或是用各種他們要用的方法塑造它。重點是操作一個物體，能使組裡的每個人都知道它是什麼東西。

　　你可以示範塑造一朵花，它有莖、葉子和花瓣，然後聞聞它或是將花瓣摘掉。當同學們正確地認出這個物體，它就被傳遞給下個人，下一個人可以將它改造成另一個東西。

### 三、反省

　　問學生要讓默劇容易被猜出來的關鍵是什麼。當進行默劇時，不僅需要表演出動作的細節，還必須是觀察者知道的事情，如自己的經驗、他人或電視中得到的經驗。

### 四、評量

　　評量他們是否達到教學目標。

## 副詞遊戲

◎戲劇目標：藉著動作表現方式的改變，來傳達不同的意義
◎相關教育目標：
　語文：使用非語言的溝通；正確地使用修飾詞
◎教材教具：小卡片

## 一、開場白

　　今天學生們將要用「副詞」來玩遊戲。開始時，問學生副詞在句子中的功能，然後要他們舉出一些副詞的例子，並且寫在黑板上。要求他們運用不同的方式表演一些簡單的活動，例如這個活動可能是「寫一封信」，而他們要做出寫信的活動，但要有不同的表現方式，可以是：(1)狂熱的；(2)鬼鬼祟祟的；(3)深思熟慮的。之後問他們，運用這些副詞進行活動時，有什麼效果？

## 二、計畫

　　將班上分成A和B兩組，每一組花幾分鐘寫下三個不同的副詞，而且要確定對方那組沒有聽見他們討論出來的字（如果你喜歡的話，也可以用四組進行活動）。

## 三、演出

　　A組的其中一人選看一張B組的卡片，而A組的其他人輪流喊出「某個動作」，如：「繫鞋帶」，這時，抽卡片的人要以組員喊出的動作並配合抽到的副詞進行表演，他要一直做出不同的動作直到同組的人猜到那個副詞為止。

　　如果這組的人一直猜不出正確的副詞，可以請出題的那一組做一個符合該副詞的動作（很明顯的，不是所有的副詞都能符合所有的動詞）。

## 四、反省和評估

　　問他們何時最容易猜出這個副詞。清楚的默劇範例有哪些？怎麼樣才算是好的副詞字彙（形容詞也是），可以幫助演員演出生動的角色？

## 五、評量

　　留意表演者和觀察者的專注程度。

**概念** 經由人物的情緒回溯來發展對身體與空間的認知能力

### 心情轉換

◎戲劇目標：發展一個對比性的心情

◎相關教育目標：

　語文：使用非語言的溝通；使用各種不同的詞彙表達情感和想法

## 一、開場白

　　和班上一起選擇某個人物的情境，可以明顯地表達出「快樂的」心情。例如：

　　　　太空人成功登陸火星

　　　　探險家發現了埋藏已久的寶藏

　　　　登山者成功地登上一座山

　　要學生把上述的場景演出且清楚地表現出這種心情。

## 二、計畫

　　之後，問學生什麼事情可以讓快樂的心情轉換，使他們一想到就「害怕得發抖」。選一個他們的想法進行後續演出。

## 三、演出

　　演出學生提出的想法，一開始用前面那種「快樂的」心情表現，然後經歷一些事情，心情發生轉變。

## 四、反省和評估

　　討論不同人物所表現的心情轉變，問他們什麼事情會使他們的心情改變，不論是變得更好或是更壞。

## 五、評量

　　評量他們能夠如何有效地進行心情的轉換。

## 表達情緒

◎**戲劇目標**：提供一種場景以表達出一個人物的情緒

◎**相關教育目標**：

語文：使用非語言的溝通；採用邏輯組織一個口頭呈現；使用各種不同的詞彙表達情感和想法；改變口語的內容與形式以符合不同的目的和觀眾；回溯特殊的事實和細節以支持主要的想法和（或）結論；下合理的結論；體驗和連結與人物有關的感情和情緒

◎**教材教具**：準備兩組小卡片，一組列出動作，另一組列出情緒，範例：

| 動作： | 情緒： |
|---|---|
| 埋寵物 | 傷心 |
| 讀一封信 | 快樂 |
| 在夜晚進入一間空的小屋子 | 害怕 |
| 清理房子或庭院 | 生氣 |

## 一、開場白

討論令學生產生悲傷、快樂、害怕或生氣等強烈情緒的情景。通常演員會以「情緒回溯」的方式來表演出他們正在演出的人物，他們也許從未經歷過劇中人物的特殊處境，但是可能體驗過類似的情感。例如，在「心情轉換」那一課，顯然學生們沒有真正登陸火星的經驗，但是他們卻都有因為完成某件事而感到快樂的經驗。

在這一課，他們也許會被分配到一個不熟悉的情境，但是他們會知道如何表達其中人物的心情。

## 二、計畫

學生們三個人一組。每一組隨機選擇一張「動作」的卡片和一張「情緒」的卡片。有可能這兩張卡片並不會一起發生，例如：動作的卡片是「埋寵物」，而情緒的卡片則寫著「快樂」。每一組要認真地想出為什麼在這個情況會快樂，而不是我們平常想的情況。讓學生自己決定彼此的身分和關係（家人、朋友、

同事等等），還有動作發生的地點。他們要真誠地表達出恰當的情緒。

## 三、演出

全部的小組同時預演自己的場景之後，有些小組也許想要在班上分享他們的場景。

## 四、反省和評估

在每一種場景演出之後，觀眾辨識出這些人物、動作、場景和情緒。問他們在演出這些人物的情緒上，有什麼困難。

## 五、評量

他們演出人物的情緒是令人信服的嗎？

**概念** 聲音

## 「 過 來 」

◎**戲劇目標：**藉由改變聲音的強度、音調和節奏，表達不同的意思
◎**相關教育目標：**
　**語文：**改變口語的內容與形式以符合不同的目的和觀眾

### 一、開場白

　　討論用不同的聲音說出同一句話，可以表達出多少不同的想法。問學生：「過來」這個詞，能有多少種表達方式？可以要學生嘗試用這個詞來表達各種意圖，例如「厭惡」、「緊急」、「辯解」、「引誘」、「耐心」、「憤怒」、「歡樂」、「質問」等。

### 二、演出

　　之後要學生們用其他的字詞再試一次。當他們走動時，他們可以對其他人說話，例如：「嗨」，每次用不同的方式說。其他的話或是片語也能用，像是「對」、「不對」、「再見」，甚至是「請將湯傳給我」。

### 三、反省

　　討論他們如何運用不同的聲音表達不同的意圖，也就是，如果他們請求他人，那麼他們的聲音是高或低、響亮或溫柔，他們說話的速度快或慢？

### 四、評量

　　留意他們是否真的試著用不同的方式去使用他們的聲音。

━━━━━━━━━━━━━ **耳 語** ━━━━━━━━━━━━━

◎**戲劇目標**：動嘴巴和嘴唇使說出來的字更加清楚；強調開始和結尾的發音
◎**相關教育目標**：
　**語文**：在各種情境中，能夠注意聆聽；改變口語的內容與形式以符合不同
　　　　的目的和觀眾；參與小組問題解決的活動

## 一、開場白

　　這一課的重點是在提供清晰發音的練習。大聲說話時清晰的發音是必需的，就連耳語也是。

　　對班上用耳語說一個簡單的指令，像是：「看窗外那隻鳥」。**不要強調發音**，也不要慢慢說。班上有一些人會聽得懂，但大部分聽不懂。問他們為什麼聽不懂。他們聽不清楚低聲說話的耳語嗎？重複這個指令，這次的耳語又慢又清楚，強調開始和結尾的發音。問他們為什麼這次會更聽得懂你說的話。

　　請他們兩人一組，每個人耳語他們昨天放學後所做的一、兩件事。他們的耳語得要清楚到同伴不需要他重複，就能聽懂他說的每個字。

　　要一位同學站起來對班上耳語某件事。假如他們不能全聽懂，這位同學就得重複，或許有其他兩、三個同學也想試試看。

　　問問看，當他們嘗試幾次用耳語清楚地說話後，有沒有注意到每次說話方式的不同點。想想他們運用自己的嘴巴和嘴唇重複說出剛才對夥伴所說的話，他們用同樣的方式再說一次，只是這一次不同於耳語，他們要大聲地說出來。

## 二、計畫

　　將班上分成四或五人一組，每一組發展一個可以自然使用耳語說話的場景，例如：

　　　　有人生病

　　　　有搶匪進到房子裡

　　　　警察正在設陷阱準備抓犯人

　　　　小孩子半夜爬起來吃點心

　　小聲地說話，以避免造成雪崩

　　學生可以試著想想自己的點子。

## 三、演出

　　每一組為班上演出他們的場景。

## 四、評估

　　請班上討論剛才演出的內容，包含角色在說什麼及他們現在所遇到的情況。

## 五、評量

　　依據你是否了解他們的演出進行評量。

## 聲音和情感

◎戲劇目標：經由語調、音量和速度的變化，表達出不同的情感

◎相關教育目標：

語文：在各種情境中，能夠注意聆聽；改變口語的內容與形式以符合不同
的目的和觀眾

### 一、開場白

討論一個人如何藉由聆聽來判斷另一個人的心情。當家裡的大人心情好時，聲音聽起來會是如何？心情糟的時候又是如何呢？

### 二、演出

敘述下列的場景。就在你敘述完這些場景後，它們全都同時發生。不需要給他們計畫的時間。

1. 你剛收到了你的成績單。你全部都得到 A。你欣喜若狂地跑去告訴你最好的朋友。想像你正在說給你最好的朋友聽。

2. 你的朋友不太開心。你朋友的成績單分數不好。你試著讓你的朋友開心起來。

3. 天黑了，你的寵物還沒回家。你很怕牠發生了什麼事。你出去叫牠。

4. 你的腳踏車被偷了。對你朋友說這件事。

### 三、反省

要他們想想，他們在每一個狀況中，要使用什麼聲音來表現。要他們依照語調、音量和速度的變化來描述。

### 四、評量

要他們用文字描述在下面的狀況中，他們的聲音會變得如何？

1. 媽媽或爸爸正試著安撫哭泣的寶寶入睡。

2. 媽媽或爸爸正在為自家小孩的足球隊歡呼加油。

依照他們的敘述給分。

## 戲劇創作／劇本創作：集體即興創作

**概念** 運用默劇，將自創故事戲劇化

---

**活 寶**

◎**戲劇目標：**使用誇張的默劇演出一個故事；發展小組問題解決的合作技巧

◎**相關教育目標：**

語文：依照次序整理出未按照順序的事件；了解因果關係；預測未來可能
的結果或行動；參與小組問題解決的活動

◎**教材教具：**老式的爵士樂或是叮噹琴音樂，像是〈中國城，我的中國城〉
（Chinatown, My Chinatown）可為動作提供一個適當的背景

---

### 一、開場白

問班上同學他們是否看過電視上的《三活寶》（*Three Stooges*）[1] 的卡通。
他們是三個什麼事都做不好的人物，而且不斷地製造麻煩。他們表現出鄉巴佬、
蠢蛋、白癡、傻瓜的樣子。電視上有其他人物也像他們這樣嗎？

### 二、計畫

描述場景：活寶覺得為什麼人類不能像鳥一樣飛呢，那實在沒道理，所以
過程中他們完成了一個像風箏一樣的飛行器，而且確定可以飛起來。

當他們最後完成飛行器時，你認為會發生什麼樣的事情？

他們會選擇從哪飛？

想想會發生什麼以及他們會有什麼結果？

---

1 譯註：指 1965 年的卡通，描述三個傻瓜到世界各地探險並耍寶的故事，三個人的動
作通常比較誇張，所遇到的事情及他們的反應都令觀眾發噱，有如現在的《豆豆先
生》（*Mr. Bean*）卡通或影片。

也可用其他狀況代替，或是配合上述的內容一起使用：

> 三活寶決定從事修水管的事業。
> 他們決定加入馬戲團──野生動物表演、空中表演等等。
> 他們必須開他們的老爺車快速離開城鎮。
> 他們加入一個狩獵探險隊。

將班上分成三個人一組。他們要計畫場景，用默劇演出，並且沒有對白。

討論小組在問題解決過程中應有的責任和技巧，把它寫在黑板上，就如下面的範例：

1. 每個人都提供想法。
2. 每個人要仔細地聽別人的構想，不能潑別人冷水。
3. 依照他們所面臨的問題，評估他們的構想。
4. 對於他們選出要使用的想法要依邏輯次序排列，並且要達成共識。
5. 共識也就是要達成妥協。

當他們計畫時播放音樂。提醒班上同學這是卡通人物，也就是說他們的動作要誇張。讓他們有點時間計畫。

## 三、演出

全部的小組可以同時演出。讓他們擺出開場的一個姿勢，就好像相機正要捕捉他們的鏡頭。當他們全都擺好姿勢之後，由音樂引出開始的信號。在他們表演了三十秒後，要他們用慢動作繼續。然後要他們用快一倍的時間繼續。你可以改換速度並反覆做幾次。在他們全演完後，有些小組也許想要和班上其他同學分享他們的場景。

## 四、評估

問班上的學生：

> 要怎麼演才能看起來像卡通人物的樣子？

舉例說明剛才有哪些默劇做得比較清楚？

有哪些結局可以再改進？

## 五、評量

　　使用你列在黑板上的小組問題解決的責任和技巧，要每位同學寫下評估，他們是否能夠在小組中一起解決問題。你可以把他們創造出的作品（場景）和自我評估做比較。例如：假如他們的那段演出沒做好，但小組裡每位成員都在「問題解決技巧」給了高分，你得要和他們討論這其中的差異在哪裡。

 概念　運用即興創作將自創故事戲劇化，其中蘊含了對劇情衝突的理解

**人與人的衝突**

◎戲劇目標：即興創作一個場景，主要是基於角色間不同的動機所引發的衝突；發展小組問題解決的合作技巧

◎相關教育目標：

語文：依照次序整理事件；了解因果關係；預測未來可能的結果或行動；下合理的結論；體驗和連結與人物有關的感情和情緒；參與小組問題解決的活動；使用各種不同的詞彙表達情感和想法

## 一、開場白

告訴學生們閉上眼睛注意聽，然後悄悄地打開和關上門，但還是有一點聲音，像是有人偷偷進來，然後躡手躡腳地走過地板，之後問全班聽到什麼。

接下來，告訴他們會聽到同樣的聲音，但是當他們聽的時候，他們要畫出下列事項：

> 可能是誰進門來了？
> 他進到什麼樣的房間或建築物，而且
> 為什麼這個人要用這樣的方式走進來？

重複這些聲音並討論學生的想法。

毫無疑問的，他們的許多想法都可以做為一個十分有趣的表演開場。有些人可能會指出衝突點，問他們會如何替衝突下定義。「衝突」就是有個問題需要解決或是一個障礙阻止他原先想做的事。通常當兩個人動機不同時就會產生衝突。例如，假如有兩個朋友要去看電影，其中一個人想看不一樣的影片，他們就可能起衝突。

## 二、計畫

　　將全班分成三人一組。以前面的討論為基礎——開門、關門和穿過房間的腳步聲，他們要發展出一場衝突的場景。他們需要決定：

　　　　這些人物是誰，

　　　　衝突是什麼，

　　　　發生了什麼事，以及

　　　　他們要如何結束這個場景。

## 三、演出

　　計畫了幾分鐘後，要每組同時演出。然後，假如有的組想要和其他組分享他們的場景，他們也可以這麼做。

## 四、評估

　　要同學指出人物是誰、衝突是什麼，而且這個場景有什麼結局。因為這些人物有不同的動機才發生衝突的嗎？（例如，有某人要搶銀行，而其他人要保護這些錢？）告訴他們下一次看電視時，嘗試去發現裡面的衝突。

## 五、評量

　　要學生們選兩個場景並寫下自己的回饋以代替逐一場景的討論。

　　1. 人物是誰？

　　2. 每個人物的動機是什麼？

　　3. 衝突是什麼？

　　4. 衝突如何解決？

　　要他們評估前面課程的小組問題解決技巧。此外，要他們評估被分配的個人和團體工作完成的程度。

## 人與環境的衝突

◎**戲劇目標**：即興創作一個由環境造成的衝突，或是問題的場景；發展小組
問題解決的合作技巧

◎**相關教育目標：**

語文：依照次序整理事件；了解因果關係；預測未來可能的結果或行動；
下合理的結論；體驗和連結與人物有關的感情和情緒；參與小組問
題解決的活動；進行有組織的口頭呈現

科學：描述物體和事件的改變；預測因果關係

◎**教材教具**：用他們預想的卡片（如下所述）

### 一、開場白

告訴全班他們已經學到衝突的原因之一是人與人的衝突，當人們要做不同
的事時，通常會產生衝突。他們可以從電視上看到例子。

還有其他原因也會造成衝突。有時環境會造成問題。問他們知道有人有過
敏症嗎？過敏症是因為環境造成的——如食物、花粉、灰塵等。討論為什麼過
敏症是一個問題或是一種衝突。有哪些事是由於環境造成的衝突嗎？（火災、
水災、暴風雨、乾旱、海嘯、空氣汙染。）今天這堂課會將重點放在由環境產
生的衝突上。

### 二、計畫

將全班分成三到四人一組。每組發一張卡片，卡片裡會指出在衝突產生之
前，他們正在做什麼。他們要決定會發生什麼樣的環境衝突，將會做什麼而且
如何結束那個場景。下面是卡片的範例。假如超過一組以上擁有相同的卡片也
沒關係，比較他們的場景會很有趣。

1. 你坐船出海，享受著釣魚的美好時光。
2. 你在沙灘邊一個很深的岩洞探險。
3. 你已經搭好帳篷，在森林裡散步，你離你的營地已經很遠了。
4. 你正在享受海邊的一天。

5. 你正在一個擁擠的購物中心購物。

## 三、演出

在他們計畫好場景後，讓每一組在班上演出給其他同學看。在一開始，他們就應該清楚設定他們在哪裡，以及衝突發生前他們正享受著做什麼事。

## 四、評估

在每一場之後，要同學們說說看一開始他們在做的事、衝突是什麼，而衝突如何改變了他們的計畫。

## 五、評量

依照下面的問題給各組的演出打分數：

衝突是由於環境所造成的嗎？

透過人物的行動和言詞能夠表現出衝突點嗎？

他們在解決衝突時有一定的邏輯嗎？

接下來，要他們評估團體問題解決技巧及個人在團體中如何完成被分配的工作。

---

## 人與自己的衝突

◎**戲劇目標**：即興創作一個由人物內在所造成的衝突

◎**相關教育目標**：

**語文**：依照次序整理事件；了解因果關係；預測未來可能的結果或行動；
下合理的結論；體驗和連結與角色有關的感情和情緒；使用各種不
同的詞彙表達情感和想法；參與小組問題解決的活動；進行有組織
的口頭呈現

**社會**：遵從倫理和道德行為的標準

---

這一課有兩個獨立的部分。你可能需要在不同的日子分別進行第一部分及
第二部分。

### ❤ 第一部分

### 一、開場白

告訴學生閉上眼睛並想像自己躺在家中的床上。旁述指導以下的內容：

> 記住你房間裡的樣子——試著在你的想像裡重建。記住櫃子在哪
> 裡，各式各樣的家具在哪裡，房間的門在哪裡。

> 想像是在深夜裡。你和你媽媽單獨在屋內。家裡其他的人會出門
> 好幾天。屋子完全是黑的。

> 因為某種原因讓你從熟睡中驚醒。突然之間你感到非常孤單。你
> 聽到屋子裡發出嘰哩嘎拉的聲音，但是不知道什麼原因，它們今晚似
> 乎比較大聲而且不一樣。各式各樣的想法全都跑進你的心裡。你開始
> 感到有點害怕，但你還是待在房間內。

> 最後你再也撐不住了。你大聲叫你的媽媽，但沒人回答。

> 你繼續叫。還是沒回應。

> 你嚇壞了。你跑進你媽媽的房間。她不在那兒。現在你真的嚇壞
> 了。

你聽到附近有腳步聲。你會怎麼做？腳步聲愈來愈近了。

電燈打開了。而那是你媽媽。

恐懼是一種來自內心深處的感覺，假如我們任由它發生，它會造成很大的問題或是衝突。讓他們去談談自己曾經有過的一些不明原因的恐懼。例如：第一次倉卒地跳水、朗讀表演或是做噩夢。

恐懼只是一種來自我們內心的衝突。我們自己也以其他的方式製造衝突。你曾經要做某事但你知道你不該做，一部分的你說「去做！」另一部分的你說「你知道你不該這麼做的」。

## 二、演出

當他們在他們的座位時，要他們演出這個狀況：

假裝你扮演一個與自己同年的男生或女生，正在考試。

這個測驗很重要，因為假如你考得好的話，爸媽會答應給你一個渴望已久的東西。

你被測驗的某個部分給難倒了。

你很確定坐你旁邊的人有正確答案，但是作弊違背了你一貫的原則。

把上述這個男孩或女孩會經歷的過程表演出來。

在十五秒後，告訴全班當你數到五，考卷就要收回來了。這是他們的最後機會。他們會做什麼？

## 三、評估

開放和接受學生們個別的意見。和孩子們討論為什麼考試作弊是不能被接受的行為，而且就長遠來看，作弊對他們是有害無益的。

173

❤ 第二部分

## 一、開場白

有時候我們的嘴巴會讓我們惹上麻煩或是衝突。

你曾經一說完某事，就後悔你所說的話嗎？

有時，我們會因為生氣而說出或者做出讓自己後悔的事。或者有時候，當我們說或做某事時，沒有去想想別人的感受。通常我們可以做點什麼來彌補我們的行為。但其他時候，我們所做所言似乎是毫無幫助的，而唯有時間才可以癒合受傷害的情感。

## 二、計畫

將班上分成兩、三人一組。他們創造出小組全體或是某個人的內在衝突。在黑板上列出一些標題，這會幫助他們思考。舉例來說：

1.「我不怕你！」
2.「你還乖乖去做你父母說的每件事嗎？」
3.「沒有『做不到』這個字。」
4.「我怎麼知道？」
5.「太暗了。」
6.「你真的是太笨了。」
7.「媽媽的小幫手。」
8.「你為什麼說出來？」

給他們幾分鐘計畫場景。他們需要為這個場景想出一個好的開場和結局。

## 三、演出

小組可以自願表演他們的場景給其他同學看。

## 四、評估

假如你發現他們無法專注或正經地演出，那有可能是因為他們打從心裡覺

得尷尬。將重心集中在討論這些想法的內容上，比要如何演出更重要。要知道這樣做是不容易的，但是鼓勵他們，就像電視演員一樣盡力而為。

## 五、評量

在他們看了每一個場景之後，而且在討論之前，寫下一段內心衝突的描述。你可以判斷出他們對這個概念的了解。

| 劇本寫作 |
| --- |

◎戲劇目標：發展及寫出一個劇本；使用小組問題解決的技巧

◎相關教育目標：

　　語文：選擇並縮小一個主題；依照次序整理事件；描述一個故事的時間和
　　　　　場景；使用文法、標點符號和拼字的基本原則

◎教材教具：每三人一組，每一組要帶足夠的報紙，其中包含國家或地方的
　　　　　　新聞故事

## 一、開場白

　　一部劇本（scenario）是一部戲的輪廓。它提供了所有的人物和必要的情節資訊給演員進行即興演出。劇作家通常先寫下一個劇情，然後再填上所有人物的對白。

　　下面是一部以通俗故事發展出的劇本。你可以和學生一起發展這個劇本，然後用他們的話寫在黑板上，以呈現這個戲。你可以使用一本他們最近讀過的文學書籍。這篇以《三隻山羊嘎啦嘎啦》（*The Three Billy Goats Gruff*）為基礎的劇本，他們小時候應該讀過這個故事。

## 二、場景

　　有兩座山坡，一座山坡幾乎沒青草。另一座山坡長滿了又高又翠綠的青草。兩座山坡之間有座橋。

## 三、時間

　　故事發生在一個春天的早晨。

## 四、人物

　　小山羊嘎啦嘎啦，輕而有點不穩的腳步。聲音細小。

　　中山羊嘎啦嘎啦，確定的腳步，但不是很有信心。聲音中等。

　　大山羊嘎啦嘎啦，強而有力的腳步，擁有強壯的犄角。聲音又低又粗。

　　妖怪，貪婪、卑鄙又醜陋，有「像盤子大的雙眼」和「像棒子長的鼻

子」。聲音吵，又刺耳。

## 五、事件順序

1. 山羊飢腸轆轆地醒來。他們的山丘沒有青草了。他們的**動機**是要去另一座山丘吃東西。他們知道他們必須過橋才能到達另一座山丘。**衝突**：他們也知道橋下有一隻飢餓的卑鄙妖怪。他們做了一個計畫。

2. 小山羊過橋且遇到了妖怪。妖怪聽說有更胖的山羊會來，便放走了小山羊。

3. 中山羊過橋且遇到了妖怪。妖怪聽說有更大的山羊會來，便放走了中山羊。

4. 大山羊過橋而且遇到了妖怪。大山羊向妖怪挑戰，妖怪接受了。**高潮**：他們戰鬥。**衝突解決**：大山羊將妖怪撞到橋的另一邊。

5. **動機達成**：山羊吃到青草了。

## 六、計畫和寫作

分成三人一組。他們被指派的工作就是寫下一部電視劇的劇本。給每組幾頁報紙，他們閱讀標題，然後選出一個看起來有趣並充滿戲劇性的標題。他們可以閱讀伴隨的故事，假如他們不要的話，他們不必放入報導中所有的事件。換言之，他們可以增加或刪減人物和事件。

在他們決定了一個標題後，應該要一起以腦力激盪的方式討論：戲劇中該有的人物、衝突和事件。小組可以依據上述討論的內容一起寫下劇本。

## 七、評估

要他們和另一組交換劇本。想像他們是一個電視製作團隊，正在閱讀一部有可能發展為腳本的劇本。他們要依照下面的問題來進行評估：

1. 你能夠從描述中具體地想出場景的樣子嗎？
2. 時間交代明白嗎？
3. 人物描述清楚嗎？
4. 衝突是什麼？清楚嗎？

177

5. 事件順序符合邏輯嗎？

6. 衝突如何解決？

7. 什麼樣的觀眾群會有興趣觀看以這部劇本為基礎的表演？（例如，小孩、青少年、闔家）

8. 你對劇本有何改善的建議？

## 八、評量

為每部劇本和他們做的評估打分數。

 **概念** 把文學作品戲劇化並在過程中顯示人物的態度

## 想當歌手的青蛙

◎**戲劇目標**：表演出一個人物的態度如何影響他的行為

◎**相關教育目標**：

　語文：使用各種不同的詞彙表達情感和想法；為了娛樂呈現故事；回溯特
　　　　殊的細節以支持主要的想法；逐漸熟悉各種文學作品、人物及經典
　　　　文學中的主題；解釋與人物有關的感情和情緒

◎**教材教具**：一段有歌詞或沒有歌詞的爵士樂，使青蛙能在最後一幕單獨演
　　　　唱和表演

## 一、開場白

　　討論沮喪的意思。故事一開始就問學生是否曾經有過沮喪的經驗。這個故事是從一本專門收錄非裔美人的故事集中選出的，這些故事是由說書人講述的，書名叫《談一談》（*Talk That Talk*），這裡介紹的故事叫做「想當歌手的青蛙」（The Frog Who Wanted to Be a Singer）。

## 二、故事引介

### 想當歌手的青蛙

（Linda Goss）

　　嗯，朋友，我問你們一個問題。你有過沮喪的經驗嗎？沒錯，我說的是「沮喪」。現在回到現實，在這個房間裡的每個人都應該大喊：「是啊，當然有啊！」因為你知道至少一生有過一次這樣的經驗。甚至你們當中有些人每天都覺得日子過得很沮喪。

　　那你怎麼分辨得出什麼時候覺得沮喪呢？你覺得生氣嗎？你覺得灰心嗎？你焦慮不安嗎？你心煩嗎？你緊張嗎？困惑嗎？有時你吃東西吃個不

179

停、有時你一點也吃不下，有時你睡不著、有時你不想起床，**你真的很沮喪！**

嗯，朋友們，讓我們回來，回到森林裡，回到大自然中，回到動物們在地球上談話和走路的日子裡，像民間故事那樣。

讓我們來看看一隻小生物，他的感覺真是糟糕、難過、瘋狂又沮喪。我們叫他青蛙。沒錯，是一隻青蛙。但是這隻特別的青蛙覺得他有天分。你瞧，他想當一名歌手。當然啦，想要當一名歌手並沒有什麼不對；可是——這隻特別的青蛙所待的特別的森林裡，青蛙是不會唱歌的。只有鳥才可以唱歌，而這些鳥在森林中是被公認為最美麗的歌手。

所以，有一陣子，青蛙很酷，很安靜，他待在自己的蓮葉上練習跳上跳下，對自己唱歌。但是某天他心底所有的沮喪開始膨脹。沮喪的泡泡變得太大，所以開始從他的嘴裡、耳朵、鼻子，甚至從他的眼睛裡爆出來。而他對自己說（以青蛙似的聲音）：「你知道，我厭倦了這種感覺，我厭倦了將所有事情藏在心裡的感覺。我有天分！我要當一名歌手！」

這隻小青蛙決定和他的雙親分享他的雄心壯志。他的父母有點擔心他的願望，但因為小青蛙是他們的兒子，於是就鼓勵他說：「兒子，我們會百分之百支持你。假如這是你想做的，那就儘管去做。我們會以你為榮的。」

這使小青蛙的感覺好多了。這帶給了他許多信心，於是他決定和他的朋友們分享這個好消息。他跳到池塘的另一邊說：「朋友們，我要和你們分享一件事。」

「好！」他們回答。「你是有『蒼蠅』可以分給我們吃嗎？」

「不，不是蒼蠅，我是有『天分』。我要當一名歌手。」

「傻瓜，你瘋了嗎？」一個朋友說。「在這裡，青蛙是不會唱歌的，你最好閉上你的大嘴巴。」

他們取笑這隻青蛙，所以他跳回去他的睡蓮葉子。

他前後搖擺，仔細思考他的情況，突然間覺悟到也許他應該去和鳥兒們談談。他們似乎夠講理，也許他們會讓他加入他們的唱歌團體。

他鼓起勇氣跳到他們的樹屋，然後敲敲樹幹。鳥的首領飛到窗戶，往下

看到青蛙的頭，然後說：「喔，是青蛙。有何貴幹呢？」

「我能上去嗎？我有事要告訴你們。」青蛙說。

「當然好，青蛙。跳上來吧。」

青蛙進入了樹屋，而數以百計的小鳥開始鼓動翅膀圍著他。

「請進，青蛙。你何不坐在角落那兒。」鳥的首領說。青蛙坐下了，但是他覺得有點害羞，他開始大舌頭了。

「青蛙，有何貴幹呢？」

「啊，嗯，啊，你們知道，」青蛙說，「我想成為你們團體的一分子。」

「太好了。」鳥的首領說。

「對，太好了。」其他鳥附和說。

「青蛙，你可以幫我們抓蟲子。」鳥的首領說。

「那不是我心裡想的。」青蛙說。

「嗯，那你心裡想的是什麼？」

他開始結巴。「我——我——我——我——我要和你們——一起唱——唱——唱歌。」

「什麼！你是在開玩笑吧，一定是的。一隻全身長滿疙瘩的醜陋綠青蛙要和優雅的我們一起唱歌。你會讓我們很尷尬的。」

「但——但——但是……」青蛙試圖再懇求他們，但是鳥的首領生氣了。

「出去！出去！滾出我們家！」他將青蛙從房子踢了出去。青蛙像球一樣滾到森林的小路上。

當他回家時，他覺得很難過。青蛙想哭，即便他已經痛徹心腑了，但他沒有。他想放棄，但他沒有。換來的只是練習還有練習，練習再練習。

然後他開始重新思考而且了解到，即使那些鳥每週五晚上在「大時代週」音樂會上唱歌，他們也沒有決定權，因為那是狐狸在管的。青蛙跳到狐狸家，然後敲他的洞穴。

「狐狸大哥，狐狸大哥，是我，青蛙，我有話要跟你說。」

狐狸是個說話很快而且工作很忙的人，所以根本不想讓青蛙煩他。

「快，快，快，你要做什麼？」狐狸說。

「我要在這個星期五晚上開音樂會。」

「快，快，快，你要做什麼？」

「我要唱歌。」青蛙說。

「唱歌？滾出去，快，快，快！」

「拜託狐狸大哥。拜託給我個機會。」

「嗯……」狐狸說，轉動著他的眼睛。「啊，你知道的，小青蛙，也許我可以用你。你可以在星期五晚上八點準時出現，行嗎？」

「你的意思是我可以？」

「那就是我所說的。現在，滾出去。快，快，快！」

喔，青蛙好開心。他即將要「做自己喜歡做的事」。他將在全世界面前表現他自己。

同時，狐狸四處去探望森林裡的動物們，然後告訴他們青蛙的計畫。每個動物都答應會來，而且會給青蛙一個初次登台的「小禮物」。

接著星期一過了，星期二過了，星期三過了，星期四過了，然後到了星期五。青蛙很興奮，他洗了一整天的澡。他梳著他那少少的綠色頭髮，梳成中分，兩側剃齊。他用力擦洗著他的小小綠色手指和他的小小綠腳趾。他從池塘看著他小小的倒影，他笑了，然後說：「嗯，嗯，嗯，我實在太太太太太完美了！我將在今晚『做自己喜歡做的事』。」很快的到了七點，七點半，七點四十五，而青蛙顫抖著，停在布幕的旁邊。

他注視著觀眾，看到全部的動物都聚集在座位上。青蛙很害怕，他的雙腿不停發抖，他的雙眼不斷抽搐。狐狸大哥慢慢走上了舞台，表演開始了。

「謝謝，謝謝，謝謝，各位女士，各位先生，今晚我們將為您呈現一場精采的表演。來，讓我們掌聲鼓勵一下。現在出場的是青蛙，歡迎，歡迎。讓我們給予他最熱烈的掌聲。」動物們鼓掌而且哄堂大笑。青蛙跳出來，然後慢慢地走向麥克風。

「我……我……我……我的第一首歌，是……是……是……是……」

　　突然間，在青蛙還沒講完這句話時，大象站了起來，抓了一顆鳳梨，朝青蛙的頭砸過去。

　　「噢！」青蛙痛得哭了。接著獅子又抓了一根香蕉往青蛙丟，正好砸到青蛙的嘴裡。「喔，」青蛙嗚咽著。其他動物也加入了這場丟青蛙活動。有些人對他高聲叫喊著：「噓！噓！滾下去。你這個臭東西！你這個醜傢伙！我們不要聽青蛙唱歌。噓！你這個愚蠢沒用的東西！」

　　可憐的小青蛙，為了活命，連跳帶跑地下了舞台，躲在舞台底下。狐狸大哥趕緊回到舞台上。

　　「好了，好了，好了，冷靜一下──今天只是例行地試試看我們的滑稽演出。接著，我們要為你獻上真正的表演天才──會唱歌的小鳥們。讓我們來聽聽這些小鳥的歌聲吧！」觀眾掌聲如雷，鳥飛上了舞台，他們頭舉得高高的，翅膀緩緩放下，如雕像般直挺挺地站著。唧唧，吱吱，嘘嘘的聲音，使得觀眾全陷入了一陣輕柔平靜、昏昏欲睡的氣氛中。

　　每個人都靜靜地休息著，除了青蛙，他實在厭倦自己受到排擠的感覺，也厭倦了這種沮喪的感受。於是他跳到狐狸那兒，一面抓著狐狸一面搖著他，並將手掐在狐狸的喉嚨上，然後說：「你耍我。你想讓我看起來像個傻瓜。」

　　「離我遠一點，」狐狸說。「假如你想回去當個傻瓜。那你就去吧。」

　　「好，」青蛙說。「那正是我要做的。」

　　現在綠色的小青蛙一蹦一跳地回到了舞台上。他雖然發著抖，但還是下定決心唱歌。

　　「我不在乎你們是否睡著，我會叫醒你們。今晚我來這裡唱歌，那就是我想要做的事。」

　　以一種我們叫做爵士樂的方式，青蛙開始做「自己喜歡做的事」：

　　嘟叭　嘟叭　嘟叭　嘟叭　嘟叭　嘟叭　嘟叭　嘟叭
　　嘟叭　嘟叭　嘟叭　嘟叭　嘟叭　嘟叭　嘟叭　嘟叭

　　青蛙鼓動著嘴就好像在演奏薩克斯風。他的手指移動著，就好像是在演

奏著一個稀有的低音貝斯。

　　嘟叭　嘟叭　嘟叭　嘟叭弟　嘟叭弟　嘟叭弟　嘟叭弟

　　嘟叭　嘟叭　嘟叭　嘟叭弟　嘟叭弟　嘟叭弟　嘟叭弟

　　嘟叭　嘟叭　嘟叭　嘟叭　嘟叭　嘟叭　嘟叭　嘟叭

　　嘟叭！嘟ㄅ！嘟ㄆ──地──嘟ㄆ！……布魯兒──ㄆ！

　　大象睜開了一隻眼睛。他大喊著：「啊……呼！」他從座位上跳起來，左右甩著屁股，跳著一種叫做「蹦蹦舞」的舞蹈。隔壁的獅子也從座位上跳了起來，叫著：「我喜歡！我喜歡！」他搖著身體從這邊、到那邊、到每一邊，跳著一種叫做「扭扭舞」的舞蹈。很快的，蛇也開始一伸一縮的，長頸鹿也開始搖擺了起來。土狼跳著「滑步」，而狐狸則跳著「薯泥步」。小鳥們也要加入，他們說：「我們也要跳嘟叭嘟叭。」他們嘰嘰喳喳搖搖擺擺地穿越森林。

　　啾　啾　啾　嘟叭

　　啾　啾　啾　嘟叭

　　整個森林都在搖擺，大夥兒一起跳躍，動物們十指相扣。他們在跳舞，做他們從未做過的事。

　　狐狸跑回舞台上，搶過麥克風大喊著：「哇，青蛙，你真是個天才，你真是讓我們耳目一新！」

　　從那刻起，青蛙就被允許每週五晚上，在大時代週的音樂會上唱歌。

　　而這就是我爺爺曾說的──「藍調音樂」節奏的起源。

　　嘟叭　嘟叭　嘟叭　嘟叭　嘟叭　嘟叭　嘟叭　嘟叭

　　嘟叭！嘟叭！嘟ㄆ──地──嘟ㄆ！……布魯兒──ㄆ！

## 三、計畫

　　研究青蛙沮喪的層次，從第一幕他在蓮葉上練習，到關鍵的一幕，動物們

對他丟東西。隨著他升高的沮喪，他做出什麼舉動？

計畫關鍵的一幕。討論青蛙以及其他動物的感覺。

當青蛙第一次上舞台，他的感覺如何？當大象對他丟鳳梨，你想他的心裡經歷了什麼？當其他動物加入丟東西和叫罵時又如何？假如你站在青蛙的立場，你的感受如何？「羞愧」是什麼意思？在他跑開而且躲在舞台底下之後，他聽到狐狸大哥介紹小鳥，而且聽到他們的演出。當這一切進行時，他在想什麼？最後是什麼驅使他面對狐狸，並且將命運握在自己的手中？

其他動物呢——為什麼他們開始對青蛙丟東西？他們對青蛙的感覺如何？對於動物們的態度，狐狸的行動是什麼？

將班上分成兩半。一半扮演青蛙，一半則演觀眾裡的各種動物。每一位應該變成一隻特別的動物，然後決定那隻動物的行為會如何，他會丟什麼東西以及他會對青蛙說什麼。也許有學生會問，為什麼會有這麼多隻青蛙，老師可以解釋這是為了經歷這個特殊角色的情感，他們現在只是簡單地嘗試這個角色，每一位演青蛙的人會想重演他所認為的青蛙。

## 四、演出

假如老師扮演狐狸，並用誇張的姿態或向觀眾眨眼的方式來介紹青蛙，這對整體的演出會有所幫助。在青蛙逃離舞台後，你可以說些話使觀眾冷靜下來，然後介紹小鳥出場以結束這一幕。

## 五、反省和評估

問青蛙們，經歷了這一幕，他們感覺如何？他們看到動物做些什麼特別的事，使得他們感到羞愧、害怕或生氣？

問問其他動物的感覺，告知學生通常可以從人們所做的事透露出他們的感覺或態度。再問問學生：「這些動物角色還可以做些什麼事來表達他們的感覺？」

調換學生的角色並進行二度演出。

## 六、計畫

討論這個故事的高潮，從青蛙一蹦一跳地回到舞台上對狐狸說的最後一句台詞。

> 青蛙對觀眾說什麼？
>
> 他感覺如何？
>
> 他怎麼說這些話？

讓一些學生示範。

> 當青蛙開始「做自己想做的事」時，他感覺如何？

在這裡，當你放音樂時，要他們每一位試試青蛙這個角色。他們可以用他們自己的聲音，然後即興演出各種不同的樂器。

故事裡說道，這一幕開始時，其他動物被小鳥的歌聲催眠得幾乎睡著。很明顯地，他們快要進入夢鄉了。

> 當青蛙回到舞台時，你認為動物的心裡在想什麼？
>
> 當他開始表演時，發生了什麼事？
>
> 他們做了什麼？

你可以重讀故事的這個部分，以喚回他們的記憶。在此之前，他們應該思考自己所要扮演的特殊動物以及決定那隻動物如何移動。讓他們實驗看看各種動物的舞蹈。

## 七、演出

假如你想選一個詞來描述這一幕的心境，那會是什麼？有可能會是：勝利、慶祝、歡欣、快樂。這一次，選一位自願者來當青蛙，而其他人仍是演觀眾的動物。你可以繼續演狐狸，參與這場慶典，然後在喜悅的情境下結束這一幕。

## 八、反省和評估

你們覺得自己為這幕戲所創造出的「氣氛」算不算成功？

有哪些行動，效果顯得特別好？

你會如何改變，使演出更好？

你認為這個故事的作者想要表達什麼？

## 九、評量

記下他們如何以「行動」來表現各種角色的態度。在討論中，如何以「口語」來精確說出那些角色的態度。

 概念　將自創故事戲劇化並在過程中顯示人物的態度

┃ 清早起床 ┃

◎**戲劇目標**：表演出一個人物的態度如何影響他的行為

◎**相關教育目標**：

　**語文**：在各種情境中，能夠注意聆聽；使用非語言的溝通；了解因果關
　　　　係；體驗和連結與人物有關的感情和情緒；下合理的結論

## 一、開場白

　　要學生想像一個簡單的行為。

　　旁述指導：

　　　　你在床上睡覺。媽媽告訴你起床時間到了。你從床上起來，然後
　　進浴室刷牙。

　　　　閉上你的眼睛一會兒，然後想想所有會做的小動作。你會先伸懶
　　腰嗎？確定窗外的天氣嗎？你如何拿開被子呢？

　　　　你穿著拖鞋和睡袍或者只是赤腳走路？你的腳踩在地板上感覺如
　　何？需要開燈嗎？牙膏上面是否有蓋子？

## 二、計畫

　　告訴學生，他們所要做的就是早上起床的基本動作，但他們演出的方式，
將會依照你所描述的狀況而改變。他們要同時間一起演出。

## 三、演出

　　第一種情況：

　　　　想像這是一個陽光閃耀的晴朗日子。你睡得很飽，所以感覺很
　　好。你很期待去上學，因為你們班今天有一個派對。你起床和刷牙的
　　方式將會告訴我們你的心情很好。

從媽媽叫他們起床的樣子開始動作。

第二種情況：

今天是星期二而你厭倦了上學。天氣陰沉而且下著雨。像這樣的日子，你會表現出怎樣起床和刷牙的樣子。

你可以演出媽媽催促他們起床的樣子。

用別的態度和狀況重複這個練習，例如：

你睡不飽，所以爬不起來。

今天有一場大型考試。你必須去學校，但是你非常擔心。

你的弟弟將你的牙膏藏起來，而你沒心情和他玩遊戲。

你因為一些特殊的理由生氣。

請全班想一些其他能夠改變他們進行方式的狀況。

## 四、評估

在每次的演出中，雖然「動作」是一樣的，問問學生：「什麼原因會造成不一樣的動作效果？」通常不同的戲劇情境和人物的態度會影響人物的動作效果。對學生指出：「在戲劇中，當你要發展人物時，了解人物的態度是很重要的。」建議學生在晚餐時進行觀察，看看他們是否可以注意到餐桌上每個人不同的態度。

## 五、評量

他們是否適度地改變他們的動作以適應每一種狀況？

## 我的寶貝配件

◎戲劇目標：藉由動作和對話顯現出人物的態度

◎相關教育目標：

　語文：在各種情境中，能夠注意聆聽；使用非語言的溝通；了解因果關
　　　　係；體驗和連結與角色有關的感情和情緒；使用一套理由說服他
　　　　人；改變口語的內容與形式以符合不同的目的和觀眾

　社會：尊重他人能以符合個人價值觀行動的權利

◎教材教具：一個「珠寶箱」，有各式各樣不同種類的服飾配件，包括帽
　　　　子、珠寶和配件。學生可以自己帶東西放進這個箱子，或者你可以在跳蚤
　　　　市場發現許多廉價的物品。珠寶箱可以在許多堂課中使用

### 一、開場白

　　每位學生穿戴一件從珠寶箱中選出的飾品或配件。在他們戴好後，找一個
地方或站或坐，然後聆聽你給的引導。要每個人安靜地回應下列問題。

　　　　想像一位人物，他（她）可能穿戴著你現在身上的飾品或配件。

　　　　你是老的還是年輕的？

　　　　你是做什麼的？你的工作是什麼？

　　　　你有家庭嗎？

　　　　你住在哪種房子？

　　　　你感覺如何？——你是暴躁的、愉悅的、仁慈的、吝嗇的，還是
　　　悲傷的？

　　　　因為某些原因，你非常喜愛你所穿戴的飾品或配件，而且喜愛到
　　　不想脫下它的程度。你總是找理由將它戴著，想想看你為什麼如此喜
　　　愛它。

### 二、計畫

　　要同學們找一個夥伴，然後為他們描述以下這個狀況：

你們兩個相遇，你們在宴會上彼此聊天。當你們閒聊的時候，你們之中的一個人發現另一個人的飾品或配件令你著迷。你努力嘗試要對方拿下它。除了不能用肢體動作強迫對方之外，你可以使用各種方法讓對方把東西拿下來。你想對方會有什麼反應？

當你的夥伴要你脫下或拿掉你的飾品或配件時，你的反應會是什麼？

你會以什麼理由拒絕拿下？

請你記住你的身分，你對飾品或配件的態度及你對其他人的態度。

## 三、演出

不需要和夥伴預先計畫。當你發出開始的信號時，每個人同時演出。在他們演出一會兒後，告訴他們，還有一分鐘就要用某個方式來結束這幕戲。

## 四、評估

討論他們所做的。

你的夥伴對這件飾品或配件的態度如何？

你怎麼說的？

你的夥伴提出了哪些理由？

你如何結束這幕戲？

## 五、評量

給學生一些這個人物的狀況描述：

你注意到許多人認為你很奇怪，因為你堅持要戴著你的那件飾品或配件。寫下一封信並放在保險箱裡，以解釋你對這個飾品或配件的喜愛，以防有什麼意外發生。

請他們以第一人稱的角度寫下來。

 **概念** 運用偶戲，將自創故事戲劇化

> ‧‧‧‧‧‧ 的冒險
>
> ◎戲劇目標：製作襪子玩偶，編一個劇情；演出一部戲
> ◎相關教育目標：
> 　語文：使用各種不同的詞彙表達情感和想法；參與小組問題解決的活動；
> 　　　　改變口語的內容與形式以符合不同的目的和觀眾；了解因果關係；
> 　　　　下合理的結論；遵循一套指示；為一個特定的目的，選擇和陳述一
> 　　　　個主題；體驗和連結與人物有關的感情和情緒；描述一個故事
> 　藝術：發現、探索、檢視和應用藝術的元素，包括線條、顏色、形狀、質
> 　　　　地、價值、形式和空間；用簡單的媒介，如勞作或三度空間的模型
> 　　　　建構，來表達個人獨特的概念、想法和情感
> ◎教材教具：襪子；薄的紙板，或是 3×5 吋的資料卡；偶頭的填充物──
> 　　　　棉花、舊襪子等等；零碎布料、手帕、頭巾；紗線、鈕釦、絨布類碎布、
> 　　　　各種不同的裝飾品；剪刀、針線、膠水、橡皮筋、紙膠帶

## 一、開場白

　　問班上什麼叫做「冒險」。向學生徵求一些有趣的冒險建議，然後告訴他們可能會進行這些冒險活動──但不會直接發生在他們身上，而是發生在將要創作的戲偶身上。

　　要每個人想一個人物，也許是偵探狗、瘋狂的鱷魚、冷酷的祖母，或是傳說中的費莉西亞（指幸運的女孩）。他們創作的人物可以是動物或是人。先做出一個基本的戲偶形狀，同時可以思考想要創作的人物。之後可以再加上一些人物特徵和服飾造型，使得戲偶擁有自己獨特的個性。

製作：

1. 用紙板捲成一個管子，大約五吋長，符合食指的寬度。將管子放入襪子的腳趾部分。

2. 用棉花或舊襪子塞滿管子外圍的腳趾部分，做出玩偶的頭。

3. 綁一條繩子繞著這頭的底部，繞著管子做出脖子。

4. 在襪子的兩邊切開兩刀，變成偶的手，讓大拇指和中指可以伸出操作。

5. 簡單的服裝製作：找一塊香蕉大小的布，在中間剪一個洞。把襪子的底部穿過其洞中，再用線或橡皮筋固定戲偶的脖子。將戲偶放入手中並且把兩邊多餘的布，包住拇指與食指（戲偶的兩隻手），再用橡皮筋固定。戲偶就可以演出了，現在只需要創造人物特色。

6. 縫或黏上特徵。加上紗
   線或其他材料做頭髮。
   增添其他東西做為基本
   服飾，會讓它變得「活
   靈活現」。

## 二、計畫

　　將班上三、四人分成一組。他們將討論他們戲偶而且為這些偶設計一項冒險活動。要他們以劇本的形式把它寫下來（見 176-178 頁）。

　　假如他們的玩偶需要任何道具，他們可以一起收集和製作。他們需要聲音效果嗎？可以用錄音機錄下來播放。

　　可以利用桌子簡單的充當舞台，操偶者跪在後面即可。前面可以吊一些布料或者紙張來隱藏後面的操偶人員。

## 三、演出

　　每一組在表演他們的戲偶冒險給全班看以前，都需要排演幾次。甚至這些簡單的戲偶有能力做出各種不同的動作。在舞台上的動作是很重要的——戲偶不會只有現身和「說話」而不使用頭及手的姿勢。可以要學生回想在電視上看到的戲偶及它們是怎麼動的。

## 四、評估

　　隨後，討論他們的冒險，特別是劇情結構。

　　　　故事的行動清楚嗎？
　　　　衝突是什麼？
　　　　高潮是什麼？
　　　　這部戲要如何改進？

在日後的戲偶表演裡，可以各種不同的方式結合使用這些戲偶。

## 五、評量

為戲偶冒險的劇本和演出評分。

 **單元要素 3** 回應與建構意義：美感能力之發展

**概念** 觀賞戲劇活動，強調：分析由行為所顯示的人物態度、了解衝
突種類、預知劇情結果、評估與進行美感判斷

　　注意：觀賞戲劇活動的意思是去劇場看戲，或是看一場來學校演出的巡迴
表演。大部分的劇團會提供學習指南，幫助學生預作表演前的準備，而且幫助
他們了解緊接而來的活動。

　　下面的課程是以一部戲——《地主的新娘》（*The Squire's Bride*）為範例，
這一課示範如何分析一部戲的觀點。這部戲可以讓學生演出或者只是大聲地朗
讀出來。

---

**地主的新娘**

◎**戲劇目標：**分析由行為所顯示的人物態度；了解劇中衝突；預知劇情結
　果；評估與進行美感判斷

◎**相關教育目標：**

　**語文：**回溯事實和細節以支持主要的想法；了解因果關係；下合理的結
　　　論；解釋和連接與人物有關的感情和情緒；預測未來可能的結果；
　　　參與小組問題解決的活動；評估與進行判斷；回應多樣的文學形
　　　式；逐漸熟悉各種文學作品、人物及經典文學中的主題

---

**一、開場白**

　　要班上同學提供一些例子，是關於當某人堅持要他們做他們不想要做的
事，那會使他們感覺如何？

　　他們將要讀到的劇本，正是上述討論的問題，以及如何解決問題的好方
法。在進行劇本閱讀時，要學生在腦海中，想像人物的樣子，以及他遇到問題

時的反應情形。

## 二、故事引介

### 地主的新娘

| 人物 | |
|---|---|
| 地主 | 吉姆 |
| 瑪莉‧瓊斯 | 尼德 |
| 農夫瓊斯<br>（瑪莉的爸爸） | 婚宴賓客<br>（八到十人） |
| 馬 | 旁白 |

四幕場景：第一幕：農場　　第二幕：稍晚，在農場

第三幕：地主家　第四幕：地主家的客廳

197

### 第一幕

旁　白：很久以前有一位非常富有的地主，他能用錢買下所有他要的東西，

但是他並不快樂，因為他很寂寞。他曾經娶了一個太太，但卻過世

了，所以地主決定再找一個新娘。某一天他從莊園走出去，他看到

了瑪莉‧瓊斯，她是住在隔壁的農夫的女兒，她正在田裡工作。瑪

莉很漂亮而且很硬朗，所以地主覺得她會是一個好妻子。地主知道

她家很窮，所以他認為瑪莉會想嫁給一個像他一樣有錢的人！事實

上，這個地主既肥又禿，而且比瑪莉老了許多，因此瑪莉根本不想

和這個老頭有所瓜葛。但是地主卻認為他的錢是任何女孩都想要得

到的，所以他就穿過了田地，走到瑪莉工作的地方向她搭訕。

地　主：你好，瑪莉。今天天氣很好吧？

瑪　莉：（繼續犂著田）

你好，地主。天氣很好啊。

地　主：（嘆著氣）

這麼好的天氣實在很難讓人覺得心情不好，但我卻覺得心情很差。

瑪　莉：（頭也沒抬地繼續工作）

喔？真的嗎？

地　主：是的。自從我太太去年死了以後，我一直覺得很寂寞。事實上，我覺得這是我該續弦的時候了。

瑪　莉：或許會有不錯的老女人想要嫁給你。

地　主：喔，我不是考慮一位「老」女人，事實上，我考慮的是你！

瑪　莉：我？喔，不……謝謝你。我並不想嫁給你。

地　主：瑪莉，別傻了。我有好多錢，你不用再做像你現在做的辛苦工作。你當然會想要嫁給我！

瑪　莉：但我喜歡在戶外工作，而且就算我不喜歡，我也不想嫁給你。

地　主：你知道嗎，瑪莉，你真的是太傻了。很少有女孩子可以有機會嫁給一個像我這樣有分量又有錢的人。

瑪　莉：嗯，我確定你會找到一個像你一樣在乎你的錢的人，但那個人不是我！再見！（離開舞台）

地　主：瑪莉！瑪莉！回來！

農夫瓊斯：（進場）

你好，地主。出了什麼事了嗎？

地　主：喔，是的，是有件事。我給了你女兒一個天大的榮耀，讓她當我的新娘，而她竟然拒絕了！

農夫瓊斯：拒絕？像你這樣優秀的紳士？我不懂。

地　主：我也不懂，老瓊斯。我想她只是太年輕，以至於不了解什麼對她才是好的。你身為她的父親，也許該勸勸她。事實上，我要和你做個交易。如果你勸她同意嫁給我，你跟我借的錢就一筆勾銷，而且我會把你要的那塊河畔沃土給你。

農夫瓊斯：哇，你真的是太慷慨了。你儘管把事情都交給我處理吧。我會讓瑪莉了解她的立場。她不知道什麼才是對她好的。

地　主：跟一個明白事理的人做交易真好。我現在先回家，我想你會立刻跟

她談這件事的。

農夫瓊斯：（當地主出場的時候）

喔，會，我當然會。儘管把這件事交給我吧。我會說服瑪莉的！

瑪莉！瑪莉！請過來這裡。

瑪　莉：（進場）

你找我嗎，爸爸？

農夫瓊斯：對，是我找你，孩子。我聽說你不要嫁給地主，這是為什麼呢？

瑪　莉：我不要嫁給那隻老山羊。我不但不想嫁給他，而且我也絕對不可能

會嫁給他！

農夫瓊斯：聽著，女兒，他是一個有錢人，如果你嫁給他，我們就不再會為

錢煩惱了。

瑪　莉：我才不在乎他多有錢。即使金子多到可以埋到他的脖子，我也不要

他！

農夫瓊斯：（嚴厲地）

瑪莉，身為你的父親，我要你嫁給地主！

瑪　莉：而身為你的女兒，我拒絕！（離開舞台）

農夫瓊斯：回來啊，瑪莉！瑪莉！喔，我的天，這女孩有她自己的想法，就

像她媽媽一樣。我現在該怎麼辦？地主馬上要一個答案，而我卻不

能告訴他瑪莉說不要！我的天啊！


## 第二幕

旁　白：農夫躲著地主好幾天，但是最後地主堅持要知道瑪莉所做的答覆。

農夫所能想出的唯一計畫是：首先，地主準備好婚禮所需的每件

事，然後地主假裝需要瑪莉幫他做些事而叫她來。而當瑪莉抵達

時，他們就可以快速地結婚，她就沒有時間去思考這件事。地主同

意了這個計畫而且回家準備婚禮。他邀請了他的客人，而且賓客們

都到達時，他派了兩位僕人去農夫家。他們得對農夫說：「我們是

為了你對地主的承諾而來的。」

吉　姆：嗯，尼德，農場到了。農夫在哪兒？

尼　德：我不知道。農夫瓊斯！農夫瓊斯！

瑪　莉：（進場）

　　　　你好，你要什麼嗎？我是瑪莉・瓊斯。我父親不在。

吉　姆：喔。嗯，地主趕著要我們來拿你父親承諾要給他的東西。

瑪　莉：很趕嗎？為什麼？

尼　德：喔，他正要舉行一場大型的舞會！我們只是照他的指示行事。

瑪　莉：喔，我懂了！（自言自語）我早就懷疑爸爸和地主在搞鬼！我想我
　　　　現在知道了！（對尼德和吉姆說）喔，對，我想起來了。你們要的
　　　　東西是我們家的一匹小馬，就在田那裡。最好去抓她，讓地主等是
　　　　不對的。

吉　姆：好的，謝謝你。來吧，尼德。

　　　　（當旁白說話時，他們一起走向那匹馬，然後牽著她往後面去地主
　　　　家。）

## 第三幕

旁　白：現在，各位觀眾，我要你們想像這是一匹真的馬。她不會說話，但
　　　　是，就像你們知道的，她對我們的戲十分重要。男孩們從後面帶著
　　　　馬到了地主家。他們將馬留在屋子的前面，然後進屋向地主報告。

地　主：嗯，你們把她帶回來了嗎？

尼　德：喔，是的，主人。她就在外面。

地　主：嗯，當我招呼賓客時，你們帶她到我母親的房間。

吉　姆：（不知所措狀）

　　　　但是我們怎麼做啊，主人？

地　主：你們自己看著辦吧。假如你們不能自己處理她的話，多找些人手幫
　　　　忙。（離開房間）

吉　姆：（吉姆和尼德走下舞台然後回來邊推邊拉這匹馬。）

　　　　來吧，尼德。使勁推！

200

尼　德：你確定地主要這匹馬進臥房？我覺得好瘋狂喔！

吉　姆：我也是。但他是這麼說的。（兩人一起努力處理那匹不要和他們一起走的馬。終於，他們帶她進入了臥房。）

　　　　（地主和吉姆同時間從不同的方向一起走入客廳。）

吉　姆：（又熱又喘狀）

　　　　好了，主人，我們辦妥了！這是我們在這裡做過最困難的工作了。

地　主：別管了。我有我的理由。現在派一名女僕去床上幫她穿新娘禮服。

吉　姆：穿？但是主人……

地　主：別再說了！告訴女僕不要忘了面紗和花環。

吉　姆：好，主人。

　　　　（地主離開。）

### 第四幕

旁　白：吉姆告訴廚房裡的一名女僕，要她上樓幫馬穿新娘禮服，讓她看起來像個新娘子。吉姆和其他人都認為地主是要和他的朋友們開一個大玩笑，所以女僕笑著去做這件事。就在這段時間，地主帶他的賓客們進入了客廳。

地　主：（和賓客們進場）

　　　　各位好朋友，沒錯，你們應該已經猜到了，我們即將在這間屋子裡舉行一場婚禮。新娘因為即將成為這棟豪華屋子的一份子而有點小小的害羞，但是我告訴她，你們全都是我的好朋友，所以她不用擔心。

吉　姆：（進來打斷了地主，並向他耳語。）

　　　　她準備好了。

　　　　（他邊笑邊走出來。客人們興奮地交頭接耳，大家在猜新娘是誰。）

地　主：（得意地）

　　　　安靜，各位！這位就是我的新娘！

（他莊嚴地轉向面對觀眾，所以他看不到馬進來。客人們一看到馬便開始發笑。吉姆和尼德推著這個帶著噹啷聲音的馬進入了客廳。）

地　主：（仍然面向著別處，但將他的手臂往旁邊伸。）

瑪莉，我美麗的新娘子，過來我旁邊。

（他微笑著轉頭歡迎他的新娘。他吃了一驚，雙眼瞪大，笑容僵住。他全身無力，接著應聲倒下，昏了過去。）

旁　白：這場婚禮讓賓客們笑了好幾個月，而至於這位地主，他再也不想去找新娘子了！

## 三、人物討論

　　下面的問題可以用來幫同學計畫如何演出這齣戲，或者是在他們閱讀完這部戲之後的討論。有一些問題的答案會直接在劇本裡找到，其他的則得靠學生們的想像力，比如他們要在腦中勾畫出劇中一個特殊人物的樣子。

### 瑪莉·瓊斯：

在戲的一開始，瑪莉的哪些行為讓你知道她對地主的感覺？

她為什麼不想嫁給地主？

她對她的爸爸感覺如何？

你怎麼知道她有幽默感？

### 地主：

他長什麼樣子？

基於他的所說所為，他是什麼樣的人？

他為何堅持要瑪莉嫁給他？

他對瑪莉的態度怎麼樣？

當他和瑪莉在一起時，他表現得如何？

他對吉姆和尼德的態度如何？

為什麼他一直到最後才發現新娘是一匹馬？

**農夫瓊斯：**

> 他為什麼那麼期望他的女兒嫁給地主？
>
> 要如何表現他對瑪莉說話的樣子？
>
> 你認為瑪莉平常會依照他的指示做事嗎？
>
> 當她拒絕嫁給地主時，他感覺如何？

**吉姆和尼德：**

> 他們對地主的態度如何？
>
> 當地主要他們帶馬去臥房時，他們是怎麼想的？
>
> 當地主要吉姆把馬穿得像新娘時，吉姆是怎麼想的？

**婚宴賓客：**

> 他們對地主有何感想？
>
> 他們為什麼要參加婚禮？
>
> 當「新娘」出場時，他們有何想法？
>
> 你認為他們會做何反應？

**「新娘」：**

> 假設有兩個人扮演這匹馬，你認為馬對於所有發生的事，會有什麼反應？
>
> 馬會如何移動來表現出她的反應和感受？

**討論劇情的衝突和結局：**

> 基於我們所知道的三種衝突，這部戲劇呈現的是哪一種衝突——人與人的衝突、人與環境的衝突，或是人與自己的衝突？
>
> 地主的動機是什麼？那個動機是怎麼使他和瑪莉產生衝突的？農夫瓊斯對這個衝突有何貢獻？
>
> 這部戲最精采或是最高潮的地方在哪？
>
> 在這部戲中的哪個部分，是讓你預知往後結果的第一個線索？

（當她派出馬時。）

第二個線索是什麼？（當馬被打扮成一位新娘。）

這部戲有趣的地方在哪？（我們會同情瑪莉——沒人喜歡被強迫去做某事，特別是像婚姻這類的大事。這部戲之所以有趣，在於觀眾都知道發生了什麼事，只有地主完全不知道。觀眾們享受著地主被戲弄的情景。）

## 四、舞台考量

即使學生們沒有要演出這部戲，他們可以討論舞台。在解決下面的問題時，他們要將觀眾考慮在內：

你會如何「製作」這匹馬？用什麼來裝扮這匹馬？

在臥室——馬被裝扮的地方，可以是在舞台外發生的。但是這匹馬會被推推拉拉進入客廳，還有當從外面經過門進入臥室，這些是在舞台上的。決定門應該在哪裡。

確定地主的所在位置，直到最後，他是一直不能看到馬的。正確地規劃每個人站或坐的位置。

## 五、評估與進行美感判斷

一個戲劇的演出，一定要實際觀看，而不只是閱讀而已，所以學生一定要實際看過一部戲，才能夠做判斷。假如班上成員有實際演出《地主的新娘》，他們就能對它進行評估。假如沒有，就討論一個大部分同學都看過的電視節目或是電影。下面的問題能運用在大部分的表演中：

1. 你喜歡這部戲的哪個部分？

2. 在劇情前後中演出的人物是可信的嗎？他們的主要動機清楚嗎？你知道他們在特定的時間和事件時是怎樣的感覺？

3. 在高潮達到之前，劇中的衝突和張力是否逐漸被營造出來？

4. 服裝如何幫助你了解人物的樣子？

5. 場景如何幫助你了解劇中行動發生的地點？

6. 還可以做些什麼不同的改變來增進這部戲的效果？

## 六、評量

有很多評量的可能性，完全取決於本課進行的目的是為了分析或是演出。由於這學年的教學重心著重在劇情的發展，你可以要學生以書面形式回應前述有關劇情衝突和結果等問題。

## 看戲

◎**戲劇目標：**表現恰當的觀眾行為；以畫圖、戲劇化的活動和討論來回應這部戲

◎**相關教育目標：**

**語文：**使用語言的和非語言的溝通；使用各種不同的詞彙表達情感和想法；辨別主要的想法；回溯重要的事實和細節以支持主要的想法；回應多樣的文學形式

**藝術：**用簡單的媒介來表達個人獨特的概念、想法和情感

## 一、表演前

　　大部分的劇團，在表演前和表演後會提供導讀指南給老師和學生。這樣的導讀指南可以幫學生們為觀看戲劇而做準備。他們準備得愈好，會愈想要欣賞這部戲。他們會去預期將會發生什麼，也知道了一些有關的情節和人物。

　　假如這部戲來自一個故事或是書本，你可以先讀這篇故事或是故事的節錄給全班聽。假如他們預先知道基本的劇情，他們會比較容易了解這部戲。

　　你可以要求學生在看這部戲之前，先演出一些較刺激的場景。你可以要他們在規定的時間內，回想他們害怕、難過或是快樂的時刻，就像故事裡的人物一樣。學生可以比較他們自己的演出和實際看到演員在舞台上演出的不同，他們會覺得很有趣。

　　假如你認為有任何的概念或名詞是他們不了解的，可以在事前先預習。

　　假如這部戲被設定在一段特殊的歷史時代，你可以準備一些這個時代的圖片，討論當時人們的衣服、交通工具以及房子的樣式。

## 二、表演後

　　讓孩子在看完戲後，有各種方式來回應以強化他們的學習是很重要的。假如你拿到了一份導讀手冊，你可以從手冊中，選一些能吸引你們班上學生進行後續活動的建議。下面是許多老師們覺得有用的一些活動。很顯然，這裡只是「一般性」的建議，之後你可以依據孩子們所看到的劇碼做調整。

1. **畫圖**

   (1)畫出你最喜歡的人物或是最刺激的情節。

   (2)畫出場景。

2. **戲劇化的活動：**

   (1)表演每一個人物如何走路。

   (2)從戲裡選一幕演出。為什麼要選這一幕？

   (3)演出一個不同的結局。

   (4)從其他故事選出一幕，同樣能夠展現勇氣、感到恐懼、達成目標——
   就像這部戲裡所看到的一些特質一樣。

3. **討論：**

   (1)在這部戲裡，最刺激的是什麼？在這個部分你的感受如何？

   (2)你最喜歡的人物是誰？你最喜歡他（她）的什麼？

   (3)每一個人物的動機是什麼？

   (4)選出三個詞來描述戲裡的每一個人物。

   (5)這部戲和原著的故事或書有何異同？（如果有的話。）

   (6)主要的衝突是什麼？這個衝突如何解決？

   (7)還可能發生什麼樣的事而改變結局？

   (8)場景、服裝、道具和燈光的設計人員，要如何使用他們的想像力？

   (9)當觀賞這部戲時，你會在心裡想到什麼顏色？

## 三、評量

　　讓他們有機會運用畫圖、戲劇化的活動、討論（用寫的）其中至少一種方式回應。孩子們的回應會顯示出他們對這部戲的了解。

 概念　了解電視、電影與劇場表演間的異同，強調動作發生的時間和特效

> ### 同中有異
>
> ◎戲劇目標：在戲劇和電影裡，如何顯示動作發生的時間；描述特效如何使用在劇場、電影或電視中
>
> ◎相關教育目標：
>
> 　語文：描述一個故事的時間和場景；使用各種不同的詞彙表達情感和想法；解釋過程；評估與進行判斷

## 一、開場白

　　要學生們想像他們曾經在電視上看過《地主的新娘》。它們會有何相同及不同處？討論他們的答案。

## 二、計畫

### 1. 動作發生的時間

　　在戲劇裡有四幕。

　　每一幕何時發生？依劇本裡的敘述，你如何知道第二幕發生在第一幕的幾天之後？因為是旁白所說的。假如你是在看電視，那可能沒有旁白（並不是所有的戲都有旁白，但這部戲是有的）。

　　在電視上，你如何能夠在沒有旁白下，知道演出時間的不同？電視中的戲劇，並不是從開始到結束連續拍攝的。

　　拍出許多不同幕的戲，然後再剪接放到每一幕的時段。例如，我們可以看到地主和農夫瓊斯在計畫詭計的對話。然後我們可以看到地主和其他人在為婚禮做準備，而最後婚禮的日子到了。

　　服飾的改變也可以顯示出時間的進行。

　　**應用：**給學生看三十分鐘的電視節目，然後寫下顯示時間進行的所有方

法。

### 2. 特效

在《地主的新娘》裡只需要很少的特效，雖然在電視裡是有可能看到一匹真的穿著新娘婚紗的馬，來代替用人假扮的馬匹。但是電視和電影可以比舞台上使用更寬廣多變的特效。舉例來說，假如劇本要求某個人被火燒到，這在電視上是可以做到的，但會很困難，不過在舞台上卻是不可能做到的。為了拍這一幕，演員得穿上特殊的服裝，讓攝影機拍上幾秒燃燒的場景，同時旁邊已經有一組工作人員拿著滅火器準備滅火了。

**應用**：要求同學想一些在電視或電影裡的特效。科幻電影可以提供很多好例子。

假如可能的話，給班上看一部電影，像是《E.T.》，或是《星際大戰》（*Star Wars*）的幕後製作花絮。

## 三、反省

雖然在電影裡的劇情就和舞台上的劇情一樣，但劇場對觀眾有更多的要求。當觀眾在劇場觀賞一部戲時，他們需要使用更多的想像力。問班上同學這是為什麼。

## 四、評量

以他們剛剛進行的「時間判別」的作業當作評分的基礎。

概念 了解在完成一部戲的過程中，劇作家、評論家以及演員所要負的責任

## ★ 綜合單元：劇本交換

　　下面的單元可能成為本學年戲劇課的高潮活動。學生們分別以劇作家、評論家及演員的身分在小組中進行問題解決。整個計畫會分成幾個部分分別進行，但是其間的內容是連貫的。你可以選擇每天或是幾天進行一個部分或是更多的部分。這個單元的設定是學生已經參與過176至178頁中的「劇本寫作」課程，本課為後續課程。

---

◎**戲劇目標**：使用合作的技巧來進行下列戲劇活動

　⑴發展及寫出一段劇本

　⑵評論一段劇本

　⑶從一段劇本中即興創作

◎**相關教育目標**：

　**語文**：選擇和敘述一個特定主題；依照次序整理事件；描述一個故事的時
　　　　間和場景；使用各種不同的詞彙表達情感和想法；使用文法、標點
　　　　符號和拼字的基本原則；為了娛樂呈現故事

◎**教材教具**：具有戲劇張力的照片或者圖畫。由 Chris Van Allsburg 所著的
　　　　《哈利斯‧伯狄克的魔法》（*The Mysteries of Harris Burdick*）就是最佳的
　　　　範本。用一台投影機放映這些圖片，可以達到班級討論的目的

---

### ♥ 第一部分：劇本

**一、開場白**

　　告訴學生這個單元的戲劇目標是什麼。這個單元最後的即興創作和以前他

210

們學過的課程有個不同的地方，那就是他們要演出由別組所寫出的即興創作，來取代他們自己組所寫的。因此，劇本需要很清楚，因為即興創作的成敗取決於劇作家的工作。

　　好的戲劇通常都會包含一些戲劇張力。戲劇張力的產生在於你無法確定接下來會發生什麼。一輛車子高高掛在懸崖邊搖搖欲墜，就是一個富有戲劇張力的例子。另外，一隻貓追著一隻老鼠也是一例。可以要求班上提出其他的例子。

　　假如可能的話，可以使用幻燈機投射一些事先選好的圖片或照片給學生看。假如用的是 Van Allsburg 的書，告訴他們每幅畫的標題，再問問畫裡的戲劇張力在哪裡。

## 二、計畫

　　將班上分成三、四人一組。假如可能的話，讓每組的人數都相同。假如人數不能平均分配，確定每一組和他們對應的小組要有相同的人數。原因是他們會發展出和他們組裡相同人數的人物，而在第四部分為了即興創作的目的，他們會交換劇本，所以組裡的人數應該要一樣。

　　給每一組一張圖畫或照片。他們以這張圖為基礎發展成一部劇本。其中限制是他們必須創作出和他們的組所擁有一樣人數的人物。

　　要他們在組裡討論下面的問題：

1. 這幅畫中發生了什麼事？描述其中的戲劇張力。
2. 可能的衝突是什麼？
3. 這幅畫的前一個場景是什麼？也就是說，稍早之前發生了什麼？
4. 接下來會發生什麼？
5. 在這幅畫裡的是誰？
6. 還包含了其他什麼人物？他們是人嗎？（你不需要包含所有場景裡的所有人物。）

## 三、寫作

　　在他們討論了可能的人物和情節後，讓他們從中選一些題材進行一段劇本

寫作。劇本需要很詳細，使其他人閱讀時能知道人物像什麼樣子、衝突是什麼、主要事件是什麼及衝突如何解決等。

　　劇本的形式可以參照 176 至 178 頁的內容。

## 四、反省和評估

　　在他們寫下劇本後，討論過程。什麼地方好像比較容易，還有什麼地方比較困難？要每個人評估，在使用小組問題解決寫劇本時，他（她）做得如何？用書面方式回答下面的問題：

1. 我（有或沒有）提供許多構想來討論和計畫。
2. 我（有或沒有）尊重地聆聽我小組裡其他人的構想。
3. 我覺得其他人（有或沒有）尊重地聆聽我的構想。
4. 我（總是、有時、很少）專注在我們的工作上。
5. 對於接下來會發生什麼事產生爭論時，我（有或沒有）幫忙小組解決問題。
6. 我（滿意或不滿意）我們的作品（在這一部分是指劇本）。
7. 我們的小組（需要或不需要）學習如何改善彼此的合作關係。
8. 這些是我可以對我們的小組更有幫助的方法：＿＿＿＿＿＿＿＿＿。

　　每一個學生應該和他們小組裡另一位成員交換評估，以了解那個人是否同意這份評估。假如不同意，對方的問題是哪一點？假如對方同意，可以修改答案。

## 五、評量

　　收集這些評估，你會發現有些小組在合作默契上需要協助。在這一課當中，會在其他課程中運用相同的模式進行練習，因此學生的進步情形都可以記錄下來。

## ❤ 第二部分：評論

### 一、開場白

　　學校需要進行評量工作，而在任何一個行業中也都沒有例外。只是在一般的工作場域中，它不會像學校的評量，得到某個特定的分數，比如說：醫生的工作或者汽車技工的工作，這些都有不同的評估方法。

　　當一部戲劇或是電影開演時，評論家就會將他對這部作品的評論發表在報紙上，有時可能鼓勵大家參與欣賞，但也有可能減低大家觀賞的興致。早在演出之前，腳本就會提供給製片商，看他們是否有興趣投資。有時候他們會對劇本感興趣，但有時候他們也會認為在角色和排演時間確定之前，有一些需要修改的空間。有的劇作家會同意做修改，但有的會拒絕，也有的會折衷協調，以找出一個雙方可以接受的方式。

　　學生在本課會有機會參閱他人的劇本而且加以評論（參看176至178頁的劇本寫作），這就給了他們一次學習擔任評論家的機會。

　　那些評估他人作品的人，都肩負著重大的責任。他們必須學到如何做出有建設性而非傷害性的評論。

　　可以比較下列兩個評論：「這幕戲很爛，把它丟了算了。」和「我不確定這個場景是否和其他的情節部分相符合。也許這個場景中的某些點需要加以澄清，或者這個場景可以安排在其他的部分。」

### 二、計畫

　　讓小組之間交換劇本（這次的交換，不一定要找相同人數的組別）。假如可以的話，讓每個人都有一份劇本影印本可以看。他們要想像他們是一個製片的團隊，閱讀一部有可能演出的劇本。他們渴望找到好的劇本，所以他們會對劇本中「喜歡」或「不足」的部分，提供一些建設性的建議。

　　不管是默讀或是朗讀，學生應該至少將劇本讀過一次。劇本的每一部分應該被討論和評估。在177至178頁的問題會有幫助。他們也可以問自己：「假如我們讓這個劇本演出，我們能做得到嗎？我們還需要些什麼其他的資訊？」

對一個製片團隊而言，能夠一起工作而且對於所做的評估和建議有一致的共識，是很重要的。

### 三、寫作

要求學生把自己的評論寫在另一張紙上，這比寫在劇本上有用。其目的是為了提供劇作組清楚和有用的建議。假如劇本上有他們不了解的地方，也可以將問題寫出來。

### 四、反省和評估

使用和第一部分相同的過程。

### 五、評量

閱讀學生的評論，以便從中了解他們對這部劇本深入理解的程度，同時，也可以進一步了解他們對劇本所做的建議是否清楚、適用。因為只有一份作品，所以小組內的每位成員都會得到相同的成績。假如在小組中的分工表現上顯得有些不均衡，你可以從他們的自我評估內容中給分。

## ❤ 第三部分：重寫

### 一、開場白

要學生想像劇作家在劇本寄出去後，他們心裡在等著回覆郵件時有什麼感覺。問問學生他們曾經等過某個特別的郵件嗎？像是在等什麼？

今天「郵件」到了，每位劇作家會收到來自製片的評論。假如在現實中發生了，製片的回應會使得劇作家十分沮喪或是狂喜不已。即便他們還需要花更多的時間來修改劇本，但那意味著製片認為它是大有可為的。

### 二、計畫和重寫

分配這些評論。小組裡的成員應該大聲念出這些評論，然後一一討論每條評論。假如他們不了解某一項特殊的評論，他們可以要求「製片」說明原由。

然後，他們重寫劇本。假如他們自己在第一次創作後，想到一些需要改進的點子，也可以納入這次的修改中。他們應該記住，下一批看這部劇本的就是「演員」了。

### 三、反省和評估

使用和前一部分相同的過程。

### 四、評量

比較原始的和重寫的劇本，看看其中做了些什麼改變。

215

## ❤ 第四部分：表演

### 一、開場白

　　製片說他們要看到這部劇本的演出。他們要試試看這部戲如何呈現，就得選出演員。他們是一群即興演出的演員，自己創造出符合劇情角色中的動作和對白。你認為，當他們等著看這部劇本的第一眼，感覺會是如何？

### 二、計畫

　　分配劇本給不同於在上節課做評論的「製片」小組。這次的交換重點，在演出小組的人數要和劇本裡人物的人數一樣多。假如演出小組的成員和劇中角色的性別不同，他們可以有兩種處理方式：一是讓演員假扮成另一個性別，二是改變名字還有與人物性別相關的設定。

　　他們藉由閱讀劇本，決定誰會演出各個角色。他們計畫和排演每一個場景，自行加入使動作更清楚的細節。假如有許多截然不同的場景，藉著做出時間區隔，或是改換場景，他們可以使用旁白告知觀眾，或是在場景之間做出提示。

　　每個演員對於人物的呈現要做出一些決定，包含：無論人物是男性、女性或是非人類，他們會長得什麼樣子？人物如何移動？如何說話和說什麼？人物的動機是什麼？以及人物對於戲裡的狀況和其他人物有何想法？

　　假如他們認為服裝和道具有助於演出，就可以想辦法取得或製作。

　　假如在排演時，想要加入某些和劇本裡不太相同的東西，就該先和劇作家確定。

### 三、演出

　　在他們已經充分地排演之後，每一個演出小組就要表演給班上其他人看。

### 四、評估

　　要每部戲的劇作家和製片給予回應。

他們喜歡嗎？

有任何驚喜嗎？

哪裡還需要更清楚？

要那些事先不熟悉這部劇本的人給予回應：

衝突是什麼？

戲劇張力在哪裡？

人物是誰？

結局清楚嗎？

你有任何建議嗎？

要每一個演出小組做一個自我評估，像他們之前所做的一樣。

這點可以幫助他們了解一部戲劇或電視、電影的完成，其成敗責任除了演員，還有許多其他的工作成員——如劇作家和製片。此外，還有誰的工作也包括在內呢？要他們下次看電影時，注意開始前或結束後的人員名單，可以算一算共有幾種工作，有時甚至高達五十種或更多呢！

217

## 五、評量

表演者還能夠加入多少演出細節？他們創造出的人物可信嗎？這些人物都非常入戲嗎？

這個單元有許多作業可以進行評分，包含：劇本、評論、表演，還有自我評估四種。另外，每天觀察到的團體討論和達成共識技巧也可納入評分中。

CHAPTER

# 4 六年級

　　參加過劇場／戲劇藝術課程的六年級學生，已經在動作、感官覺察、情緒回溯、默劇和自創性對白上有了經驗。這一年的課程會提供學生應用並加強前述的表達性技巧。

　　學生將會繼續發展自創的戲劇故事。到目前為止，他們學到了劇情結構和衝突的本質。這個學年度，他們將會學習場景和動作發生的時間如何影響劇情的發展。同時，他們也會學習戲劇中的主題。在人物塑造部分，他們之前已經學過了人物的外型特徵、動機和態度，這學期的課程將著重於如何用台詞來表現人物特質。此外，學生也會參與不同情境的角色扮演，且這些情境會以學生的興趣和日常關注的內容為主。透過各自的不同觀點來演出劇幕，學生們可以有機會了解自己和他人觀點的異同。最後，他們將學習如何為人物撰寫一段場景及對白。

　　當他們觀看劇場演出時，學生將有機會看到表演和演出如何發展，反映出他們在其他劇場／戲劇藝術課程中所學到的概念。他們將學會如何評估和做出美感判斷。本章會提供一個劇本做為分析的範本。

　　假如學生沒有看過現場戲劇表演的經驗，可以從第二章觀眾禮儀及演員和觀眾之間的關係的課程中學習。事實上，這些對劇場概念進行的複習課程，對所有學生都有幫助。

　　六年級的學生會繼續探索電視、電影與劇場表演間的異同。這個學年會將重點會放在攝影機的角度和觀眾的位置。

　　本章有一個綜合單元，稱為「做決定」，會將這個學年度的學習帶到高潮，它讓學生有機會成為劇作家、設計者和演員。

　　六年級戲劇課程裡的重要特色，是學習批判思考的技巧和自我評量。為了達到這個目標，我們建議學生持續寫下日誌並且定期給老師閱讀。在很多課程當中都建議用寫日誌當做作業。老師或學生也可以增加其他功課。

　　對於沒有教室戲劇經驗的班級而言，下頁的綜合表列指南正好可以提供一個完整的概括介紹和頁數引導。在班上同學參與六年級活動之前，他們可以從表中所述五年級的活動中獲益。除此之外，老師們或許也希望能隨時複習之前的課程。參考先前在第 27 至 28 頁所提到的「劇場／戲劇課程綜合表列指南」，可以看到概念該何時介紹。

　　下面的個人和人際行為可以用表格的形式呈現。學生應對他們的表現做定期自我評估。學生的自我評估可和教師的評量做對照。

1. 我會遵守班規。

2. 我會與人合作。

3. 我會專注聆聽和仔細欣賞，以表現對他人的尊重。

4. 我會傾聽和回應他人的想法。

5. 我會提供想法。

6. 我會尊重其他同學的空間。

7. 我會適時地自願參與戲劇的場景以及活動。

8. 我會專心完成任務。

9. 我會表現適當的觀眾禮儀。

10. 我會特別注意評論時的用字，以尊重別人的感受。

11. 對於建設性的批評我會妥善地回應。

劇場／戲劇藝術綜合表列指南

| 單元要素 | 五年級 | 頁數 | 六年級 | 頁數 |
|---|---|---|---|---|
| 表演：肢體與聲音的表達運用 | 發展對身體與空間的認知能力，運用：<br>● 動作<br>● 默劇<br>● 聲音<br>● 感官回喚<br>● 人物的情緒回溯 | 137-146<br>154-157<br>161-164<br>147-153<br>158-160 | 發展對身體與空間的認知能力，運用：<br>● 動作<br>● 默劇<br>● 聲音<br>● 感官回喚<br>● 人物的情緒回溯 | 224-232<br>240-242<br>247-258<br>233-239<br>243-246 |
| 戲劇創作／劇本創作：集體即興創作 | 自創故事的戲劇化，運用：<br>● 默劇和對白<br>● 偶戲<br>● 衝突<br><br>● 人物塑造，強調：<br>　● 以行為顯示態度 | 165-167<br>192-195<br>168-178<br><br>179-191 | 自創故事的戲劇化，運用：<br>● 默劇和對白<br><br>● 場景<br>● 時間<br>● 人物塑造，強調：<br>　● 以台詞顯示人物 | 259-262<br><br>263-270<br>263-270<br>271-282 |
| 回應與建構意義：美感能力之發展 | 觀賞戲劇活動，強調：<br>● 分析由行為所顯示的人物態度<br>● 了解衝突的種類<br>● 預知劇情結果<br>● 評估與進行美感判斷<br><br>了解電視、電影與劇場表演間的異同，強調：<br>● 動作發生的時間<br>● 特效 | 196-207<br><br>196-207<br>196-207<br>196-207<br><br><br>208-209<br>208-209 | 觀賞戲劇活動，強調：<br>● 分析台詞如何顯示人物<br>● 了解衝突的種類<br>● 預知劇情結果<br>● 評估與進行美感判斷<br><br>了解電視、電影與劇場表演間的異同，強調：<br>● 攝影機的角度<br>● 觀眾的位置 | 283-295<br><br>283-295<br>283-295<br>283-295<br><br><br>296-298<br>296-298 |

❤ **開始前的說明**

　　文中仿宋體字的部分，是以老師為第一人稱對學生說話的口吻。這些「直接引句」可能是給學生的一些指示、問題，或者「旁述指導」的評語。所謂「旁述指導」意指孩子們在表演活動中，老師觀察孩子們的活動所做的指導，以便激發其想像力、提供新的想法且鼓勵他們的努力成果。

　　仿宋體中的引句，只是希望提供參考使用。每個老師有其個人風格，應該依其特殊風格及班級之特別需要，加以增刪其中的評語與問題。

---

**準備開始**

◎戲劇目標：藉著討論與演出活動，發展對戲劇的初步認識與了解；能夠表現出對劇場行動和回應的了解
◎相關教育目標：
　語文：使用非語言的溝通
　體育：發展協調感、反應力和平衡感
◎教材教具：一個控制器，例如鼓或鈴鼓

---

**一、開場白**

　　針對學生都熟悉而且喜歡的電視節目進行討論。問他們為什麼喜歡那個節目。

　　　　我們喜歡那個節目的原因之一，是我們相信電視節目那一刻上演的內容是真的會發生的，即使我們知道那些人是演員，他們下了班回家之後就跟一般人沒兩樣。

　　　　舉例來說，當你在電視上看到打架的時候，是什麼讓你信以為真？這當然不是因為他們在被打後就擠出一小包膠囊的假血，而是因為演員的動作及相對的反應，再配上精心策劃的動作（choreography，稱為舞台舞蹈設計）。如果一個人（用班上同學的名字）走向另一個

人（另一位同學），然後假裝要打他的胃，而被打的人（第二位同學）只是站在那裡全無反應，我們一點也不會相信他們在打架。

第二位同學要怎麼做才能讓我們相信他們在打架呢？他應該要用些辦法將身體蜷曲起來，且假裝做出挨了一拳的反應。

在我給你信號時，想像你的胃被揍了一拳（全部學生一起演出）。

## 二、計畫

這是介紹鼓或鈴鼓做為「開始」、「停止」或「不動」等信號的時機。

再試一次，記得如果你是真的被打了，你的臉部要跟你的身體一樣有表情。在我發出信號的時候，你要想像你真的被打了。

戲劇就像生活一樣，是由一連串持續的動作和反應組成的。

想像你從學校放學回家，聞到最喜歡的餅乾味道，你有什麼反應？

## 三、演出

提供學生一連串的建議並讓他們以動作回應，每次都使用「開始」和「停止」的信號。全部的學生可以一起表演，要真的用身體表演而不是只說出他們會怎麼做而已，你可以採用下面的例子或一些自己的意見：

當你走在街上的時候，你發覺有陌生人跟著你。
當你走在街上的時候，你看到一張一百元紙鈔。
當你在雨中行走時，你看到一隻被雨淋濕的小貓咪好像迷路了。
當你走在街上突然雷聲大作。

## 四、反省

問他們哪一種情境對他們來說比較真實，以及為什麼。強調想像力的運用，還有將注意力集中在發生的情境上。

## 五、評量

特別記錄那些參與時有困難的學生。如果三堂課之後還是沒有明顯的進步，就要與他們進行個別會談。

**單元要素 1** 表演：肢體與聲音的表達運用

**概念** 經由動作來發展對身體與空間的認知能力

---
### 鑽石
---

◎**戲劇目標**：同步活動

◎**相關教育目標**：

　　體育：發展彈性、協調感和反應力

◎**教材教具**：一段緩和流暢的音樂

---

## 一、開場白

　　這是一個鏡子遊戲的變化。如果學生還沒有進行過鏡子遊戲，你可以先進行書中第 135 至 138 頁的活動，先保留這個活動直到前面的結束後才進行。

　　告訴學生在這一課會讓他們觀察自己和同儕將如何「一起」工作。將他們分為四組，然後每一組站起來排成一個菱形。每一個菱形的角之間的距離要夠遠，這樣他們才有足夠的空間可以活動。每個人面對教室的前面（見下頁圖示）。

　　這表示每一組裡面，B、C和D三人可以看到A的背後。A學生是領導人，接著開始跟著音樂做緩慢的動作；B、C、D學生盡可能做到一樣的動作。在做一些動作時，A學生會轉身面對另一個方向，這就表示學生會看到他們組裡面另一個學生的背後。那一個學生就變成領導人。

## 二、演出

　　全部的組別按照上述的音樂來進行動作。如果需要的話，你可以旁述指導他們使用不同空間層次的動作。

## 三、反省

　　問他們對於活動的反應。他們在動作上是否一致？他們喜歡這個活動的哪一個部分？

## 四、評量

　　評定他們達到目標的程度。過些日子後，可以再重複進行這個活動，他們應該每次都會有所進步。

## 來 來 回 回

◎戲劇目標：將注意力集中在動作的控制上

◎相關教育目標：

　體育：發展彈性、協調感和反應力

### 一、開場白

告訴學生這堂課會測試他們的專注力。從簡單的開始，「要留意」嘍！

### 二、演出

旁述指導：

隨著溫和、歡樂的韻律擺盪你們的手臂。接著身體的其他部位加入大幅度的擺動動作。想出一個可以跟節奏相符的字。低聲地念那個字並且試著搭配上節奏。持續不斷地低聲念著。現在大聲說出那個字——大聲點，再大聲點。

現在跟著斷續不定的節奏擺動。開始擺動你的手臂，接著身體的其他部位加入擺動。

想出一個可以跟節奏相符的字。低聲地念那個字。現在大聲地說出來——大聲點，再大聲點。

現在來回切換。開始跟著溫和流暢的節奏擺動。當接收到信號的時候，轉換到斷續不定的節奏。來回切換。

為了增加一點緊張感，切換的時間可以愈來愈短。

### 三、反省

在什麼時候你會開始覺得很難集中精神？為什麼會這樣？分享一些因為有很多事情而使得精神很難集中的經驗。討論一些可以解決這個問題的方法。

### 四、評量

記錄他們是否能快速地適應節奏的改變。專注力應該會隨著練習而增加。

## 張開與閉合

◎戲劇目標：以動作的特性來表現一個人物

◎相關教育目標：

　語文：專注聆聽；採用邏輯組織一個口頭呈現；使用各種不同的詞彙表達
　　　　情感和想法；解釋和連結與人物有關的感情和情緒

　體育：發展彈性、協調感和反應力

## 一、開場白

　　要求學生有節奏地張開或閉合他們的手掌。找出身體其他可以張開或閉合
的部位。包括臉在內，漸漸引導學生練習將整個身體閉合起來；接著，再逐漸
引導到整個身體都張開的狀況。身體張開的時候要吸氣，閉合的時候要吐氣。
在身體閉合的狀態結束動作，但是維持站立的姿勢。

## 二、演出

　　要求學生以閉合的姿勢在教室中到處走走。當他們在做動作時，可加入下
列的旁述指導：

　　　　想想看什麼樣的人會像這樣以閉合的姿態走路？

　　　　他（她）可能在做什麼？

　　　　那個人心情如何？為什麼他（她）會是那樣的情緒？

　　　　當你走動時，向遇到的人說「嗨」，如果你覺得這個人會回應你
　　的話。

## 三、反省

　　之後請學生分享剛才他們所扮演的人物。

## 四、演出

　　再重複張開和閉合動作的最後一個部分。這一次用一個非常開放性的姿勢
做為結束，然後請學生維持這個姿勢走動。進行跟之前一樣的旁述指導。

## 五、反省

之後，詢問：

開放姿勢與閉合姿勢的人物有什麼不同的地方？

他們對於周遭世界及其他的人有什麼感覺？

你有特別感覺到閉合或者開放的時候嗎？

姿勢對於一個人的情緒或態度帶來什麼樣的影響？

## 六、評量

要他們從前面已發展的兩個人物中，選一個演出並為其決定場景。舉例來說，他們被邀請參加一個派對，雖然他們一個人也不認識，但還是決定參加。他們的人物應該怎麼處理這樣的情況？你可以用一些音樂來增加派對的氣氛。請班上一半的同學參加演出，另一半學生記下他們所看到的開放或是閉合動作的特徵。

針對學生的表現和筆記進行評分。

## 顏色

◎戲劇目標：用動作來詮釋顏色

◎相關教育目標：

　語文：採用邏輯組織一個口頭呈現；使用各種不同的詞彙表達情感和想
　　　　法；對他人經過澄清、評估及延伸而表達出的想法有所回應；創造
　　　　出寫作的素材

　體育：發展彈性、協調感和反應力

　藝術：發現、探索、檢視和應用藝術的元素，包括線條、顏色、形狀、質
　　　　地、價值、形式和空間

　音樂：用動作表達某種氣氛和音樂的意涵

　科學：觀察默劇並且應用事實理論的知識、規則、結構和概念。

◎教材教具：染色的紙或布料；聚光燈或投影機；燈光用的色片

　音樂：暖身活動時用比較柔和的音樂，另外再選一首比較輕快的音樂

　　這個課程分為兩個部分，你可以選一天進行其中一個部分，然後擇日進行
第二部分。

❤ **第一部分**

### 一、暖身活動

　　請學生站在空間足夠的地方。

　　旁述指導：

　　　　附近的空間全都是屬於你的，也就是說，這個空間就是一張空白
　　的紙。你可以用顏料或者蠟筆在紙上畫出圖案。

　　　　你也可以用各種擺動身體的方式在空間裡面畫出圖案。看你能不
　　能用擺動身體的方式，在空間裡面畫出一個有曲線的圖案。它幾乎像
　　是用你整個身體來做手指畫一樣。請你做出一個有曲線圖案的動作
　　（如果你想要的話，可以在這裡加入一段柔和的音樂）。

現在用你的身體做出一個滿是移動角度的圖案——全部都是稜角還有尖銳邊界的圖案（可使用快節奏的打擊樂）。現在嘗試做出扭曲的圖案。記得這裡的空間是有很多層次的——非常低、非常高，還有中間的層次。在用身體畫出扭曲圖案時，要利用整個空間的層次。好，放鬆。

## 二、開場白

為學生展示一張大紅色的紙或布。

我們會看到顏色是因為光的關係。光不是靜止的，它移動得非常快。有些顏色似乎會移動且震動。如果你現在看到的紅色會移動，那麼它是怎麼移動的？空間裡的哪一種圖案會想要表現它的「紅色」？

## 三、演出

自己找一個位置——一個不會碰觸到他人而且有足夠空間的位置。閉上眼睛，當你聽到信號的時候開始依照那個「紅色」的表達方式行動。要大家「閉上眼睛」，是因為你的想法可能會和其他人的不太一樣。每一種想法都沒錯，因為那就是你對這個特殊顏色所認定的想法。如果你閉上眼睛，就可以創造出自己所想的顏色動作，且不會受到其他人的影響。

當你做出動作時，可以一面念出「紅色」這個詞，一面讓你的動作符合你的表達方式——可能是長長又拖曳的樣子，也可能是快速重複又大聲的樣子。它可能是單音，也可能是多音。

## 四、反省

討論他們的演出。如果他們想要的話，班上一半的學生可以再做一次紅色的動作，另一半的學生可以透過動作得到不同的觀點。接著表演者及觀眾互換。

重複進行這個練習過程，且使用另一種顏色，如：綠色或藍色。

### 💜 第二部分

這個課程會引起學生高度的興趣。將個人對顏色的感覺「演出來」和僅僅去觀察紙或布上的顏色，這兩者經驗是大不相同的。如果可能的話，你可以試著找到一些工具，並把表演區刷上強烈的顏色。

你可以把空白的投影片塗上高彩度的顏色——一張投影片一種顏色——然後使用一到兩台投影機，或者你也可以在聚光燈前加上兩片高彩度的色片。如果你們學校沒有燈光設備，你可以在一個兩磅大小（約一千公克）的咖啡罐（牛奶罐）內放入強光，並用色片（一種玻璃紙類的材質）封住開口，就可當成聚光燈使用。你可以請一些對製作燈光設備有興趣的學生幫班上服務。在這個活動中每一個燈光上都要放同一種色片，燈光應該要放在表演區前面。

### 一、開場白

除了紅色的聚光燈，要關掉所有的燈。請學生安靜地坐下，觀察他們周圍的空間並感覺顏色。當他們開始體驗顏色的感受時，可以引導他們看看會不會想要做出一些動作或者活動。給他們一點時間思考，然後給一個開始的信號。如果有一些學生想不出什麼概念，不論是現實的或是抽象的，那就建議他們開始動，在動作的同時就會有想法了。

等他們進行一陣子後，把普通的燈打開，然後問他們顏色讓他們有什麼感覺。重複用另一種顏色的燈再進行一次。

### 二、計畫

將班上的學生分為四到五人一組。每一組指派一個顏色或者讓他們自己選一個顏色。不同的組選一樣的顏色也不要緊，因為表現方式一定會不同。每一組用他們的方式表達顏色。舉例來說，他們可以選擇一種顏色的樣子，例如紅色的火，然後表現和「火」有關的一個場景。另外，也可以要求同組中的每個人做出跟那組顏色有關的各種感受或聯想。

### 三、演出

每一組分享他們的呈現。

### 四、反省和評估

每組呈現完畢之後，討論如何透過演出來表現他們對顏色的感受與體會。

### 五、評量

如果你還沒有提過日誌，這會是介紹這個作業的好時機。撰寫日誌可以在課堂中完成，也可以帶回家當作業。定期批改學生的日誌，會對了解學生領略不同的戲劇觀點有所幫助。這一課，他們可以參考下列問題進行記錄：

你覺得你們這組今天的目標做完了幾成？

你覺得還可以怎麼改進？

你最喜歡的顏色是什麼？為什麼？

顏色是怎麼影響到你的情緒的？

如果你可以重新布置你的房間，你會用什麼顏色？

寫一首有關顏色的詩〔可參考由 Mary O'Neill 寫的〈冰雹和大比目魚骨頭〉（*Hailstones and Halibut Bones*）〕。

如果是一個神祕的戲劇，你覺得設計者應該用什麼顏色來表現？如果是喜劇呢？

 概念　經由人物感官覺察與感官回喚來發展對身體與空間的認知能力

### 我們能夠感受到什麼？

◎戲劇目標：仔細觀察

◎相關教育目標：

　科學：能組織資料

## 一、開場白

告訴學生這個遊戲可以測試他們到底看到多少東西。

## 二、計畫

將班上學生分為 A、B 兩組，每一組選出一位學生代表，並寫下和他的外表及習慣有關的二十個可以回答「是」或「否」的問題。例如：

約翰的眼睛是藍色的嗎？

他有戴眼鏡嗎？

他的頭髮是旁分的嗎？

如果是，是分左邊嗎？

他是左撇子嗎？

## 三、演出

A 組被選出來的學生要離開教室，或者是到不會被看到的地方。接著 A 組的學生問 B 組學生他們寫的一整套（關於 A 組代表）的問題。然後 B 組選出來的學生離開教室，B 組學生問 A 組學生他們寫出來（關於 B 組代表）的問題。哪一組答對的題目多就是獲勝的一方。

## 四、反省

設定 1（低分）到 10（高分）的等級，請他們對自己的觀察力評分。討論什麼職業必須要觀察入微？他們或許會發覺每一種職業都需要某方面的觀察力。

## 五、評量

日誌作業：

回家在你的臥房中，找尋五個你從來沒有注意的東西或事情。

看一個你最喜歡的電視節目，然後仔細觀察主角的穿著是什麼？如何以服裝來表現他們的角色？（提醒他們即便每日常見的衣物，也有可能是特別為那個人物所挑選的服裝。）

形狀複製！

◎戲劇目標：複製所觀察到的形狀
◎相關教育目標：
　語文：使用非語言的溝通
　體育：發展彈性、協調感、反應力和平衡感

## 一、開場白

　　這是另一種觀察的活動，仔細看其中的細節。

## 二、演出

　　將班上的學生分為四人一組。各組中再分為兩兩一對，要其中一對的 A 同學使用他的身體任意做出一個樣式，B 同學再加入，使得兩人看起來像是合而一體的「雕像」。另外一對學生在雕像還沒有準備好之前要背對他們。接著，他們要非常仔細觀看「雕像」十五秒。隨後，第一對恢復成一般的姿勢，而第二對的同學則要擺出和第一對相同的「雕像」。由第一對的同學來檢查他們是不是都做對了。然後兩對互換繼續進行活動。

　　六個人一組進行同樣的活動。三位學生當雕像，三位學生模仿他們。規則只有不准學生爬到另一個學生的背上而已。如果他們可以接受的話，可再以八人一組、十人一組進行活動。

## 三、反省

　　接著討論試著模仿兩個人跟模仿五個人有什麼不同。組成一個「雕像」的人數變多時，每個人都需要負責記下「雕像」中個別部分，而不是整體的形狀。

## 四、評量

　　記錄有哪些學生沒有辦法完成這個目標，再和學生討論到底是專注力的問題還是能否全心投入的問題，可以請他們寫在日誌上。

| 洞 穴 |
| --- |

◎**戲劇目標：**用感覺建立一個身處於洞穴的實境

◎**相關教育目標：**

語文：採用邏輯組織一個口頭呈現；連結與人物有關的感情和情緒

體育：發展彈性、協調感和反應力

◎**教材教具：**一張電子音樂的唱片，或一段不協調的音樂。Edgar Varese 創作的〈電子音詩〉（Poem Electronique）或〈整體〉（Integrales）會很適合。

## 一、開場白

讓學生找個位置坐在地上，然後開始想像如果他一覺醒來，發現自己身處在一個又黑又冷的洞穴中，他會怎麼辦。請他們在假裝睡覺的時候閉上眼睛，一邊播音樂製造出令人毛骨悚然的情境。

## 二、演出

當學生在表演的時候，加入以下的旁述指導：

在你還沒有張開眼睛之前，就開始感覺到你身處在一個陌生的地方。感覺到濕氣。也許你可以聽到水滴聲。你聞到潮濕的味道，感覺到底下的地面是如此冰冷以及堅硬。

睜開眼睛。現在非常暗。坐起來並試著從黑暗中看到什麼。聞聞周遭的霉味。感覺一下牆壁。地面是粗糙不平的。試著感覺洞穴的大小還有形狀。你碰到一張蜘蛛網。這裡的每一樣東西都很嚇人。你必須要想辦法離開這裡。你必須要逃離這裡。試著找到出路，雖然你一點都看不到亮光。

讓他們隨著音樂進行活動一陣子，然後給一個停止的信號，有些學生會離開洞穴，有些會繼續在洞中進行活動。

## 三、反省

討論他們看到、感覺到還有聽到什麼。

## 四、演出

再重新進行一次活動，但是這一次學生要想像他們自己是另一個人。如果是一個四歲的小孩會怎麼反應？如果是一個年老又衰弱的人會是什麼反應？提醒學生，一個有趣的故事裡面，主角總是會遇到需要克服的難關。

## 五、反省

討論不同的人物會有什麼樣的反應。

## 六、評量

日誌作業：

寫下你所認識的人，他對於失望的事情的反應，例如輸掉一場比賽、不被允許做他想做的事情，或者是在學校拿到很低的成績。寫日誌的時候記得用虛構的名字。

## 聲音反應

◎**戲劇目標**：對聲音回喚的反應

◎**相關教育目標：**

　**語文**：使用非語言的溝通；使用各種不同的詞彙表達情感和想法；解釋和
　　　　連結與人物有關的感情和情緒；以清晰、具內涵及延伸的想法來回
　　　　應他人的意見

　**體育**：發展彈性、協調感和反應力

　**社會**：比較正反不同的意見

◎**教材教具**：有海浪聲的音樂可以增進氣氛

### 一、開場白

　　　想像你在一片海灘，在太陽底下睡覺。

　　　你被海浪的聲音叫醒了。

　　　你會有什麼反應？

　　　如果你是為人父母，你在太陽底下睡著了，你兩歲大的小孩在海
裡玩耍，當你醒過來的時候，你會有什麼反應？

　　　其他的人物對於海浪的聲音會有什麼反應？舉例來說，如果一個
不會游泳的人躺在橡皮艇上，當他醒來發現，他的橡皮艇已經漂離海
岸很遠了，那時會有什麼反應？

　　討論各種人物可能遇到的狀況，他們會怎麼做。

### 二、演出

　　每人選一個人物，然後，對他所想的情境做反應並演出。大家同時一起表
演。

### 三、反省

　　討論各種不同的反應。重點是每個人對於同一種刺激的反應各不相同，在
這個海浪聲的案例中，每個人會因為他的身分、過去的經驗，還有他們身處的

情境有不同的反應。

## 四、評量

　　日誌作業：

　　　　使用不同的聲音刺激，例如汽笛，寫下三種不同的人對於這個聲
音會有什麼反應。

 經由默劇來發展對身體與空間的認知能力

## 哪裡？

◎戲劇目標：以默劇演出身處特定的地方

◎相關教育目標：

　語文：使用非語言的溝通

## 一、開場白

　　劇中的情境總是發生在一個特定的地方，不管是一般的客廳或者是戶外，全都經由演員的行動表現，讓觀眾知道他們現在身在何處。

## 二、計畫

　　指導學生圍坐成一個大圈圈。圓圈的中間可以是任何他們想要的地方——叢林、雪堆、地牢或任何地方。每個人想像一個地方但是不要說出來。

## 三、演出

　　一位學生進到圓圈中間，然後不要說話，做一些動作幫助大家了解他想像中的地方是哪裡。一直到有人覺得他了解第一位學生表演的是什麼地方，就可以加入第一位學生，並且做一些符合那個地點的相關行動。例如，如果第一位學生表現出他在滑雪，那麼其他人也可以進到圈圈裡面用不同的方式滑雪，或者堆雪人、打雪仗——只要是符合雪景中的行動都可以。很快的，幾乎所有的學生都會進入第一位學生所設定的地點演出默劇。

## 四、反省

　　對於一個地點，你的第一個線索會是什麼？你們想像中的地方是同一個嗎？

　　如果不一樣的話，會發生什麼事情？

　　大家的目標是要讓每個人先觀察，然後進入同一個地點，如果不能用說的，還可以怎麼做呢？

　　討論在一旁觀察時該注意的細節，另一方面也討論第一位演出者所做的一些特別的默劇。

## 五、評量

　　要注意學生在默劇表演上的細節，並注意他們是否能集中精力完成目標。

## 比手畫腳

◎**戲劇目標**：以默劇表演出隨機挑選出的卡片內容
◎**教材教具**：小卡片

### 一、開場白

將班上學生分成四組。每一組有四張卡片，在卡片上寫下他們的活動，例如生火、買東西等等。收集學生的卡片然後洗牌。

### 二、演出

每一組出來輪流抽一張他們那一組的卡片，然後快速地表演出卡片上的活動。其他小組試著在最短的時間內猜出他們在進行什麼樣的活動。用馬錶記錄他們正確猜出來的秒數。

重點在默劇的明確程度，這樣隊伍才能正確猜出，演出的小組以及猜中的小組都可以得到跟秒數一樣的分數。最後得到最少分數的小組就獲勝。

### 三、反省和評估

討論該怎麼做，才能讓他們的默劇更清楚。

### 四、評量

記錄每一個學生演出默劇中表現細節的進步程度。

**概念** 經由人物的情緒回溯來發展對身體與空間的認知能力

---
## 等 待
---

◎**戲劇目標**：真實地呈現人物的感覺

◎**相關教育目標**：

　語文：進行有邏輯的口頭發表；使用各種不同的詞彙表達情感和想法；解

　　　　釋和連結與人物有關的感情和情緒；以清晰、具內涵及延伸的想法

　　　　來回應他人的意見

　社會：比較正反不同的意見

## 一、開場白

　　要學生們想出一個他覺得很有趣的成人人物，不論是真實的人或者是某種類型的人。這個人因為有很重要的原因，要到車站搭巴士趕到另一個城市。學生們要決定這個人物的一些事情，例如：

　　　年齡，

　　　職業，

　　　搭巴士的重要原因，

　　　個性。

## 二、演出

　　不同的人物走進來，然後坐在座位上等巴士。如果他們想要的話，他們可以以所扮演的人物互相談話。告訴他們，你會扮演站務人員。

　　大約一分鐘之後，你廣播巴士會延誤半個小時。再過一陣子，又廣播巴士上面只剩下五個位子。因為他們全都有票，他們怎麼決定哪五位可以上車？

　　接著過一陣子再廣播巴士壞了，沒辦法出發成行。

## 三、反省

討論他們所飾演的人物有何感覺以及為什麼。

不同的角色是怎麼表現他的情緒的？

在現實生活中，人們真的會顯露出他的情緒嗎？

如果不會，他們會怎麼做？

顯露出情緒的好處以及壞處是什麼？

## 四、評量

日誌作業：

回想並且寫下你感覺到非常快樂的情況。

你是什麼樣的反應？

你會做什麼或說什麼？

回想並且寫下你感覺到生氣的情況。

有哪些健康的方法可以處理生氣的情緒？

# 發生了什麼事

◎戲劇目標：以兩種不同的情緒為基礎發展即興創作

◎相關教育目標：

　　語文：使用各種不同的詞彙表達情感和想法；解釋和連結與角色有關的感
　　　　　情和情緒；對他人經過澄清、評估及延伸而表達出的想法有所回
　　　　　應；描述一個故事的時間和場景

◎教材教具：製作兩套卡片，或者讓學生列出可以接續卡片上的文字。

　　第一套的每張卡片都有形容快樂情緒的字詞，例如：

　　　　快樂的、歡樂的、爽朗的、

　　　　愉快的、高興的、幸運的、

　　　　快活的、興奮的、活潑的。

　　第二套卡片的字詞要表達不快樂的情緒，例如：

　　　　難過的、生氣的、焦慮的、

　　　　愛吵架的、挫折的、

　　　　失望的、不高興的、憂鬱的。

## 一、開場白

　　聊聊各種情緒。分享一個好心情的人後來因為某些事情發生而改變他心情的經驗。

## 二、計畫

　　將班上學生分成三到四人一組。每一組從兩套卡片中各抽一張卡片。他們要發展一個心情轉換的場景，不論是從快樂變成不快樂或者是兩者互換。心情的轉換可以是因為外來的因素，例如：

　　　　一通電話、一封信、

　　　　一個新聞標題、一個進門的人

　　或者是來自組裡面一個或一個以上的人，例如

　　　　一個公告、

　　　　一場爭吵、一場意外
　　他們必須決定
　　　　他們是誰、
　　　　他們在哪裡，還有
　　　　他們在做什麼，以及
　　　　發生了什麼事改變了他們的心情。

## 三、演出

　　每一組可以自願出來表演他們設計的場景。

## 四、反省和評估

　　在他們表演之後討論：

　　　　心情轉換表現得明顯嗎？
　　　　心情的轉變是可以令人相信的嗎？
　　　　怎麼樣的表現可以讓人更信服？

## 五、評量

　　依他們所達到的教學目標給分。

 **聲音**

---

### 外星語

◎**戲劇目標**：用音調、節拍、音量、速度來傳達情感；從這些線索聽聽看這個人是什麼感受

◎**相關教育目標**：

　　語文：進行有邏輯的口頭發表；運用速度、音量來進行口頭表達；解釋和連結與人物有關的感情和情緒

　　音樂：發展清晰咬字的聲音；表現出聲音抑揚頓挫、高／低、快／慢、響亮／輕柔、長／短之間的對比

---

## 一、開場白

　　　　如果你身處國外卻不會說該國的語言，怎麼樣的聲音會讓你聽出這個人很難過？

　　請學生描述會令人覺得難過的事情，例如：寵物快要死掉了，但他們只能用虛構的語言來講，稱為「外星語」。全部的學生一起進行活動。

　　然後請學生告訴某個坐得離他們很近的學生快點過來，有件緊急的事情需要幫忙；同樣的，讓他們用外星語表達。

　　討論這兩個情況的聲音有什麼不同。

## 二、演出

　　六、七人一組，讓他們用外星語的方式講一個令人毛骨悚然的故事。一個人先開始，然後說了幾「句」之後，另一個同學再接下去說。故事愈來愈刺激。然後這一組的最後一位學生把故事說完。

## 三、反省

　　接著請學生說出他們怎麼知道故事正說到精采刺激的部分，還有他們怎麼

知道故事結局會是如何。

## 四、演出

　　同一組裡面，一次一個人接電話。他們要透過聲音、動作還有語句，來表達出他們對於在電話中另一端人物的感受。這次他們可以用中文。提醒學生要留一點時間給電話另一端的人說話，並且在回答之前，想像對方說了什麼。

　　其他組的學生閉上眼睛聽，然後試著解釋接電話的人對於電話另一端的人有什麼感覺。重點就是思考不同的態度，還有注意他們對話當中的反應。

## 五、反省和評估

　　討論如何從人們說話的聲音表現中，聽出一些事情的線索。

## 六、評估

　　日誌作業：

　　　　特別注意你的家庭成員。他們怎麼透過聲音來讓你知道對某些特定情況的感覺？

248

## 時機

◎戲劇目標：依據情況變化速度

◎相關教育目標：

語文：運用發聲、速度、音量以及身體的動作來進行口頭表達；選擇不同
的字詞以符合演出目標和觀眾的需要

音樂：發展清晰咬字的聲音，表現出聲音抑揚頓挫、高／低、快／慢、響
亮／輕柔、長／短之間的對比

## 一、開場白

演員必須知道念對白的速度對於他們說的內容有什麼影響。讓全班學生一起試試下面的構想。

想像你是一位母親或父親，正詳細地跟三歲的小孩解釋他不能自己過馬路。用外星語的方式告訴他。

現在想像你讓他自己在庭院裡玩。你往窗外看去，發現他走到街上，而且有一台車子正要開過來，要用外星語的方式來回應。

在這兩個情境中，你注意到你的聲音了嗎？

聲音的速度是如何變化的？

通常一個人的動機決定了說話的速度。父母親對於這兩個情況的動機有什麼不同？

重複這兩個狀況，這次用中文回應。

## 二、計畫

兩人一組，讓他們嘗試下列的情況：

一個人被綁架並成為人質，正等待贖回。場景是從綁匪帶著人質進門後塞住他的嘴開始。之後，綁匪到樓下拿東西，而受害者試著拿到電話並請接線生幫忙立刻報警。

　　給每一組一點時間計畫這個場景——例如門在哪裡、電話在什麼位置。請他們不用計畫故事的結局，讓結局自然產生。他們可以用中文或者是外星語。

## 三、演出

　　全班同時表演。也可以讓一、兩組同學表演給全班看。

## 四、評估

　　特別針對速度來討論他們的台詞。

## 五、評量

　　他們應該如何有效地變化他們的說話速度？

## 切換頻道

◎戲劇目標：練習以各種抑揚頓挫的聲音清楚地說話

◎相關教育目標：

　語文：運用發聲、速度、音量以及身體的動作來進行口頭表達；選擇不同
　　　　的字詞以符合演出目標和觀眾的需要

　音樂：發展清晰咬字的聲音，表現出聲音抑揚頓挫、高／低、快／慢、響
　　　　亮／輕柔、長／短之間的對比

◎教材教具：錄音機以及空白錄音帶

### 一、開場白

討論他們在廣播中聽到的廣告。問他們覺得怎樣才是好的廣告？

### 二、計畫

將班上的學生分成三到四人一組，每一組用音效以及聲音設計一則廣告，
並且多練習幾次。

### 三、演出

錄下他們的廣告，老師要假裝時常切換頻道打斷他們。轉回他們的頻道
時，他們要從先前停止的地方繼續下去。

### 四、評估

聽聽錄音的結果並且討論音效以及聲音的運用。

### 五、評量

日誌作業：

　　為什麼對於演員來說，以不同的方式來運用他的聲音是重要的
呢？

## 說書人的饒舌歌

◎戲劇目標：練習以各種抑揚頓挫的聲音清楚地說話；以團體合作達到目標

◎相關教育目標：

**語文：**聆聽並賞析不同聲音的設計；運用發聲、速度、音量以及身體的動作來進行口頭表達；改變口語的內容與形式以符合不同的目的

**音樂：**創作新的歌詞；表現出聲音抑揚頓挫、高／低、快／慢、響亮／輕柔、長／短之間的對比

### 一、開場白

問問看有多少學生聽過饒舌音樂？饒舌音樂迷人的地方在哪？是因為韻律以及節奏吸引人。請他們描述饒舌歌曲的韻律以及節奏。大多數的人聽到饒舌歌曲的時候，會忍不住隨著音樂擺動。唱饒舌歌的人必須念得非常清楚，這樣人們才會懂，因為字念得非常快而且通常都會有一個故事要說。

告訴學生他們今天將會學饒舌歌曲。這是一個說書人對一群聽眾所念唱的饒舌歌。

### 二、暖身活動

首先，要讓嘴唇以及聲音做暖身運動。剛開始以這些繞口令練習正確性以及速度。然後用大範圍的高低音來練習，例如：

1. 布達古達、布達古達（一直不斷重複）。

2. 紅皮黃皮、紅皮黃皮（重複）。

3. 和尚端湯上塔，塔滑湯灑湯燙塔；和尚端塔上湯，湯滑塔灑塔燙湯。

4. 吃葡萄不吐葡萄皮，不吃葡萄倒吐葡萄皮。

5. 媽媽騎馬，馬慢，媽媽罵馬。妞妞騎牛，牛佞，妞妞擰牛。

### 三、歌詞引介

給他們幾分鐘讀以下的饒舌歌詞。左邊數字是方便學生在課堂練習饒舌歌的段落註記。

# 說書人的饒舌歌

（Linda Goss）

1. 我是講故事者

   有個故事要講

   我可以講得很大聲

   我可以講得很出色

   我不需要麥克風

   我不需要椅子

   因為我有我的步法

   我可以趾高氣揚地漫步

   因為我壞

   而且我勇敢玩酷

   告訴你「就是這樣」

   它就是這樣

   想告訴你我的故事

   告訴全世界我的故事

   給世界上的男孩聽

   給世界上的女孩聽

   從高山

   到低谷

   我要講講談談

   我要來來來來

   大叫：你聽見了嗎？

   回答：傳出去吧。

   大叫：你聽見了嗎？

   回答：傳出去吧。

2. 耶，我來講故事

　　是全新嘗試

　　精神的解藥

　　靈魂的治癒

　　給年輕人

　　給老年人

　　給富人

　　給窮人

　　給神精病

　　還有還有呢

　　給黑人

　　白人、還有棕色人

　　紅的、黃的、橘的

　　綠的、紫的、藍的人

　　從天明

　　到漆黑

　　編故事

　　取場景

　　耶，我正在講故事

　　我的嘴可以不停地轉動

　　轉到我的眼珠都掉下來

　　大叫：你聽見了嗎？

　　回答：你聽見了嗎？

　　大叫：傳出去吧！

　　回答：傳出去吧！

3. 仔細聽了全世界的人

　我開始講故事

　開始傳播文字

　傳統裡

　是自然的情景

　傳遞下去

　繼續傳遞下去

　它是神話，它是歷史

　它是魔法，它是不可解的事

　運用你的想像力

　談談你的夢

　聊聊你的英雄

　計畫並策謀

　談談家庭生活或愛意

　聊聊上天最重要的意義

　聊聊小鳥

　聊聊蜜蜂

　聊聊斑馬

　聊聊樹木

　一點點基本常識

　一點點幽默感

　讓它全部伸展出來

　但別讓燈籠褲掉下來

　大叫：你聽見了嗎？

　回答：你聽見了嗎？

　大叫：傳出去吧！

　回答：傳出去吧！

4. （即興創作）

說出真相，爆出牙齒

什麼是你的傳奇？早晨的榮耀？

不想念水源

直到經歷乾旱

阿南西是策略家（註：西非神話中的蜘蛛神）

兔子哥哥很狡猾

貝卡布卡　　貝卡布卡　　貝卡棒棒棒

貝卡布卡　　貝卡布卡　　貝卡棒棒棒

貝卡布卡　　貝卡布卡　　貝卡棒棒棒

貝卡布卡　　貝卡布卡　　貝卡棒棒棒

貝卡布卡　　貝卡布卡　　貝卡棒棒棒

5. 我知道我看來瘋狂

我聽來可能奇怪

我是個說書人

一點也不羞愧

你可以偷我的風格

你可以偷我的韻腳

但我會回來

只要給我時間

你聽過我的故事

你聽過我的饒舌

如果你不喜歡

你可以踢爆！

大叫：你聽見了嗎？

回答：你聽見了嗎？

大叫：傳出去吧！

回答：傳出去吧！

### 四、計畫

1. 學生站起來念第一段,一直到大叫和回答兩次。明確快速地進行有助於熟悉文字以及建立韻律和節奏。在剛開始時,你可以當「啦啦隊隊長」來幫助他們,讓他們對這些陌生的事不再感到害羞。

   饒舌者很少端正地站著。念饒舌歌的時候應該怎麼擺動?請學生隨著饒舌歌加上動作。

2. 將班上學生分為四組。每一組會被分配到一段饒舌歌。目標就是一起用清楚的發音以及律動完成這段饒舌歌。問他們需要做什麼事來達到這樣的目標。將他們的意見條列在黑板上,並為每個意見找出共通性。清單中的意見可能會包含:「給團體提供意見」、「仔細聆聽每個人的意見」、「願意妥協」、「合作」、「清楚地念出來」等等。告訴學生你會注意看他們的團體合作、聲音和律動的技巧。

   給每一組分配一段饒舌歌(先分配第 1、2、3、5 段,把第 4 段留到最後一起念)。每到了「大叫」及「回答」的段落,全班都要一起高聲念出來。輪到他們的那一段時,就要發出聲音並做出動作。

### 五、演出

在他們經過充分的練習之後,每一組要進入準備表演的狀態,才不至於讓段與段之間的節奏中斷。你至少要在最開始的時候帶領他們,才能維持活動順利進行。

### 六、計畫

第 4 段讓學生有機會進行即興創作。記住在進入到「貝卡布卡」前,雙數行要押韻。每一組起碼要有一組到兩組對句押韻。全班可以一起念「貝卡布卡」——當然,要加上動作。

持續練習第 4 段一直到韻律以及節拍都建立好。

### 七、演出

再度表演念饒舌歌。最好一次以上。

## 八、反省和評估

問學生對於念饒舌歌的反應。哪一個部分念得特別好？如果他們是專業的饒舌歌手，他們還想做哪些改進？這些字句可以念得多清楚？

有很多音樂團體的人數跟班上組別人數一樣。在這樣的人數下，哪個部分比較有趣？難處又在哪裡？

發給學生一張紙，問他們下列的問題：

1. 針對達到目標的情況給你自己的組別以 1 到 10 評分。為什麼打這樣的分數？（這個問題你可以問個別的學生，或者是讓他們經由小組討論出一致的結果。）
2. 依你對小組的貢獻，你會給自己打幾分？為什麼給這個分數？

## 九、評量

以小組能夠完成教學目標的情形，還有小組的合作性和問題解決方面的表現進行小組評分。給每位學生打團隊合作的分數，與學生自我評估的分數相比對，看看是否有很大的不同，並且和學生進行討論。

如果你是讓學生個別對組別打分數，你可以告訴各組他們的分數，但是不要說出評分人是誰。討論他們給分的原因，這樣的討論可以幫助他們對團體合作的歷程有深入的了解。

**單元要素 2** 　**戲劇創作／劇本創作：集體即興創作**

**概念**　運用默劇，將自創故事戲劇化

### 音樂營造氣氛

◎**戲劇目標**：用「對比的情緒」創作兩幕劇；以默劇動作演出內容

◎**相關教育目標**：

　**語文**：為一個特定的目的，選擇和陳述一個主題

　**音樂**：用動作表達某種氣氛和音樂的意涵

◎**教材教具**：

　1. 準備一首有著快樂、無憂無慮的音樂旋律，可能的選擇如：Chuck Mangione 或 Hap Palmer 的音樂。

　2. 準備另一首有著神祕、掙扎氣氛的音樂旋律，例如：Baltók 的《弦樂器、打擊樂器和金屬鍵琴的音樂》、Grieg《皮爾金特組曲》（*Peer Gynt Suite*）中的〈山大王的宮殿〉（Hall of the Mountain King）、Mussorgsky 的《展覽會之畫》（*Pictures at an Exhibition*）、Holst 的《行星組曲》等

## 一、開場白

　　播放第一段音樂。請學生閉上眼睛想像他們正在聽一張電影原聲帶。他們要想像以這樣的音樂為背景，劇中的情節是什麼。接著請學生描述音樂的氣氛以及他們聽到音樂時所浮現出的畫面。

## 二、計畫

　　將班上學生分為四到五人一組。每一組針對這段音樂演出默劇。情節需要包含明確的開頭、中段以及結尾。可以演得很簡單，如：下課鐘響；學生衝到遊樂場玩耍；上課鐘響。

### 三、演出

班上學生可以一起演出他們的劇情，或者每一組輪流表演。詢問觀眾音樂氣氛如何引起他們的注意。

### 四、評估

詢問各組他們要做什麼來符合快樂、無憂無慮的音樂氣氛，他們是不是也樂在其中呢？該怎麼做才能使氣氛更為明確？

### 五、計畫、演出、評估

以類似的方法進行活動，用上面所提及的對比音樂進行。由於這次音樂的戲劇性本來就比較明顯，可以建議學生做出更具戲劇張力的情節。

### 六、評量

以第二次默劇演出進行評分，並考慮下面要項：

1. 學生們的戲劇創作是否能符合音樂氣氛的程度？
2. 他們有沒有明確的開頭、中段以及結尾？
3. 學生們是否一直能維持專注力？

---

### 萬聖節

◎戲劇目標：以默劇演出每一個人物的性格特徵

◎相關教育目標：

　語文：使用非語言的溝通；使用各種不同的詞彙表達情感和想法；解釋和
　　　　連結與人物有關的感情和情緒；運用發聲、速度、音量以及身體的
　　　　動作來進行口頭表達；為了娛樂呈現故事；創造出寫作的素材

　音樂：用動作表達某種氣氛和音樂的意涵

◎教材教具：Camille Saint-Saens 的《骷髏之舞》（*Danse Macabre, Opus 40*）

---

## 一、開場白

　　請學生閉上眼睛聆聽音樂，並且判斷在最開始時發生了什麼事。播放《骷髏之舞》的開場音樂，從鐘聲響的一段開始，接著進入舞蹈音樂的一小部分。

　　接受學生所有的想法，但是跟音樂有關的是鐘聲響了十二次。再次播放那個部分的音樂。接著詢問學生「萬聖節」午夜的十二次鐘聲有什麼特殊的意義。根據傳說，這就是一年中鬼魂、骷髏人、巫師、殭屍、吸血鬼等復活並出來慶祝的一夜。

　　告訴學生這首曲子的名字，並解釋 macabre 的原意就是「與死亡有關的」。這是作曲家從詩人 Henri Cazalis 一首叫做〈死亡之舞〉（Dance of Death）的詩中得到的靈感而譜出的作品（附帶一提，這首詩很適合唱詩班吟唱）。

## 二、故事引介

> 可慄，可慄，可慄，
>
> 死亡之神正躍步起舞，
>
> 午夜的死神邁開腳步，
>
> 用尖爪敲著墳墓，
>
> 可慄，可慄，可慄，
>
> 應和著驚悚的小提琴音符。

### 三、計畫

聆聽音樂。

> 你看到些什麼樣的鬼怪，場景又是如何？
> 骷髏的移動方式和鬼魂有什麼不同？

試著用手做出那樣的動作。學生自己決定要變成哪一種鬼怪及從哪裡出現，例如從墓碑或樹木出現。播放音樂的同時，加入旁述指導：

> 在靜止不動了那麼久之後，你一開始可能會有點僵硬。
> 可以有幾個小時的自由是什麼感覺？表現出你所扮演鬼怪的感覺。
> 突然間，公雞的啼叫宣示了黎明的到來，表演出發生了什麼事。

### 四、演出

> 只用手很難創造出骷髏或者鬼魂的樣子。這次你整個身體從墳墓裡（或者從任何你所在的地方）冒出來。想一個好地方還有一個好的出場姿勢。

一些學生可以演奏「驚悚的」小提琴音樂，一邊坐在墓碑上觀賞這一場狂歡。你可以試著把教室的燈光調暗一點。

### 五、評估

> 你可以分辨得出骷髏的舞蹈與鬼魂有什麼不同嗎？
> 你從什麼地方看出他們感受到自由的歡娛？

你可以再增加一個活動，要這些鬼怪想想：「如果這時恰巧遇到一群從這裡經過的小孩，會有什麼反應？」可運用這個想法進行創作。

### 六、評量

根據學生是否能運用他們的肢體來恰當表現各個人物進行評分。

**概念** 運用即興創作將自創故事戲劇化，強調劇情的場景與時間

## 情節：場景

◎**戲劇目標**：建立一個以特定地點為基礎的情節

◎**相關教育目標**：

　**語文**：為了娛樂呈現故事；創造出寫作的素材；選擇不同的字詞以符合演
　　　　出目標和觀眾的需要；以清晰、具內涵及延伸的想法來回應他人的
　　　　意見；描述一個故事的場景

◎**教材教具**：上面寫著地點或場景的卡片，例如；黑森林、超市、飛行中的
　飛機、甜點屋、湖邊、電話亭等

### 一、暖身活動

　　參考第 240 至 241 頁主題為「哪裡？」的活動。

### 二、開場白

　　確立一場演出或一個場景發生的地方是非常重要的。事實上，場景常常會
對一個情節發生的事情有影響。

　　將班上的學生分成三到四人一組。每一組以「幫助我」的主題擬出一個有
問題、糾葛、結局的情節。每一組會被分到一張寫有地點的卡片。故事情節會
發生在那個特定的地方。

### 三、計畫

　　學生們要演出故事情節，並且要詳細規劃他們故事發生的所在地點。為了
幫助表現學生的位置，他們可以重新安排椅子、桌子或其他教室裡面的東西。
桌子、椅子也可以用來代表不同的東西。舉例來說，排成一列的椅子可以當作
是橫跨深谷的獨木橋，或是當成一組沙發。學生規劃好他們的動作以及場景之
後，可以反覆排演一兩次。

## 四、演出

一組一組表演給班上其他同學觀賞。觀賞的同學們可以試著感受是什麼樣的場景，並且盡可能仔細地找出這個地點的特色。

## 五、評估

在全部的組別都表演完畢後，發給每位學生一張紙，先不要討論他們的場景還有發生的事件。請學生從觀賞其他學生的劇中畫出一張他們想像的地點草稿。畫草稿的時間只有兩分鐘，不需要重視藝術性。如果學生想要的話，也可以用符號做記號。演出的同學也要畫出他們自己組的場景草圖。如果同一組裡的學生意見不一，那要請他們先討論為什麼需要對基本計畫產生一致的想法。

## 六、評量

請學生寫下詳盡的場景描述，好讓其他學生可以根據他們的描述畫出草圖。

## 情節：時間

◎**戲劇目標**：建立一個發生在特定時間的情節

◎**相關教育目標**：

　**語文**：為了娛樂呈現故事；選擇不同的字詞以符合演出目標和觀眾的需
　　　　　要；對他人經過澄清、評估及延伸而表達出的想法有所回應；描述
　　　　　一個故事的時間

◎**教材教具**：寫上特定時間的卡片，例如西元前一萬五千年、西元三千年、
　除夕夜、萬聖節、凌晨三點、下午四點

## 一、開場白

　　簡短地討論祖父母小時候那個年代跟現在有什麼不一樣。一段故事或情節
在何時發生是很重要的。就算是一天當中的某個小時也會有很大的不同。例如：
如果下午三點你聽見有人敲門的聲音，會不疑有他。如果你在凌晨三點聽到敲
門聲，那就大不同了。

## 二、計畫

　　將班上學生分成三到四人一組。每一組用一樣物品，如一顆閃耀的石頭，
即興創作出一段情節。這樣物品可以是現場有或沒有的。每組會分配到一張寫
有時間的卡片，依據上面的時間表演出他們的故事情節。可以先給他們一點時
間決定

　　　　人物是誰，

　　　　他們在哪裡，

　　　　發生什麼事。

## 三、演出

　　先不要告訴同學們故事發生的時間，讓每組輪流表演給班上同學欣賞。接
著詢問觀眾，哪些動作是因為故事裡的時間而影響他們表演的方式。

四、評估

在演出故事之前，用問題引導觀眾思考。

五、評量

學生們有沒有明確地表現出人物、地點及被指定的時間？

## 誰、哪裡、何時

◎**戲劇目標**：建立一個有特定人物、場景還有時間的即興創作；寫出一段情
　節

◎**相關教育目標**：

　**語文**：為了娛樂呈現故事；創造出寫作的素材；選擇不同的字詞以符合演
　　　　出目標和觀眾；以清晰、具內涵及延伸的想法來回應他人的意見；
　　　　描述一個故事的時間和場景

◎**教材教具**：空白的卡片——每位學生三張

### 一、暖身活動和開場白

　　請學生開始以輕快的腳步繞著教室走動，並且不說話。在他們走動的同
時，大聲說出不同人物的名稱。每當人物名稱被念出來的時候，他們要立刻做
出他們認為這個人物會做的動作。在他們做幾秒鐘這個人物的動作之後，就重
新繼續走動，一直到下一個人物被念出來。可以用鼓聲指示他們繼續走動。例
如：

　　　　一位老人，

　　　　一位消防員，

　　　　一位醫生，

　　　　一位老師，

　　　　一隻狗，

　　　　一隻青蛙，

　　　　一個灑水器，

　　　　一個衝浪板。

　　有很多有趣的人物、場景跟狀況是可以編成戲劇的。給每一位學生三張卡
片。學生要先在卡片上面做記號：

　　　　在一張卡片上寫上「誰」；

　　　　在另一張卡片上寫上「哪裡」；

　　　　最後一張卡片上寫上「何時」。

接著他們要構想一個有趣的人物或者一群人物，把想法寫在「誰」的卡片上，例如，太空人。接著收回「誰」的卡片。再來進行一樣的動作，收回「哪裡」和「何時」的卡片，把卡片分類成三堆。

## 二、計畫

將學生分成四到五人一組。每一組從三堆裡面各抽一張卡片。接著小組就要針對拿到的卡片內容建立故事情節。他們只需要決定人物在做什麼事。可以給學生短暫的時間計畫。

## 三、演出

每一組都要在沒有預先排演的情況下，在全班面前表演。鼓勵學生即使發生了沒有預料到的狀況，也要繼續保持在那個人物裡，並繼續與每個人物互動。

## 四、評估

詢問觀眾他們是否能從每一個情節裡面分辨出誰、哪裡及何時。情節中的行動清楚嗎？應該可以怎麼改進呢？

卡片可以使用很多次，不論是戲劇或創意寫作都可以使用。

## 五、評量

將每一堆卡片重新洗牌。從每一堆裡面拿一張卡片給每一位學生。請學生寫出一段情節：

**場景**：場景在卡片中已經提及，請學生描述更多的細節。

**時間**：時間寫在卡片中，他們可以補充說明。

**人物**：學生要提供足夠的細節讓讀者能夠理解。例如，如果卡片上寫「警察」，學生可以補充說明「一位菜鳥警察以及一位快要退休的警察」。

**動作**：簡短地描述從開始到結束的動作順序。

## 到底怎麼回事

◎戲劇目標：分辨故事或情節的主題；選擇一個主題然後以此為中心寫出一個劇本

◎相關教育目標：

語文：使用各種不同的詞彙表達情感和想法；解釋和連結與人物有關的感情和情緒；為一個特定的目的，選擇和陳述一個主題；認清主題；使用文法、標點符號和拼字的基本原則

## 一、開場白

不論是戲劇、故事或詩歌型態的文學作品，都有基本的主題或者訊息。有些寓言故事的主題相當明顯。選一、兩則有名的寓言故事，如：「狼來了」或「龜兔賽跑」，並和學生討論其中的主題。

有些不是那麼明顯，不過還是有主題的。通常主角會從故事發生的事件中學到一些教訓，而這通常會和故事的主題有關。討論最近熱門的連續劇中的主題是什麼。舉例來說，《天才老爹》（*The Cosby Show*）的主題可能包含「需要遵守的規則」、「分享笑聲治癒創傷」、「從錯誤中學習」或是「贏得信任」。請學生思考其他主題。

參考第 179 頁中「想當歌手的青蛙」故事。即使有些學生已經對這個故事很熟悉，還是念一次給班上同學聽，或者請班上閱讀能力比較好的一、兩位學生大聲對班上同學念出這個故事（可以提前一、兩天告知學生，好讓他們有時間練習）。在念出故事之前，先問學生這篇故事的主題是什麼，接著討論他們的想法。主題有很多種可能性，當然也有很多方法來表現。舉例來說：「堅持就會成功」、「對自己有信心」、「不要讓他人的意見左右你的人生」、「追尋你的夢想」等等。

## 二、計畫和寫作

作家想要講個有趣的故事來娛樂大家，同時也想透過人物來傳達自己想要說的重要訊息。有些作家一開始在心中就有主題，有些作家在構想故事情節時，

主題就會慢慢浮現出來。

　　將學生分成三人一組。每組指定一個主題，或讓他們自行決定一個主題。當然有無限種可能的主題。可以跟班上學生腦力激盪列出主題的清單，或者你也可以選一些之前已經提過的主題或用以下的清單進行：

　　　　誠實就是美德。

　　　　重視環保。

　　　　自我奉獻。

　　　　向毒品說「不」。

　　　　三思而後行。

　　　　不要以貌取人。

　　每一組要寫一個與他們的主題有關的劇本。他們必須決定以下的事：

1. 人物是誰？

2. 他們在哪裡？

3. 發生什麼事？劇情衝突是什麼？衝突是怎麼解決的？

## 三、評估

　　每一組簡單地描述他們的劇本，其他的學生可以聚在一起思考這一組的主題是什麼。如果你想要把它改成遊戲，可以用給分的方式，給說出最接近主題答案的小組和寫出主題的劇本小組各 1 分。如果都沒有人答出主題是什麼，那麼就都不要給分數。聊聊劇本，並且討論怎麼樣讓他們的主題更清楚地表達出來。

## 四、評量

　　選一段創作的情節當作評量的基準，並確定他們在紙上寫下想要表達的主題。要學生從文學作品中選讀一個故事，並指出故事中可能包含的主題，藉此來測驗學生辨認主題的能力。

**概念** 將自創故事戲劇化，強調透過聲音和對白來進行人物塑造

### 難以言喻

◎戲劇目標：透過聲音的音高、強度、音量、講話的速度以及文字來溝通；
為一個人物寫對白

◎相關教育目標：

語文：運用發聲、速度、音量以及身體的動作來進行口頭表達；選擇不同
的字詞以符合演出目標和觀眾的需要；創造出寫作的素材

音樂：發展清晰咬字的聲音，表現出聲音抑揚頓挫、高／低、快／慢、響
亮／輕柔、長／短之間的對比

## 一、開場白

討論一個人的聲音會怎麼樣讓其他人知道他現在的心情。詢問學生，在什
麼樣的時機裡他會知道家人的心情是如何。

請學生閉上眼睛聆聽你將發出的一些聲音。請他們盡力分辨你想要傳達的
情緒。用一連串反覆的音節，例如「蹦蹦蹦」或用母音。如果你感覺非常快樂，
以輕快、活潑的方式傳達。之後詢問學生，到底是什麼樣的聲音讓他們知道你
想要表達的情緒，例如：

是音高改變了？

是因為大聲或輕柔？

是快慢的緣故嗎？

然後讓學生一起用外星語來傳達他們快樂的情緒。

接著讓他們回想害怕的時刻，要他們用聲音而非文字來表達他們害怕的感
覺。

用聲音表達生氣。接著討論不同情況下所用的不同聲音。

### 二、計畫和演出

請學生想像今天是他們的生日。他們拆開禮物之後發現那是他們非常想要的東西。當你發出信號,他們要拆開禮物,然後跑去告訴別人一些和禮物有關的事。學生可以用說話的方式,但要用聲音來表達他們對於禮物的感覺。

### 三、評估

如何透過聲音來表現興奮之情?

### 四、計畫和演出

現在請學生想像,又到了他們的生日。他們期待能得到一直想要的特定物品。他們拿到那個禮物了,是期望中的大小及重量。他們拆開禮物之後發現那根本不是他想要的。請學生假裝四下無人,用聲音表達他們的感覺。

### 五、評估

討論不同聲音所表達出的感覺。

### 六、計畫和寫作

最後一個狀況,請學生想像他們正在與最好的朋友通電話。請他們寫下他們會怎麼跟朋友說發生了什麼事,以及他們有什麼樣的感覺。

### 七、演出

他們應該大聲試念幾次他們的對話。選幾位學生來分享他們的對白。請他們要記得用跟文字一樣優美的聲音表情來傳達情緒。

### 八、評估

請學生指出哪些是效果好的對白,並討論其中的段落及說話方式如何完美地搭配在一起。

### 九、評量

針對他們所寫下的對白進行評分。

## 不同的目的

◎**戲劇目標**：利用聲音的對比來傳達不同的情緒

◎**相關教育目標**：

**語文**：運用發聲、速度、音量以及身體的動作來進行口頭表達

**音樂**：發展清晰咬字的聲音，表現出聲音抑揚頓挫、高／低、快／慢、響亮／輕柔、長／短之間的對比

### 一、開場白

請學生講出他所知道的所有不同的情緒。把它寫在黑板上。可以從下列清單開始：

興奮，

生氣，

焦慮，

無聊，

難過。

接著在黑板上寫一些簡單的句子，例如：「我想要那支筆」或「回家」。

### 二、演出

請學生念句子，用不同的方式來表達各種情緒。請他們從清單裡面選一種情緒，但是不要告訴班上同學是哪一種。

### 三、評估

他傳達的是哪一種情緒？

### 四、評量

他們完成目標的程度如何？

## 人物與聲音

◎**戲劇目標**：利用對白以及聲音的對比來傳達不同的情緒；用劇本的形式寫
下三個人物的對白

◎**相關教育目標：**

**語文**：運用發聲、速度、音量以及身體的動作來進行口頭表達；選擇不同
的字詞以符合演出目標和觀眾的需要；創造出寫作的素材

**音樂**：發展清晰咬字的聲音；表現出聲音抑揚頓挫、高／低、快／慢、響
亮／輕柔、長／短之間的對比

**社會**：比較正反不同的意見

### 一、暖身活動和開場白

請學生不以聲音而以動作及手勢表達「來這裡」，然後請他們用巫婆的動
作再做一次。接著，再在動作中加上巫婆的聲音。用「更巫婆」的方式再做一
次。用下列不同的人物再重複前述的活動：

> 一個巨人，
>
> 嚴苛的母親，
>
> 泣訴的小孩，
>
> 懇求的父親，
>
> 一個受驚嚇的人。

有些性格似乎會有和其性格相配的聲音。與學生討論出一些例子。你可以
用很宏亮的聲音說：「我是個害羞的人」來舉例說明，詢問學生這句話與聲音
之間是否相配。很明顯的，不相配。

這堂課裡有兩個面向：

一、透過不同「聲音」所創造的人物能夠讓人了解他們的特性。

二、透過人物所使用的不同「對白」能夠顯出其特性。

如果學生不了解「對白」是什麼意思，可以解釋為：「戲劇裡面人物說的
話。」

## 二、計畫

描述下列的情況：

> 有個人朝一根柱子丟石子，但是沒注意到附近有小孩子，其中一
> 個小孩被石子丟到。雖然沒有受什麼傷，可是她告訴了她爸媽，她的
> 爸爸或媽媽因為有人在小孩子玩耍的地方丟石子而生氣地跑出來。

這段情節主要發生在父母和丟石者之間。丟石者依據他的個性做動作和說話。將學生分成三人一組，一位當小孩，一位演父（母）親，還有一位演丟石者。每一組要表演這個劇情三次：

> 第一次，演出丟石者基本上是害羞、膽小的人；
> 第二次，他是好鬥的惡霸；
> 第三次，他是有自信、尊重人的青少年。

就算是丟石頭的方式也會因為其個性而有所不同。

## 三、演出

全部的組別可以一起演出。告訴他們何時開始演出劇情。當他們的劇情表演結束，就安靜地坐下，一直到其他組也結束表演。接著給他們一個信號開始演出第二段。他們不需要表演給觀眾看。

## 四、評估

討論三次演出中，丟石者的對白以及聲音有什麼不同，還有父母親對於三個不同個性的人，反應是如何。

## 五、計畫和寫作

每一組選一個他們剛剛表演過的劇情，寫出三位角色的對白。有些對白可能跟剛剛表演的時候一樣，或者他們也可以做一些改變。學生要用寫劇本的格式，就是左邊寫上人物的名稱，接著是冒號，然後才是他的台詞。

## 六、評估

　　每一組跟另一組做搭配並且交換劇本。他們讀過彼此的劇本之後，討論哪一個部分的對白最好、哪一個部分還有改進的空間。

## 七、修正

　　每一組將劇本修正後交給老師。

## 八、評量

　　以每組所寫的對白之適切性進行評分。

### 換個角色演演看

◎戲劇目標：以不同的觀點演出各種情況，才能更了解他人的觀點以及情緒

◎相關教育目標：

　語文：選擇不同的字詞以符合演出目標和觀眾的需要；創造出寫作的素
　　　　材；以清晰、具內涵及延伸的想法來回應他人的意見；解釋和連結
　　　　與人物有關的感情和情緒

　社會：比較正反不同的意見；說明人物的妥協是解決衝突的方法；認可因
　　　　個人喜好所做的決定也可能使他人受益

## 一、開場白

　　這個遊戲中，學生有機會可以扮演不同的人物。放置跟情節中人物數量一樣多的椅子。每個學生坐在一張椅子上，然後開始扮演他的角色。當你說「換人」，學生就換坐到他左邊的椅子上，並開始演出前一位坐在這張椅子的人所扮演的角色。他們應該要知道前一個人身在何處，即使是他們話才說到一半就換了位置。你可以在任何時候喊「換人」，給學生一次以上的機會扮演所賦予的角色。過一段時間之後，讓他們想辦法給劇情一個結局。

## 二、演出

　　下面列出的一些「開始的情況」可能會與你學生的生活有關。你也可以要班上同學想出一些對他們有重大意義的情況。如果要達成目標的話，他們必須要真誠且專注地表演。

1. 一個新生在學期中入學，他很害羞，其他的學生不讓他參加他們的活動。

2. 一個在學校廣受歡迎的學生，突然轉變了性格，而且對他的朋友說出傷人的話，也不做指定的家庭作業。經過一段時間發現，原來是家裡出現了問題。

3. 一個學生向他家人要求一樣特定禮物。這個東西他想了很久了，價格很昂貴。但是家裡有財務上的困難，不能買這個禮物。於是他們把學生叫

來談談這件事情。

4. 一個小孩在家裡的桌上看到十塊錢，是和一張雜貨清單放在一起。這孩子拿錢的時候被哥哥看到。哥哥威脅說如果不把錢放回去，就要告訴父母親。

5. 一位學生考試作弊被抓。校長請學生、學生家長以及老師召開一場會議。家長認為學生不可能犯錯。

6. 有一個家長和三個小孩，最年長的小孩太晚回家，家長決定處罰他。但一個小孩支持家長，另一個小孩支持年長的小孩。

7. 一位母親正在跟她的三位子女講話，她想要把小孩子留在家，自己一個人去旅行。

## 三、反省

討論他們在演出不同角色時會有什麼感受，討論其他對話的方向。解決這些問題的可能方法有哪些？哪一種解決方法你覺得最公平？

## 四、評量

日誌作業：

討論印第安人諺語「想要了解一個人，必須要穿他的鹿皮軟鞋走一哩路」（註：walk a mile in his moccasins，有設身處地為人著想之意）的意義。

## 和 人 物 一 起 走

◎戲劇目標：在一個劇情中寫出兩個人物間合理的對白

◎相關教育目標：

　語文：解釋和連結與人物有關的感情和情緒；選擇不同的字詞以符合演出

　　　　目標；使用文法、標點符號和拼字的基本原則

---

## 一、開場白

　　前一課所討論的印第安諺語（第 278 頁）也很適合劇作家。劇作家要清楚了解每一個人物的感覺，還有在某些特定的情況下他會怎麼做。

　　對學生描述下列的情況：

　　　　瑪麗亞的父母親最近離婚了。現在瑪麗亞一個月中只有兩個週末能見到她的父親。

　　　　瑪麗亞見到她父親的時候會有什麼感覺？她最希望發生什麼事？

　　要學生盡快在五分鐘內寫好。他們要用第一人稱寫「瑪麗亞的日誌」（男生可以改用馬力歐這個名字）。向學生保證這一次你不會檢查字體的工整，只是要他們盡可能寫出更多的想法。

　　五分鐘之後，讓每一位學生念一句他所寫的句子。不需要做出評論。

　　接著，讓他們扮演父親的角色。

　　　　父親可能會有什麼樣的感覺？

　　　　他最希望發生什麼事情？

　　讓學生跟之前一樣寫五分鐘。然後跟剛剛一樣分享一句句子。

## 二、計畫和寫作

　　每一位學生依據下面的情節寫出對白：

　　　　父親來接瑪麗亞度過父母離婚後的第一個週末。他們正在坐車。

　　誰先說話？說了什麼？他們感覺如何？對白如何反映他們的感覺？

　　給他們一定的時間寫作，大概十分鐘。詢問學生有沒有遇到困難？可以讓其他同學們提出建議。如果有些同學想不出對白，可以找個夥伴一起演出場景後再一起寫出對白。用一些「如果」的問句會很有幫助：如果跟女兒見面很興奮，我會說什麼？如果我覺得有點難堪，那麼我會說什麼？有些學生可能靈感湧現，想要繼續往下寫。可以鼓勵他們繼續發展，直到一個段落為止。例如：他們終於到達目的地，於是就下車了。有些學生在書寫時遇到瓶頸，可能就此打住；也有些學生會持續寫下去，直到指定的時間到了為止。

## 三、演出

　　兩人一組，請學生念出他們的劇本，一人扮演一個角色。告訴學生不必擔心是念男生或是女生的部分，只是要試試看對白聽起來是如何。

## 四、評估

　　每一組學生必須討論他們的對白哪些很逼真？哪些不是？還有哪些可以寫得更好？

## 五、重寫

　　每一組可以隨他們的意思改寫對白並且繳交出來（可以當做家庭作業）。

## 六、反省

　　詢問學生對於人物互換後有什麼感覺，很困難嗎？哪個部分簡單？哪個部分困難？他們扮演人物的時候是否了解人物的感覺？他們只是扮演兩個人物，但有些情節有超過十個以上的人物，問學生一位劇作家該如何發展全部的人物？

## 七、評量

　　你可以收集學生之前寫的兩篇日誌和劇本，不是為了評分，而是為了了解學生是否能進入狀況。這兩份作業可能互有關聯，而且也可以看出處理劇本的能力。從學生的「日誌」中，可能提供與劇中人物有關的訊息。舉例來說，劇本人物的對白讓人感覺緊張或者情況很糟，就有可能從日誌裡寫下的感受一見端倪。

**群 眾**

◎戲劇目標：創作一段群眾場景的對白；描述人群中人與人之間相互的影響

◎相關教育目標：

　語文：運用發聲、速度、音量以及身體的動作來進行口頭表達；選擇不同的字詞以符合演出目標和觀眾的需要；以清晰、具內涵及延伸的想法來回應他人的意見

　社會：比較正反不同的意見；說明角色的妥協是解決衝突的方法；遵循少數服從多數的原則；認可因個人喜好所做的決定也可能使他人受益

## 一、開場白

選擇一種情景或讓學生自己選擇他們比較熟知以及關心的情境，或者是選擇學生容易想像而且有強烈反應的情境。例如：

　　一條讓學生覺得很不公平的校規；

　　下午五點才放學（註：歐美學校通常下午三點半前後就已放學），或過度重視出席率；

　　禁止課外活動；

　　所有的海灘都關閉；

　　老師每天檢查學生的櫃子。

## 二、計畫

表演的規則：**不能有肢體接觸**。決定情境的場景──學校走廊、學校外面或者其他合適的地方。在開始表演前提醒學生要一直保持在設定的人物裡面，重要的是每個人從頭到尾都要表現出對這個情況很關切的樣子。

## 三、演出

口頭告知他們該在何時採取下一個步驟。

1. 兩人一組開始討論，抱怨這件事情，講話的時候可以走動。

2. 接著一組加入另一組的討論。你可以用鈸或者是鼓聲指示他們什麼時候要跟其他組合併。

3. 接著四個人一組加入另外四個人，八個人一組加入另外八個人。討論會愈來愈熱烈。一直進行到整個班上的學生變成一組，接著他們決定要付諸行動。

如果他們決定去找主事者或校長，那麼你可以扮演這個角色。你可以傳個話說你不會見他們來提高他們的敵意。當你接見他們的時候，可以用一張書桌或桌子擺在你跟群眾之間。至於解決的方法要視表演出來的情況而定，或許會是僵持不下的情況。

## 四、反省

討論情節一開始就採取反對到底的感覺是怎麼樣。他們或許會和最近在電視或報紙看到的示威活動產生連結，並且會渴望討論自己在戲劇活動中所體會到的群眾心理。

## 五、評量

日誌作業：

描述至少一個以上你身處群眾之中的經驗，例如：在宴會中、音樂會中、街頭遊行、教堂裡或在運動競賽中。想像你是群眾的一員，有人大叫：「開火！」將會發生什麼事？描述多種可能的反應。

 **單元要素 3** 回應與建構意義：美感能力之發展

**概念** 觀賞戲劇活動，強調：分析由聲音和台詞所顯示的人物；了解衝突的種類；建議其他劇情替代方案；評估與進行美感判斷

　　注意：觀賞戲劇活動的意思是去劇場看戲，或是看一場來學校演出的巡迴表演。大部分的劇團會提供學習指南，幫助學生預作表演前的準備，而且幫助他們了解緊接而來的活動。

　　下面的課程是以一部戲——《索爾的鐵鎚》（*The Hammer of Thor*）為範例，這一課示範如何分析一部戲的觀點。這部戲可以讓學生演出或者只是大聲地朗讀出來。

```
━━━━━━━━━━ 索爾的鐵鎚 ━━━━━━━━━━
◎戲劇目標：分析台詞和聲音如何顯示人物；找出情節中的衝突種類；建議
　　其他劇情的替代方案；評估與進行美感判斷
◎相關教育目標：
　語文：選擇口頭演示所需的訊息；使用各種不同的詞彙表達情感和想
　　　　法；運用發聲、速度、音量以及身體的動作來進行口頭表達；以清
　　　　晰、具內涵及延伸的想法來回應他人的意見；改變口語的內容與形
　　　　式以符合不同的目的和觀眾；為了娛樂呈現故事；辨別長篇文學作
　　　　品主要想法下的意涵；了解因果關係；評估與進行判斷；回應多樣
　　　　的文學形式；逐漸熟悉各種文學作品、人物及經典文學中的主題；
　　　　描述一個故事的時間和場景；體驗和討論與人物有關的感情和情緒
```

**一、開場白**
　　請學生舉例，當他們遺失了身邊價值不菲的東西時的感受。

你發現是你認識的人拿走了它。那麼你會怎麼做？

他們接下來會閱讀到的文章就是關於這件事。這是一個古老的挪威神話。挪威神話中的神非常有力量，但也具備人類的性格。他們也有一些想要征服他們並奪走其神力的敵人。

提醒學生閱讀時特別注意人物的身體特徵，特別是他們的聲音聽起來的樣子。

## 二、故事引介

### 索爾的鐵鎚

| 人物 |
| :---: |
| 索爾，最強大的神，是眾神居所——阿斯卡的保護者 |
| 西芙，索爾的妻子 |
| 斐亞，一位美麗的女神 |
| 漢鐸，眾神居所的守衛 |
| 洛奇，一位淘氣的神 |
| 史林，壞巨人 |
| 史林的僕人（大約十人） |
| 旁白 |

這齣戲有兩個場景。

第一幕：阿斯卡，也就是眾神的家

第二幕：史林的宴會廳

### 第一幕

旁　白：挪威神話的眾神中，索爾是最富色彩的一位。索爾是一位有著閃爍的紅眼以及長長的紅鬍子巨神。他最有價值的就是他那強而有力的大鐵鎚，有著極強大的力量以及需要十個人才能舉起的重量。不論

　　索爾將他的鐵鎚丟向誰，他從來沒有錯失他的目標。當鐵鎚擊中了目標，它會自動回到索爾手上。因為鐵鎚是如此的準確以及威力強大，索爾可以保護眾神居住的阿斯卡免受可怕的敵人威脅。但是，有一天早上，災難降臨到阿斯卡頭上——索爾發現他的鐵鎚不見了。

索　爾：（音效做出東西被砸碎還有亂丟的聲音）
　　　　我的鐵鎚！我的鐵鎚！我的鐵鎚去哪了？

西　芙：冷靜點，冷靜點。它一定在某個地方。你把它放哪了？

索　爾：如果我知道放在哪，我現在就不用找了。

西　芙：我知道，那你最後是放在哪了？

索　爾：（厭惡的）
　　　　不要問這種蠢問題。快找！我一定把它丟在哪了。

西　芙：好啦，好啦！

旁　白：因為索爾經過的地方一直有咆哮聲還有丟東西的聲音，其他的眾神還有女神擔心地跑過來看看到底發生了什麼事。

斐　亞：怎麼了，索爾？發生了什麼事？你還好吧？

索　爾：我好得很！只是我弄丟了我的鐵鎚！

漢　鐸：這下糟糕了！沒有鐵鎚，我們要怎麼防範巨人啊？

洛　奇：我們無法防範了！我們的敵人，巨人史林已經拿到它了。

索　爾：洛奇！你怎麼知道？你去哪了？你有看到我的鐵鎚嗎？

漢　鐸：閉嘴，索爾！聽洛奇講。

洛　奇：如果你們全部都安靜，我就會說了。我今天飛過巨人國的時候看到史林在山丘上。當我飛過的時候他對我大叫：「早啊，洛奇，阿斯卡都還好吧？」「很好。」我說。「所以還沒有人知道索爾的鐵鎚不見嘍？」史林說。「你這是什麼意思？」我問他。然後他告訴我說他拿了索爾的鐵鎚，而且把它藏在地底下八哩深的地方。不只如此，他還說如果斐亞不當他的新娘，他永遠不會把鐵鎚還給我們。
　　　　（暫停——每個人看著斐亞。）

索　爾：不要光站在那兒，斐亞，趕快穿上結婚禮服。我一定要立刻拿回我
　　　　的鐵鎚。

斐　亞：（非常生氣）

　　　　絕不！不管任何理由，我絕不要當史林的妻子。他又大又胖又笨而
　　　　且很醜，我才不要嫁給他！

索　爾：沒時間挑剔了。我們一定要拿回鐵鎚，不然阿斯卡會被巨人搶走！

斐　亞：（哭泣）

　　　　我不要去。我辦不到。

漢　鐸：我有個主意。既然斐亞不去，那我們何不把索爾裝扮成新娘送給巨
　　　　人？畢竟史林自己也那麼醜，索爾對他來說應該很漂亮。

洛　奇：不可思議，了不起啊！我們可以幫他的鬍子罩上面紗，然後給他戴
　　　　上斐亞美麗的項鍊。西芙，也幫他找件禮服穿吧。（西芙走到衣櫃
　　　　拿了幾件衣服。當她拿好了衣服，她跟斐亞開始幫索爾換裝。索爾
　　　　不太合作。）

索　爾：住手！我才不要做這種蠢事。我拒絕。

斐　亞：（嘲弄索爾）

　　　　沒時間挑剔了。

漢　鐸：現在，索爾，你必須這麼做！洛奇可以當你的伴娘跟史林講話，這
　　　　樣他才不會聽到你隆隆作響的聲音。你只要確保面紗蓋住你的臉，
　　　　假裝害羞就好了。

索　爾：（大叫）

　　　　不！我才不要！洛奇以前已經給我們帶來夠多麻煩了，我才不要讓
　　　　他幫我說話。而且，如果我穿了這件禮服，阿斯卡的眾神會嘲笑我
　　　　的。

洛　奇：索爾，我們別無選擇了。斐亞不肯去，而且如果你真的想要拿回你
　　　　的鐵鎚，你就必須親自去拿回來。

索　爾：喔！好吧。如果我必須這麼做，那麼就做吧。你不要再笑了，斐
　　　　亞，你知道怎樣對你最好。

斐　亞：（邊笑邊講）

你看你的樣子好好笑！不要太用力呼吸，你會把美麗的白紗縫線繃斷的！可惜新娘不穿紅色的婚紗，不然你的禮服會跟你動人的紅眼睛很搭配。

（除了皺眉以及對其他人揮拳的索爾之外，大家都在笑。）

## 第二幕

旁　白：因此洛奇和索爾打扮成斐亞跟貼身女伴，動身前往史林的家。史林已經準備好迎接他的新娘。地板已經打掃得很乾淨，豪華的宴會也準備好了，史林自己也穿上他最好的禮服。當洛奇跟索爾的馬車靠近，史林急忙上前接見他們。

史　林：歡迎啊，美麗的斐亞！我等你等得好久，都快不耐煩了。讓我來幫你（史林牽著索爾的手。索爾急忙用最快的速度把他的手擺到其他的地方。）

我的天啊，斐亞，你的手好大，而且你的肩膀好寬闊，你比我想像中大號多了。

洛　奇：這才是真正美麗的代表啊，閣下。你看你是多麼的強壯以及英俊啊。

史　林：喔，我的天啊，你真的這麼想嗎？說，你的女主人怎麼不說話？

洛　奇：喔，她太害羞了。我來幫她講話。

史　林：好吧，美麗的斐亞，到宴會大廳坐在我的身旁吧。想吃什麼盡量吃，如果你還是這麼害羞不敢講話，只要指一指你想要吃的東西就行了。現在送上了一大盤魚。

（僕人送上一大盤的食物。）

這裡有烤牛肉。這是大得跟西瓜一樣的草莓。啊，現在送上來的是堆得跟山一樣高的馬鈴薯泥。來一大壺麥酒解渴吧。

旁　白：（旁白說話的時候，史林、洛奇還有索爾默默地吃著。）

索爾一直吃一直吃一直吃——他吃了八條鮭魚、一整隻牛、十升的

　　馬鈴薯泥還有四十加侖的麥酒。洛奇試著輕輕推索爾，好阻止他吃
　　得太多，不過沒有任何事情可以阻擋索爾的好胃口。這麼大的食量
　　把史林嚇了一跳。

洛　奇：（輕聲地對索爾說）

　　　　慢一點！不要吃這麼多。記住你是斐亞！

史　林：我這一輩子沒有見過吃這麼多的人！

洛　奇：嗯，如果你八天都沒有吃東西，你也會這麼餓的。自從斐亞接到你
　　　　的消息之後，她就興奮得一點東西都吃不下了。

史　林：她真的那麼興奮嗎？我一定要吻她一下。讓我掀起她的面紗看看她
　　　　美麗的臉。

　　　　（索爾瞪了史林一眼。史林倒抽了一口氣。）

　　　　喔，她的眼睛——我只看到她的眼睛，她的雙眼好紅而且好銳利！

洛　奇：嗯，她八天沒睡了，因為一直想著你！怪不得她的眼睛從藍色變成
　　　　紅色了。

　　　　（索爾繼續吃東西，不理會史林還有洛奇。洛奇繼續輕推索爾阻止
　　　　他吃東西。）

史　林：她的眼睛真的是藍色嗎？

洛　奇：喔，天啊，當然。跟夏日的天空一樣藍呢。

史　林：那麼，我們現在立刻結婚吧。僕人們，清理桌子準備結婚儀式。

洛　奇：等等，史林。在斐亞沒有看到你拿出索爾的鐵鎚並親手碰觸到它之
　　　　前，她不會跟你舉行結婚儀式的。

史　林：我們可以等一下再拿。（索爾靠向洛奇並且低聲朝洛奇的耳朵說
　　　　話。）

洛　奇：不。斐亞沒有看到鐵鎚之前她不會嫁的。你最好遷就她，史林。她
　　　　很固執的。

史　林：好吧，好吧。僕人們，去把鐵鎚拿來給斐亞。

　　　　（鐵鎚要動用到所有的僕人去搬運。當他們把鐵鎚拿來，索爾一把
　　　　抓起它。）

索　爾：（站起來並且扯掉新娘面紗。）

　　　　現在我拿回鐵鎚了，史林。今天是你跟你族人的末日。

史　林：（一臉震驚）

　　　　索爾！你不是斐亞！你是索爾！

索　爾：對，我是索爾！這是你自找的，史林。

旁　白：（旁白一面說，角色一面以默劇做動作）

　　　　當他說這些話的時候，索爾猛力將他的鐵鎚投向宴會廳的牆上。宴
　　　　會廳的木材倒塌並且壓在巨人們的身上。索爾跟洛奇走出廢墟，笑
　　　　著聽那些嚇壞了的巨人們尖叫的聲音。

## 三、人物討論

　　這些問題可以幫助學生計畫接續的演出，也可以用來分析劇本。

### 索爾：

　　　　劇中是怎麼描述索爾的外貌及聲音？

　　　　他的聲音該怎麼樣表現，好讓觀眾知道他是眾神中最有力量的？

　　　　為什麼鐵鎚對索爾而言非常重要？

　　　　為什麼索爾不想裝扮成新娘的樣子？

　　　　為什麼他在婚宴上都不講話？

　　　　他為什麼吃這麼多？

### 西芙：

　　　　她對索爾有什麼感覺？

　　　　她是怎麼幫索爾找鐵鎚的？

　　　　她的聲音怎麼顯露出她的情緒？

　　　　你覺得她幫索爾打扮成新娘的時候是什麼感覺？

**斐亞：**

為什麼嫁給史林的主意讓她這麼生氣？

她的聲音怎麼表達她的感覺？

索爾扮成新娘的時候她為什麼笑？

**漢鐸：**

他是阿斯卡的守衛。你覺得他長得什麼樣子？

你怎麼知道他既強壯又聰明？

你覺得他的聲音聽起來怎麼樣？

**洛奇：**

當他提到跟史林對話的時候，他模仿史林的聲音。那聽起來是怎麼樣的聲音？

你覺得洛奇介意裝扮成伴娘嗎？

你覺得當他跟史林講話的時候，要怎麼把聲音裝得像女生一樣？

他怎麼讓史林覺得他很迷人？他的聲音會變成怎麼樣？

當史林發現索爾的食量還有他的紅眼睛時，你怎麼知道洛奇開始覺得緊張。

**史林：**

你覺得史林長得如何？

他為什麼要偷鐵鍊？

為什麼他想要娶斐亞？他做了什麼顯出他對結婚的渴望？

當他跟他的新娘講話的時候，聲音是怎麼樣的？

面對洛奇的奉承他有什麼反應？

當他看到新娘是索爾不是斐亞的時候，他有什麼想法？他的聲音怎麼表現他的感覺？

**僕人：**

為什麼這部戲中僕人的角色非常重要？

他們如何送上一大盤的食物？

他們怎麼送上鐵鎚來顯示它的重量？

最後牆倒塌的時候，你覺得他們會發出什麼聲音？

## 四、討論衝突以及其他劇情替代方案

這部劇中呈現的是哪種衝突種類？是人與人、人與環境，還是人與自己？

索爾的動機是什麼——他想要什麼？

史林的動機是什麼？為什麼引發這場衝突？

你覺得史林真的計畫把鐵鎚還給索爾嗎？（記住巨人一直想要超越眾神。）

裝扮成斐亞的索爾可以有什麼其他的行動？其他的行動會怎麼改變這部戲？會有趣嗎？還是更有趣？會跟現在一樣好笑嗎？

## 五、舞台考量

不論班上的學生有沒有演出這部戲，都可以討論這些問題。當他們思考下列問題的時候，提醒他們要記得以觀眾的角度來考慮：

你會在戲開始的時候配上幕後音效嗎？還是讓索爾自己製造出那些噪音？

索爾和西芙瘋狂地找鐵鎚的時候，他們可以用舞台的哪一個部分？

鐵鎚非常巨大，用默劇來表現應該會比較好。僕人們要怎麼表演，才能讓它看起來很重？

可以用什麼來當索爾的禮服、面紗還有斐亞的項鍊？

可以用什麼來當作宴會桌？誰把桌子帶上舞台？

僕人們送上食物之後，站在哪裡比較好？

最後宴會廳崩塌的時候，你會想要用音效嗎？默劇該怎麼表現出牆壁倒塌了的樣子？

## 六、評估與進行美感判斷

　　一個戲劇的演出，一定要實際觀看，而不只是閱讀而已，所以學生一定要實際看過一部戲，才能夠做判斷。假如班上成員有實際演出《索爾的鐵鎚》，他們就能對它進行評估了。假如沒有，就討論一個大部分同學看過的電視節目或是電影。下面的問題能運用在大部分的表演中：

1. 你喜歡這部戲的哪個部分？
2. 在劇情前後中演出的人物是可信的嗎？他們的主要動機清楚嗎？你知道他們在特定的時間和事件時是怎樣的感覺？各種角色的聲音變化如何加強傳達劇中人物的特色。
3. 在高潮達到之前，劇中的衝突和張力是否逐漸被營造出來？
4. 服裝如何幫助你了解人物的樣子？
5. 場景如何幫助你了解劇中行動發生的地點？
6. 這部戲可以做些什麼不同的改變？

## 七、評量

　　如果學生演出這部作品，可以用它來當作評分的基礎。另外，也可以從學生討論的內容進行分析。還可以把這課列出的問題當成回家作業。

## 看戲

◎**戲劇目標：**表現恰當的觀眾行為；以畫圖、戲劇化的活動和討論來回應這部戲

◎**相關教育目標：**

　　**語文：**回應多樣的文學形式；解釋和連結與人物有關的感情和情緒；描述一個故事的時間和場景；創造出寫作的素材

　　**藝術：**用簡單的媒介來表達個人獨特的概念、想法和情感

## 一、表演前

　　大部分的劇團，在表演前和表演後會提供導讀指南給老師和學生。這樣的導讀指南可以幫學生們為觀看戲劇而做準備。他們準備得愈好，會愈想要欣賞這部戲。他們會去預期將會發生什麼，也知道了一些有關的情節和人物。

　　假如這部戲來自一個故事或是書本，你可以先讀這篇故事或是故事的節錄給全班聽。假如他們預先知道基本的劇情，他們會比較容易了解這部戲。

　　你可以要求學生在看這部戲之前，先演出一些較刺激的場景。你可以要他們在規定的時間內，回想他們害怕、難過或是快樂的時刻，就像故事裡的人物一樣。學生可以比較他們自己的演出和實際看到演員在舞台上演出的不同，他們會覺得很有趣。

　　假如你認為有任何的概念或名詞是他們不了解的，可以在事前先預習。

　　假如這部戲被設定在一段特殊的歷史時代，你可以準備一些這個時代的圖片，討論當時人們的衣服、交通工具以及房子的樣式。

## 二、表演後

　　讓孩子在看完戲後，有各種方式來回應以強化他們的學習是很重要的事。假如你拿到了一份導讀手冊，你可以從手冊中，選一些能吸引你們班上學生進行後續活動的建議。下面是許多老師們覺得有用的一些活動。很顯然，這裡只是「一般性」的建議，之後你可以依據孩子們所看到的劇碼做調整。

293

1. **畫圖：**

   (1)畫出你最喜歡的人物或是最刺激的情節。

   (2)畫出場景。

2. **戲劇化的活動：**

   (1)表演每一個人物如何走路。

   (2)從戲裡選出一幕演出。為什麼要選這一幕？

   (3)演出一個不同的結局。

   (4)從其他故事選出一幕，同樣能夠展現勇氣、感到恐懼、達成目標一就
      像這部戲裡所看到的一些特質一樣。

3. **討論：**

   (1)在這部戲裡，最刺激的是什麼？在這個部分你的感受如何？

   (2)你最喜歡的人物是誰？你最喜歡他（她）的什麼？

   (3)每一個人物的動機是什麼？

   (4)你知道他們在每個時間點的感覺嗎？

   (5)聲音是怎麼幫助我們了解人物是什麼樣子？

   (6)選出三個詞來描述戲裡的每一個人物。

   (7)這部戲和原著的故事或書有何異同？（如果有的話。）

   (8)主要的衝突是什麼？你覺得整部戲製造的衝突與張力是否將戲劇推到
      最高潮？這個衝突如何解決？

   (9)還可能發生什麼樣的事而改變結局？

   (10)場景、服裝、道具和燈光的設計人員，要如何使用他們的想像力？

   (11)服裝如何幫助你了解人物的樣子？

   (12)場景如何幫助你了解劇中行動在哪裡發生的？

   (13)如果你是導演，你會用什麼不同的方式來改進這部戲？

294

## 三、評量

　　現在，學生應該可以把劇本、演出的品質和場景的設計做相當複雜的批判了。他們應該可以為自己的評斷說出理由。使用這一課中所提供的問題來評量他們了解的程度。

概念 了解電視、電影與劇場表演間的異同，強調攝影機的角度以及觀眾的位置

## 燈光，攝影機，行動！

◎戲劇目標：描述攝影機的鏡頭與觀眾的眼睛有什麼不同

◎相關教育目標：

語文：描述一個故事的時間和場景；以清晰、具內涵及延伸的想法來回應他人的意見；解釋過程；評估與進行美感判斷

◎教材教具：如果可能的話，使用錄影機或電影攝影機。也可以用剪下中間半吋正方形的硬紙板充當取景機

## 一、開場白

以《索爾的鐵鎚》當作這次討論的基礎。請學生想像他們從電視上看到《索爾的鐵鎚》。

### 1. 在劇場看表演會有什麼不同？

一個不同的地方是攝影機一次會聚焦在一個人身上來看他在做什麼，或者是看他對於發生事件的反應。攝影機可以放大近拍一個人的某部分，例如：某個人的臉。攝影機直接告訴我們應該看哪一個部分——它變成了我們的眼睛。

在劇場裡，我們通常會一次看到很多角色，在每個時間我們要選擇要看什麼或是要看誰。通常我們會看在舞台上講話或走動的人。

### 2. 觀眾的位置如何影響觀戲的效果？

想像坐在劇場裡。演員跟你之間的距離有多近呢？

通常演員與觀眾之間相隔很遠的距離。

現在想像坐在電影院。銀幕看來好像有點距離，但演員看來距離

多近？

在劇場裡，演員通常需要用比較大的動作、姿勢還有聲音讓觀眾能夠看到、聽到發生了什麼事。

在電影院裡面，演員可以用非常自然的動作，攝影機會幫我們捕捉。事實上，電影裡面演員在銀幕裡看起來比現實中大多了。如果演員誇張地做動作或者是大聲地講話，看起來會很奇怪。

還有，在劇場裡觀眾是坐著面向舞台的。演員必須確保大部分的時間要讓觀眾看到他們的臉。他們很少會背對觀眾講話。電影裡，攝影機會移動而且不管演員在哪裡，麥克風都會收音。

## 二、計畫和演出

利用《索爾的鐵鎚》第二幕中索爾、史林以及洛奇坐在宴會桌的那個場景。請三位學生演出這一段情節。其他學生觀賞的時候，請他們思考：如果在電視播出的話，攝影機的角度還有特寫應該怎麼做比較好。舉例來說，他們要怎麼拍攝以下的畫面？

> 索爾吃東西的畫面
> 洛奇輕推索爾的畫面
> 史林要親吻索爾的時候，索爾閃耀紅光的眼睛

重新表演一次這些場景，然後幾位學生拿出取景器，想像他們用攝影機拍出這一幕。當其他學生在表演的時候，他們可以走近、走遠或在演員周圍打轉。

如果你有攝影機，可以嘗試讓幾位學生用它來拍攝。學生們可以在任一時間停止拍攝，接著再用不同角度繼續拍攝。如果有編輯工具的話，之後甚至可以讓學生進行編輯。如果沒有的話，他們仍然可以看到不同攝影機角度拍攝出來的效果。

## 三、評估

播放拍攝的影片，然後詢問學生哪個部分做得很好，建議做什麼樣的改變。如果你們沒有攝影機拍攝，可以談談學生想像各種攝影機可能取景的方式。

接著，請學生重新探討電視、電影與劇場表演間的異同。

## 四、評量

以學生的作品以及其後的討論來評定他們對於主題的了解程度。

 概念　了解在完成一部戲的過程中，設計者、劇作家以及演員所需要做的不同選擇

## 綜合單元：做決定

　　下面的單元可能成為本學年戲劇課的高潮活動。學生會以場景設計者、劇作家以及演員的觀點進行美感判斷。要求他們在計畫進行中對他們自己的決定進行反省，並且要對他們努力的成果進行評價。

　　整個計畫會分成幾個部分分別進行，但是其間的內容是連貫的。你可以選擇每天或是幾天進行一個部分或是更多的部分，每個部分最後的活動就是「反省和評估」。為此，學生必須在整個計畫的過程中持續寫日誌。

　　注意一些課程中所需要的教材教具，可以請學生收集那些教具，特別是針對第三部分。

### 第一部分：線條

◎**戲劇目標**：表現線條如何傳達感覺與情緒；細想環境中的「線條」
◎**相關教育目標**：
　**語文**：使用各種不同的詞彙表達情感和想法
　**藝術**：發現、探索、檢視和應用線條的藝術元素；用簡單的媒介來表達個
　　　　　人獨特的概念、想法和情感；實驗不同的藝術素材來了解其特性並
　　　　　且發展操作技巧
◎**教材教具**：白報紙；炭筆

### 一、開場白

　1. 要學生將白報紙對摺再對摺，將它分成四個部分。請學生進行下列的指示，每一次的指示都給他們幾分鐘的時間進行繪圖。老師所提供的指示不需多加潤飾，可以讓學生自行解釋以增加其揮灑的空間。

(1)在左上方的象限用炭筆畫一連串垂直的線條。

(2)在右上方的象限用炭筆畫一連串水平的線條。

(3)在左下方的象限用炭筆畫一連串斜線。

(4)在右下方的象限用炭筆畫一連串曲線。

2. 請學生拿好他們的紙張，起碼要讓幾位同學可以看到他們的圖。一次聚焦在一個象限上，詢問下列的問題：

(1)垂直線（水平線、斜線、曲線）的部分讓你聯想到什麼？

(2)特別注意線條會因為炭筆使用的不同而有變化。你看到什麼不同？（線條的深／淺；清晰／模糊；細／粗；長／短；相連／不相連等。）這些效果不同的線條讓你有什麼想法？

(3)大自然中讓你覺得有垂直線（水平線……）印象的有哪些東西？（有垂直線印象的可能包括：樹、雨、熱、光、山峰。）

(4)環境中有哪些包含垂直線條（水平線……）？（垂直線可能答案為：摩天大樓、電線桿、教堂尖塔），如果有人被形容為「直線條的人」，這是什麼意思？

(5)這些線條會引發什麼特別的感覺？（將他們的答案寫在黑板上。垂直線條的答案可能包含：令人敬畏的、嚴謹的、頤指氣使的、堅持的、崇高的、有抱負的、跋扈的。）

## 二、應用

在對每一個象限的「線條」討論結束後，指示學生從黑板上的「感覺」清單裡選一個詞彙出來。在另一張紙上用炭筆畫線的方式傳達出對那個詞彙的感覺。他們可以用抽象的線或者是將他們選的字拼出來排列在紙上，以表現出感覺。他們要對怎麼畫線做出決定（見上文 2.(2)）。

## 三、討論

學生兩人一組，交換作品並且描述他們從彼此圖畫中看到的線條及對線條產生的印象。你也可能從二到三張的圖畫中，選擇那些使用同一個字來描述不同線條的作品，並比較這些線條的表現方式。

## 四、反省和評估

1. 在同一張紙上或是他們的日誌裡寫下：為什麼他們決定這樣畫線？他們覺得效果如何？有沒有任何一樣東西可以讓它變得「更完美」？

2. 日誌裡，要求學生必須針對線條的印象分成三個類型來討論：「大自然」的線條、「人為環境」的線條、以個人或團體的「肢體動作」做出的線條。

3. 讓他們在這一課依達成目標的程度自我評分。可以用他們用過的任何一項評分方法——等第、分數或敘述文字。

## 第二部分：修正顏色

◎戲劇目標：表現顏色如何傳達感覺與情緒；細想環境中的顏色

◎相關教育目標：

　語文：使用各種不同的詞彙表達情感和想法

　藝術：發現、探索、檢視和應用顏色的藝術元素；用簡單的媒介來表達個
　　　　人獨特的概念、想法和情感

◎教材教具：紙張；膠水

### 一、開場白

如果班上還沒有上過第 229 頁「顏色」的課程，他們應該現在先進行。

每一種顏色有很大的差別。選一個顏色，請學生指出在教室裡、衣服上看到的紅色的色度、濃淡或是色調。詢問學生哪一種看起來比較明亮、哪一種看起來比較莊重、哪一種看起來比較沉靜等等。

### 二、應用

家庭作業：每一位學生選一種顏色並盡可能收集或創造出這個顏色的差異。來源可以是大自然的、雜誌、油漆店的油漆片、調製的廣告顏料等等。

把材料帶來班上做成拼貼畫。

兩個人一組，捕捉每一個拼貼畫的主題並將之命名。題目可以是抽象的或是逐字解釋，然後與班上的同學分享。

### 三、反省和評估

1. 討論怎麼重新安排他們的拼貼畫，以創造出完全不同的效果。

2. 日誌裡，學生要塗顏色、上油漆或貼上不同顏色並且描述他們對這個顏色的感覺。

3. 請他們描述：「如果世界上只有黑、白兩色或是只有灰色會是怎麼樣？」

4. 要他們針對這一課的目標進行自我評分。

## 第三部分：設計師

◎戲劇目標：做出設計的決策以傳達特定的氣氛

◎相關教育目標：

　　語文：使用各種不同的詞彙表達情感和想法

　　藝術：發現、探索、檢視和應用線條、顏色、質地、形狀的藝術元素；用
　　　　　簡單的媒介來表達個人獨特的概念、想法和情感

◎教材教具：每兩位學生給一個約 $11 \times 18 \times 16.5$ 吋大小的包裝箱。下面所列
　　的是一些基本的美術用品，還有一些在二手商店容易買到的各類物品，也
　　可以請學生從家裡帶來。

| | |
|---|---|
| 剪刀 | 彩色筆 |
| 釘書機 | 廣告顏料 |
| 膠水 | 構圖紙，各式各樣的顏色 |
| 大頭針 | 面紙，各式各樣的顏色 |
| 護條（膠帶） | 紗線，各式各樣的顏色 |
| 鋁箔 | 布料 |
| 棉球 | 金粉 |

### 一、開場白

　　學生兩人一組做為設計夥伴。每一組發給一個包裝箱還有一張寫上字的卡
片。不要告訴其他人他們拿到什麼字。可能的字包含：和平的、歡樂的、憂鬱
的、神祕的、莊嚴的、驚恐的。同樣的字可以發給一組以上的學生，稍後可以
比較誰的作品比較有趣。

### 二、計畫和應用

　　同組夥伴應該要討論他們的字卡，它的意義是什麼、什麼樣的線條以及顏
色令人聯想到這個字。學生可以用任何材料來布置他們的箱子以表達那個字。
他們應該要為他們所做的每一個決定提出理由。至少給學生半小時完成這項工
作。

## 三、討論

結束之後，開放他們參觀其他學生的作品。那個字要一直保密到討論結束。

請全班討論每一個箱子：

　　描述線條的方向。它們讓你有什麼感覺？顏色用得如何？你會用什麼字來描述這個環境？如果你要幫這個環境命名，你會取什麼名字？

請環境設計者公布他們的字卡，並說出他們在設計上所做的選擇。

## 四、反省和評估

1. 請學生在日誌裡回答下列的問題：

　　(1)哪些很容易做決定？為什麼？

　　(2)哪些很難做決定？為什麼？

　　(3)如果你跟你的夥伴意見不同會發生什麼事？你們怎麼解決？

　　(4)跟夥伴一起進行有什麼優缺點？

　　(5)在班上同學討論你的作品時，你有什麼感覺？你是否能夠成功地透過視覺的媒介來傳達你的字呢？

　　(6)在聽完討論的內容後，你會做什麼改變嗎？你是怎麼做的？

　　(7)你對於「線條」和「顏色」有沒有什麼其他的想法？

2. 要他們針對這一課的目標進行自我評分。

## 第四部分：劇作家

◎戲劇目標：針對主題、角色以及動作做出寫作時的決定；寫一個簡短的劇本；寫出一幕戲的對白

◎相關教育目標：

　語文：選擇和陳述一個主題；選擇不同的字詞以符合演出目標和觀眾的需要；使用傳統劇本的寫作形式

## 一、開場白

在上一課，學生一起合作成為設計者。這一課，他們要合作成為劇作家時，跟上一個課程的夥伴同一組，除非有理由才能更換。每一組在箱子裡創造的環境會用來做為戲劇的場景。

## 二、計畫

每一組在做出最後的決定之前，先針對下列的問題腦力激盪想出幾個答案。不必按照順序討論問題。因為下一課中他們要把情節演出來，所以他們最後會做出經過深思、有趣的決定。

人物：

這兩個人物如何發覺他們自己身在場景中？他們自己選擇去那裡的嗎？抑或不是？

他們為什麼在那裡？

他們兩個之間的關係是什麼？

年紀多大了？

一個外人會怎麼描述這兩個人物的特性？

主題：你可以參考學生之前上過第 269 頁的主題來喚起他們對於相關主題的記憶。

你們的戲劇蘊含的主題是什麼？

人物可以從自己、他人或者環境中學習或發現到什麼呢？

**衝突：**

　　描述劇中的張力或衝突。它是發生於兩位人物之間？還是發生於人物和他們所遇到的環境或情境之間？或者是發生在兩位人物和其他看不見的人物、外力或事件之間？

## 三、應用

1. 兩人一組寫出一個短劇的情節。學生知道人物有誰、他們在哪裡，還有主要的衝突點。現在他們必須決定發生了什麼事，下列是可以遵循的大綱：

　　**場景：**描述劇情發生的地方。

　　**時間：**描述劇情發生的時間。

　　**人物：**幫每一個人物命名，並做簡短的介紹。

　　**前情提要：**描述這一幕前剛發生了什麼事。

　　**情節順序：**這一幕是如何開始的？觀眾該怎麼發現張力或衝突？

　　**發生了什麼事？**簡短地描述一個或多個事件。

　　**這一幕怎麼結束？**衝突的化解可以當作是這幕戲的結局，或者這幕只是將戲劇推向高潮以及最終結局的一部分。無論如何，這一幕一定要有某種結局。

2. 劇本寫完之後，小組應該要即興表演劇中的基本行動，尤其要特別注意每一個人物的對白。當他們創作出喜歡的對白時，就可以先暫停演出並把對白寫下來。即興創作／寫作的過程可以一直來回進行，直到他們完成那一幕為止。或者，如果那一幕戲很長，可以持續寫作直到完成了兩三頁的對白為止。

## 四、反省和評估

1. 在他們的日誌裡，學生要回答下列的問題：

　　(1)什麼樣的主題比較吸引你？

　　(2)哪些寫作的抉擇很容易做決定？為什麼？

　　(3)哪些寫作的抉擇很難做決定？為什麼？

(4)如果你跟你的夥伴意見不同會發生什麼事？你們怎麼解決？

(5)你特別滿意劇情的哪一個部分？

(6)哪一個部分還需要再下點工夫？列出任何你覺得可以改進的意見。

(7)寫對白最容易與最困難的地方在哪？當你在寫對白的時候，你會特別注意什麼？

2. 要他們針對這一課的目標進行自我評分。

第五部分：演員

◎戲劇目標：決定人物身體特徵、動機和態度；演出第四部分創作的劇情
◎相關教育目標：

語文：使用各種不同的詞彙表達情感和想法；運用發聲、速度、音量以及
身體的動作來進行口頭表達；為了娛樂演出戲劇

## 一、開場白

當學生寫了一場戲的劇本對白時，已經提供了一些關於人物的資訊。給每
一組五到十分鐘的時間，列出他們從寫作劇情和對白中對於人物的認知。

**替代方案**：和其他組別交換劇本，然後照著他們從劇本所閱讀到的活動以
及對白進行演出，他們自己決定要演哪一個人物。

## 二、計畫

一齣戲不會表現出一個人物的所有細節，演員必須將人物演得栩栩如生。
演員必須創造大量的細節。請學生站起來，要每個人將注意力集中在他要演出
的人物上。在這個活動中，學生們不會跟其他學生有眼神或口語的接觸。旁述
指導示意學生遵循下列事項：

集中注意在你扮演的人物上，在教室裡走動。當我提出問題或提
出暗示時，以你的角色回應我——不過要安靜地進行，不要大聲說出
來，除非我請你這麼做。

當你走動的時候，在腦子裡想像這個人物。你幾歲？多高？頭髮
是什麼顏色？你是什麼姿勢？走動的時候呈現出你的姿勢。走路的姿
勢如何——有什麼特別的地方嗎？如果是的話，為什麼會這樣？演出
人物走動的樣子。

繼續扮演人物然後找一個地方坐下——坐在地上也可以。

你的聲音聽起來是什麼樣的？你平常講話是大聲還是輕柔、快或
慢、音調高或低？當你回答自己下面的問題時，試著聽聽看人物的聲
音是什麼樣子。想像你在跟家人聊天，你是家中的第一個小孩嗎——

在家裡扮演什麼角色？如果你有兄弟姊妹，跟他們相處融洽嗎？你關心他們嗎？你住在哪？你跟其他人一起住還是自己住？形容你住的地方——你自己的房間。

我會把手放在你的肩膀上然後問你一個問題。請用人物的聲音來說出此人物的回答。

使用各種不同的問題，如下面所列：

你平常都在做什麼——你在念書還是在工作？

在一天的生活中你會做些什麼？你樂在其中嗎？

週末的時候都做些什麼呢？你最喜歡做的事情是什麼？跟我聊聊你的朋友。你有什麼煩惱或困難？生活中你想要加入點什麼呢？（可以增加一些適當的問題。）

### 三、討論

跟他的夥伴一起討論剛剛得知與人物相關的事，增列在之前寫的那份資料上。詢問學生這些資訊對他們創造劇中人物有什麼幫助？每個人都應該清楚了解人物在劇中的動機、在劇中的感受，還有對其他人物的感受是什麼。

### 四、計畫

給學生一點時間即興演出一、兩次他們的戲。學生可以用之前寫的對白，因為沒有時間記下所有的台詞，他們也可以決定用原本的台詞為基礎做即興演出。如果劇本不夠清楚，可以向劇作家確認。

### 五、演出

在展示他們之前製作的環境與簡短的介紹之後，表演他們的戲劇給班上同學欣賞。在看戲之前，他們可以向觀眾介紹劇幕及應該知道的資訊。

### 六、反省和評估

1. 在每一組都表演完畢的時候問觀眾一兩個問題。可以讓學生在資料卡上面寫下對劇本問題的回答，然後交給演員。學生應該在卡片上寫上自己

的名字以示負責。如果你採用這種方法，先把卡片收集過來看過一次。他們的回答可以反映出他們對於演出以及所見的了解。

下列是詢問觀眾問題的範例：

描述劇中的衝突。

人物之間的關係如何？

每一個人物的動機是什麼？

用三個形容詞來形容每一個人物。

環境如何影響人物的作為？

你最喜歡這齣戲的哪個部分？

哪個部分的演出要更明確？

你建議做什麼樣的改變？

諸如此類。

2. 在日誌中請學生回答下列問題：

(1)當演員的時候你做了哪些抉擇？為什麼演員的抉擇是重要的？

(2)你沒有很長的時間創造人物。如果你有更多時間的話，你會怎麼進行？

(3)你有多入戲？你能持續集中注意力嗎？

(4)演出的時候，你跟夥伴之間的合作好不好？演出時有什麼事情是你必須牢記在心的？

(5)談談「聆聽」在演出時的重要性。

(6)如果其他組別演出你的劇本，他們的表演接近你的想法嗎？如果完全不接近，那麼你可以在劇本或對白當中再加入什麼其他的資訊呢？從這次的經驗中，你可以得到什麼和寫作有關的結論？

3. 要他們針對這一課的目標進行自我評分。

4. 請每一位學生盡可能誠實地完成下列報告來為他們最後的成果做評估。要他們在答案上面畫圈。做完報告之後，可以跟夥伴討論答案，看看他們是不是互相認同對方。討論完畢可以改變報告的答案。學生要把報告

交給你。

(1)我們設計的場景能夠傳達出預設的氣氛嗎？

（差強人意、令人滿意、效果相當好）。

(2)我可以告知他人我從「線條」中學到的（○、二、四、六、八）件
事。

(3)我可以告知他人我從「顏色」中學到的（○、二、四、六、八）件
事。

(4)我提出（很少、一些、許多）的意見來創造場景。

(5)我的夥伴提出（很少、一些、許多）的意見來創造場景。

(6)我們的劇本（不符合、符合）那個場景。

(7)我們寫的對白（不符合、符合）人物以及其行動。

(8)我可以列出（○、二、四、六、八）件事情，是劇作家在創作時需要
牢記的。

(9)在寫劇本及對白時，我曾提出（很少、一些、許多）意見。

(10)在寫劇本及對白時，我的夥伴曾提出（很少、一些、許多）意見。

(11)我在人物的外型特徵表現得（差強人意、令人滿意、效果相當好）。

(12)我在人物的聲音表現得（差強人意、令人滿意、效果相當好）。

(13)我在人物的動機表現得（含糊、清楚）。

(14)整體而言，我對自己扮演的角色感覺（差強人意、令人滿意、效果相
當好）。

(15)針對整個企劃，我會給自己的總分打（F、D、C、B、A）。

## 七、評分建議

針對學生的表現以及對於所學表達的能力給予評價。有些學生表現所學的
知識比寫出來的好。這樣的反差是存在的——有些學生可以用言語表達意見卻
無法有效地應用。這兩種傳達知識的方法都很真實。

**方案作品**：有幾樣作品可以做為方案的評分依據：(1)場景模型箱；(2)劇
本；(3)對白；(4)劇中的表演。每樣作品都可以依其達到目標的效果來進行分級

或評分。

　　**日誌**：第一部分結束後，閱讀學生的日誌，並且給全班一個概略的評語，這樣學生才可以了解你對他們的期望是什麼。可以在每一個部分結束時提出回應，也可以在方案結束之後回應。日誌可以依據答案是否完整、經過深思，以及是否從反省中得到成長，來進行分級或評分。

　　**面談**：你可以針對「個別學生」、「其合作夥伴」或「小組團體」進行面談。從他們的「自我評估」中找到一些後續的問題，例如：「你從線條中學到哪四件事？」「你的人物動機是什麼？」或者「說說你的總分可以拿到Ａ的理由？」等等。你可以用幾個問題讓學生了解，是否在評估過程中做了完整的思考；另外，也可以從他們的日誌中問一些問題做確認。

# 其他學科與其他
# 教學對象

本章分為兩個部分，第一部分將提供戲劇應用於英文、數學、科學、健康、體育、藝術、社會和其他語言學科的教學建議；第二部分將提供戲劇應用於其他教學對象的建議，尤其是一些特殊需要的學生，如資優、身心或情緒障礙及一些家庭經濟困難的學生。

313

## 第一部分
## 戲劇與其他學科的關聯

戲劇本身不但是一門重要的學科，它也可能成為其他學科的教學工具。不過，在成為教學工具之前，學生應該先有一些戲劇課程的經驗。就像是要讓學生學會解題，就必須先讓他們認識並使用「數字」一樣；如果要讓學生能夠將戲劇應用在其他學科，就必須要先讓學生學習戲劇的「單元要素」。

戲劇之所以能成為一項有效的教學工具，是因為學生必須將身體、心理和情緒都投入在學習的過程中。就因為全心全意地投入，使得學生對學科的印象非常深刻。有些學生對傳統教學法所傳授的概念無法理解，但透過戲劇課程，反而可以有所理解。另外一項好處是，學生會發覺透過戲劇的學習相當有趣！

在前面的章節中，如果其他學科的相關教育目標和戲劇課程的特定教學目標相符時，會特別將之列出。老師有權依據課程調整教法，如此一來與目標相

關的特定學科也可以收到預期的效果。接下來的內容會提供更多與其他學科相關的戲劇課程。

# （英）語文

　　許多英語科的單元要素已與本書的劇場／戲劇藝術課程有密切的關聯，透過戲劇課程教學，你可以同時教授劇場／戲劇藝術及語文的單元要素，而這些要素可以放在適合的語文教學目標下。

　　接下來的教學活動建議可以根據教學的年級與內容進行更改。除了下列的要素外，你也可以發現某些特別的活動可以用來做為語文科中其他要素的教學。

## 一、單元要素：聆聽

> 概念　聆聽字母表中每一個字母的正確發音並且區分韻律、押韻、頭韻、擬聲

1. 每一位學生輪流說出「我今天要去探險」，在學生說出他的名字後，用默劇演出與他的名字第一個字發音相同的物品，也就是他要帶去探險的物品。例如說：「我的名字是趙文華，我要帶（默劇演出『照相機』）。」班上其他的同學要猜出趙文華表演的是什麼物品。

2. 每一位學生念出他的名字，接著做出跟名字音節的數目同數的連續動作。例如：瑪－莉－亞的名字有三個音節，因此她會在念了名字後，做出三個配合音節數的連續動作：(1)瑪——將她的手臂向上伸直；(2)莉——鼓掌；(3)亞——將左手臂向外延伸。之後，全班一起重複她的動作。

3. 念完名字後，接著念出一個有意義或無意義但韻腳相同的字。例如，安德「列」和強「烈」。

4. 將全班分成兩人或三人一組。每組選一隻動物，選好之後請學生寫出與這個動物相關的一個句子，用愈多頭韻愈好。接著請學生表演出來，班上同學試著猜出動物以及其頭韻。例如：「一隻織網的蜘蛛正張羅著正餐」，這句話的頭韻是「ㄓ」。

314

**概念**　在各種情境中，能夠注意聆聽

　　學生以及教師進行本書所有的課程時都需要注意聆聽。在即興演出當中，學生要專注地聆聽，以了解他們所扮演的人物該如何反應以及該何時反應。

**概念**　選擇口頭演示所需要的訊息

　　書中很多課程需要學生聆聽文學作品或即興演出以回答之後特定的問題。

**概念**　察覺過度渲染與誇大的用法

　　請學生看廣告並找出一些過度渲染和誇大的例子。接著讓學生分組並用這些廣告用詞進行創作。最後分享他們的廣告創作，並請班上同學指出哪些是過度渲染和誇大的用法。

　　如果你有攝影機，可以拍下學生的廣告。

**概念**　判定說話者的動機、偏好以及觀點

　　「動機」（motive）這個字和本書中所用的「目標」（object，本書翻譯為「動機」）這個字意思很相近，是指一個特定的角色會怎麼做。每當學生創作人物時，他們都必須要決定人物的動機。人物動機的概念已經在本書的第二章中介紹過。

　　第四章中，藉由「情境角色扮演」的部分，進行「偏見」與「觀點」的分析工作。

## 二、單元要素：說話

**概念**　在口語中發展流暢的說話技巧以進行有效的溝通

　　你會發現本書的課程論及兩種以上的溝通技巧，讓學生有機會進行下列口語的練習：

　　　　從事具創造性的戲劇活動與使用非語言的溝通；

　　　　使用各種不同的詞彙表達情感和想法；

　　　　進行有組織的口頭呈現；

　　　　參與小組問題解決的活動；

運用發聲、速度、音量以及身體的動作來進行口頭表達；

以清晰、具內涵及延伸的想法來回應他人的意見。

概念 使用一套簡短的理由說服他人

學生 A、B 兩人一組，進行下列戲劇情境的呈現：

A 同學想要看電影，B 同學想要玩疊球。

兩人撿到三百元。A 同學想要歸還給失主；B 同學想要將它佔為己有，

並分一半給 A。

A 扮演學生，B 擔任老師。學生要說服老師給更高的分數。

A 扮演小孩，試著說服爸媽（B）讓他舉辦一場派對。

A 同學試著說服 B 同學分享他的午餐。

概念 用言語娛樂他人

書中的課程給學生很多機會演出故事或戲劇來娛樂他人。

## 三、單元要素：閱讀

概念 從閱讀中運用技巧以了解內涵；依照次序整理事件；了解因果關係；

預測未來可能的結果或行動；評估與進行判斷

從一篇短篇故事中節錄部分情節並影印給學生。讓學生分組討論他們認為接下來會有什麼發展並且表演給班上其他同學看。

在五、六年級的創造性戲劇課程中，學生將持續地專注於情節發展，並設法為將要發生的事件做邏輯的安排。除了單獨從閱讀中獲取技巧外，在老師的協助下，學生可以從戲劇中學習閱讀所需要的技巧，如了解事件的發展及預測故事結果的能力。

一些介紹「戲劇情節」如何發展的課程，和語文閱讀教學的目標直接相關，如：教導因果關係的概念或者依時間和重要性來安排事件的順序等概念。

本書中，一些五、六年級的戲劇課程已針對「評估與進行美感判斷」的部分進行教學，而這些也可以當成語文在「讀物的評估和判斷」的教學課程。

**概念** 發展文學欣賞的技巧以提供個人的樂趣；分辨明喻與暗喻的比喻

　　第一部分：讓學生扮演一隻偷偷靠近的「貓」。然後請他們回想「霧」，並描述它是怎麼移動的。請學生像霧一樣活動。Holst《行星組曲》中的〈海王星〉是一首極佳的背景音樂，可以鼓勵學生表現出「霧」移動的樣子。請學生比較「貓」的動作和「霧」的動作。它們相似嗎？

　　念這首 Carl Sandburg 的詩——〈霧〉。

> 輕輕地，霧來了，
> 踏著小貓的腳步。
>
> 靜靜地，它坐下觀看，
> 觀看城市和港口，
> 然後再重新上路。

　　問學生一些問題，讓他們為表演詩的意境做準備：

> Sandburg 用什麼字將霧比喻成貓？
> 你認為霧在觀看什麼呢？它會看到什麼不尋常的嗎？要到哪一個地方才能觀看到更好的景物？
> 它怎麼移動？
> 太陽出來的時候，霧會怎麼樣？

　　再次播放音樂。請學生用「貓」一樣的動作來表演「霧」，在城市裡頭移動並且觀看發生的大小事。在他們表演幾分鐘之後，告知學生將近破曉時刻，「霧」漸漸在空氣中消失。

　　討論「暗喻」跟「明喻」的差異並且詢問學生：「Sandburg 使用的是哪一個？」

　　第二部分：請學生說出其他的天氣現象並且寫在黑板上。學生三人一組，每一組選擇一種天氣現象，然後想一個適當的「暗喻」動物。列出兩者的字詞相比較。事實上，學生也可以寫成一首詩——可以用Sandburg的詩做為範本進

行改寫，或者是自己寫出一首詩。

每一組演出「暗喻」的動物給班上的同學看。如果學生們寫了詩，請他們先讀詩之後再進行表演。

詢問班上的學生哪兩個東西被拿來相比喻，還有詩中所用的是「暗喻」還是「明喻」。如果詩中是以「暗喻」描寫的，問他們該怎麼樣將詩轉換成「明喻」的寫法。反之亦然。

**概念** 發展文學欣賞的技巧，了解文學技巧的擬人化手法

用動物卡通當作討論擬人化的基礎。將學生分為小組，請他們計畫並演出一個短劇，演出行為像人類一樣的動物，不過要保持動物的形體還有動作。

**概念** 發展文學欣賞的技巧，了解第一人稱以及第三人稱的差異

分組活動，請學生策劃一個「案發現場」的偵訊場景。一位學生表演受害者，另外一到兩位學生飾演目擊者，還有一位飾演偵訊者。

看表演的時候，指導學生注意描述事件的方法，以及每一位角色的意見。

**概念** 發展文學欣賞的技巧，描述故事發生的時間和場景

時間和場景對於每一個故事，以及一幕戲或即興創作是很重要的。本書中很多課程都會提及動作是在何時何地發生的。第四章中有特定的課程講述場景以及時間。

**概念** 解釋並認同人物的感情和情緒

這一個概念在大多數的課程當中都會應用到。

## 四、單元要素：寫作

本書中很多戲劇課程都包含了寫作活動。書寫的詞句常常都會更具有想像力、更生動、更多采多姿、更具戲劇化。事實上，有時候比起從他們的表演中觀察到的，學生可以更詳細地描寫出戲劇化的內容。不過最大的危機在於過度使用這個技巧。如果學生知道每一回進行戲劇活動的時候都必須寫作，他們會對戲劇和寫作都失去學習的熱情。

## 五、單元要素：語言

概念 發展正確運用修飾詞的技巧

1. 請學生在教室中來回走動。當你念出幾個副詞，學生就根據你說的副詞改變走路的方式。念了幾個副詞之後，請學生念出其他的副詞。例如：

   慢慢地、快快地、難過地
   驕傲地、快樂地、小心地

   這個活動也很適合運用在字彙延伸中。
   可以用形容詞進行相似的活動。例如：害羞的男孩、驕傲的獅子、兇猛的老虎。

2. 請班上同學協助，請學生製作一套動作（動詞）的卡片以及一套副詞的卡片。請兩人或三人一組，每一組隨機挑選一張動作卡和一張副詞卡。試著用默劇表演出適當的動作讓班上其他同學猜是什麼字。
   這個活動也可以改成使用名詞以及形容詞。

# 數學

## 一、單元要素：數字的基本運算

「機器遊戲」可以有效地做為數字基本運算的練習活動。基本上，學生用自己的身體當成零件，創造出一個「人造數學機器」。這個機器可以非常簡易，也可以非常複雜。基本的零件中包含輸入的部位——就是放入問題的地方（通常是口頭上的陳述），還有輸出的部位。有些學生喜歡扮成計算機，一些學生負責扮演每個數字鍵，一些學生代表符號鍵，還有顯示答案的部分。其他學生也可以透過動作與聲音創作機器，想像機器中進行解答的內部運作過程。一旦創作出可以運作的機器，它可以重複不斷地運用。學生也可以改變他們所扮演的機器部位。

## 二、單元要素：運用機率與統計來蒐集以及解釋資料

**概念** 蒐集資料並且建立圖表

使用「偵探遊戲」可以增加蒐集資料以及建立圖表的趣味性。請二至三個學生一組，組成偵探隊。每一組給他們一個祕密任務。所以他們必須用盡方法進行調查，而且不能讓班上其他學生知道他在尋找什麼答案。調查結束後，畫出圖表對班上解釋或讓班上其他同學了解。

下面有一些範例。當然，你可以多想一些例子出來。

每天有多少學生穿白襪子？蒐集幾天的資料。

每天有多少學生跟老師借鉛筆？

每天有多少學生缺席（或遲到）？

每天放學時有多少廢紙在地上或是垃圾筒裡？

**概念** 建構空間模型

可利用本書第 263 頁「情節：場景」的課程為基礎，請學生建構空間的場景。

# 科學

## 一、單元要素：使用感官技巧獲得資訊

本書中每一個年級都有著重感官覺察以及感官回喚的課程，這些都與科學的單元要素有密切關係。

**概念** 觀察光線作用的現象

本書第 229 頁「顏色」的課程，可以直接應用在這個概念上。

**概念** 觀察生物的分子組成

觀察後，請學生以動作及默劇展現分子組成是怎麼進行的。

**概念** 觀察能源可以從一種形式轉變成另一種形式

能源轉換形式可以透過幾位學生合作的動作及默劇展現出來。

## 二、單元要素：體驗以口頭與寫作的方式來傳達資料

**概念** 描述目標以及事件的轉變

本書第 144 頁「火」的課程，可以直接應用在這個概念上。

**概念** 描述動物的行為

敘述植物與動物如何保護自己

每位學生選擇一種植物或動物進行調查。在蒐集資料之後採用訪問技巧。請學生變成植物或者動物，而另一位學生進行面談。訪問時變成植物或動物的學生要做出適當的動作。

## 三、單元要素：體驗從一個學科轉化成另一個學科的知識與技巧

321

**概念** 與職業相關的科學知識與技巧

每位學生選擇一個特定職業並且進行研究。研究的問題是「此職業面對新科技的轉變？」請學生「變成」那個職業的人並進行小組討論，討論他們的工作有哪些改變？當然，工作的種類相當多樣。他們可能是音樂家、銀行家、醫生、飛行員到家庭主婦，這些全都會受到新科技的影響。

# 健康

學生可以用各種不同的戲劇方法來增進知識以及了解有益健康的練習：偶戲、面具、即興創作、模擬面試、拍成錄影帶、寫或演出一齣戲，也可以為低年級的學生準備一場表演。

自我概念的發展在每一個年級都被視為是重要的一環。研究顯示參與戲劇真的可以促進積極的自我概念。學生會知道他們的意見是有價值的，以及天生我材必有用的道理。他們每個人都有機會以某些方式成為鎂光燈下的焦點。

# 體育

## 一、單元要素：身體動作的技巧能夠發展正向的身體形象以及自信；韻律活動幫助發展協調感、自我表現、創造力以及耐力

本書中韻律性與詮釋性動作系列的課程與體育元素有密切的關係。兩者皆是擴展以及增強學生參與的體育活動。

## 二、單元要素：與遊戲和運動相關的技巧

**概念** 發展和練習反應舉止，顯現良好的運動家精神以及安全性

指導學生建構手偶並且創作出和運動家精神有關的劇情。學生必須「躲」在他的偶後面，表演出正面或者負面運動風範的反應與感覺。他們可以不用「偶」而用聲音表達人物的自我意識。提醒學生有時候人雖然贏得了比賽，卻是靠負面的方法，這樣的表現和輸掉比賽的人沒什麼兩樣。

下列的題目可以激發想像力創作出一部短篇偶戲：

　　　魯夫贏得比賽卻失去朋友；

　　　克里斯輸掉了比賽，卻贏得所有人的掌聲；

　　　人總有輸的時候；

　　　「裁判（評審、仲裁人）不公平」；

　　　「我再也不要跟你玩了！」；

　　　「你拿的比我大塊」；

　　　「你故意絆倒我」；

　　　「恭喜你！」

# 藝術

## 一、視覺藝術

本書中許多課程是以藝術進行活動。一般來說，學生經由戲劇啟發了概念

後，會比以前更注意細節部分。繪畫變得更生動及多采多姿。也可以指導學生從即興創作所表現出的氣氛，來進行抽象的設計或繪畫創作。

## (一)單元要素：透過藝術的媒材與工具來表達創造性與想像力

**概念** 用簡單的媒介來表達個人獨特的概念、想法和情感

1. 展示畫作給學生看，如果有實體雕刻作品更好。從雕刻作品討論線條和表現形式中喚起了什麼樣的感覺。探討雕刻者從何處得到的靈感。

   將學生分為兩人一組。一個人扮演雕刻家，另一個扮演一塊黏土。雕刻者輕輕將黏土塑造成一個表現現代感的或抽象風格的雕塑作品。年長的學生可以表現一個主題，例如：戰爭、貪婪、愛、喜樂或希望。

   當學生完成雕塑作品時，請班上學生針對表現形式做出回應。然後角色對調繼續進行本活動。

   這個活動也可以改成多位學生一起扮演一塊黏土。

   學生也可以將他們的雕塑作品拍照留念。

2. 學生可以從「定格」的遊戲當中學習動態的線條及形體。例如：由兩位以上的學生扮演棒球比賽，一位學生當投手，另外一位當打擊手（還有另一位可以當捕手等等）。表演當中，你可以偶爾喊出「定格」。所有的演員動作定格，在旁邊觀賞的學生就進行動作的線條與型態的討論。

## (二)單元要素：透過藝術、文化和傳統來了解及欣賞自我和他人

**概念** 欣賞與談論當代及過去的藝術作品

如果可能的話，帶學生到美術館。如果沒有辦法，可以使用投影片或其他藝術作品。

1. 觀賞繪畫作品，例如西部的任一作品，並且討論繪畫中傳達的感官元素：視覺、嗅覺、味覺、各種的質地。

   觀賞這幅繪畫作品時可以聽到怎樣的聲音？（比方說，馬蹄聲、槍聲、嘶吼聲、物體掉落聲。）

   將班上學生分組，然後組成適合繪畫作品的「音效管弦樂團」。每一組負責一個音效。當你指到他們的時候，他們就要做出設定的音效。一開

始全班安靜，接著聲音漸強，然後漸漸收音。

2. 欣賞一幅繪畫作品並且討論在畫中發生了什麼事。

你覺得在畫中的動作之前發生了什麼？

之後可能會有什麼發展？

將學生分組。一些組別扮演「前一幕」的靜像畫面，一些組別扮演「後一幕」。讓學生立即創作出靜像畫面。可能的話，扮「前一幕」的組別站在畫作的一邊，扮演「後一幕」的組別站在畫作的另一邊。其他的同學回應看到每一組靜像畫面的感受。

## 二、音樂

### (一)單元要素：歌唱的概念與技巧

概念 替歌曲創作戲劇、動作以及新詞

「歌曲」可以跟「故事」一樣，做為應用在戲劇創作的基本素材。默劇、即興創作的課程可以幫助學生將「一首歌」轉化成戲劇呈現。不過，在運用「歌曲」的同時，所想到的不只是「原首歌曲」的戲劇化表現，而是考慮將「歌曲」當做戲劇創作的出發點，可再進行更完整或更多延伸性的創意表現。一些「歌曲」也適合先播放第一段，然後進行表演；接著播放第二段，再進行表演。

概念 表現出高／低、上／下、強／弱、快／慢、長／短、平滑／顫抖的對比

這些對比可以用身體的律動表現出來。例如：當學生聽到「高音」時，可以將身體向上方的空間移動，當聽到「低音」時，就向下方空間移動。「強音」可以搭配強而有力的律動，而「弱音」可以進行溫和的動作。

概念 區辨聽音上的差異，包含重複樂段、對比樂段及回到對比前的樂段

這個概念可以透過動作來增強印象。學生分組後，請他們為特定的樂段設計一組適當且明確的動作。每當同樣的樂段重複播放時，學生們也要一直重複那個樂段的動作，對比樂段也同樣適用，可以選擇對比性大的動作來表現。

(二)單元要素：透過動作以及遊戲回應音樂

**概念** 用動作表達某種氣氛和音樂的意涵

　　每個年級中的韻律性動作和詮釋性動作都和這個音樂概念有關。

**概念** 認識高音譜表上各個音名的位置

　　學生扮演五線譜或是鍵盤上的音符。每當老師念出 C 的音名時，扮演的人就要用手或整個身體的動作做回應。可以讓學生更換扮演的音名，這樣他們才有認識每個音名的機會。

# 社會

　　創造性戲劇對於社會學科的教學來說是一個有效的工具，因為它幫助學生內化與了解人類在各種狀況與事件下的互動。透過演出，學生會對歷史中的人物或事件有更鮮活的體認。社會科的內容非常廣泛，因此教師必須事先決定哪些特定的題材最具戲劇性且能吸引學生的興趣。其中最需要探討的，是和人物的「情感」及其與「學生的經驗」互相連結的部分。以下是戲劇應用於社會教學的一小部分建議。

## 一、單元要素：個人、社會和公民的責任

**概念** 支持個人擁有不同意見的權利
　　　　尊重個人有不同政治立場以及宗教信仰的權利

　　朋友之間有時也有意見不同的時候，然而每個人的看法可能都是對的。討論下列的例子：

　　　　如果你最喜歡棒球而你的朋友喜歡美式足球，那麼誰對誰錯？
　　　　如果一個人喜歡秋葵但是另一個人討厭秋葵，那麼誰對誰錯？
　　　　一個討厭秋葵的人應該怎麼對喜歡秋葵的人表現出親切的態度？

　　請學生提出他們的意見與他人相左時的例子。兩人一組，讓學生們針對一個題目並抱持相反的意見來進行討論。接著請學生角色互換，讓他們從反方觀

點來討論主題。討論的主題要以同輩平行的關係進行，而非下對上的關係，如：小孩與父親的討論。如果他們想要的話，學生們也可以假裝是成年人來進行討論。

當然，生活在美國最美好的事之一，就是每個人都享有不同的政治立場以及宗教信仰的權利。即使兩人的信仰不同，他們也會互相尊重。

你該如何對他人的信仰表示尊重？

你在討論不同的信仰時，該怎樣顯示對他人的尊重？

讓學生根據他們有興趣的題目進行分組討論。組裡的每一位成員說明他的信仰之後，班上其他學生可以參與討論。重點在於表達個人的觀點及聆聽、評論和尊重他人的觀點。

**概念** 說明「協調」在解決衝突中所扮演的角色

請學生表演出生活中曾經遇過的情況，最後為了解決問題而進行協商。例如：

一個美好的星期六，一位家人想要騎腳踏車，另一位想要游泳，還有一位想要看電影。

或是每個人想要看的電視節目不一樣。

或是每個人寒假有不同的計畫。

請學生在報紙上尋找國家元首該怎麼運用方法來協商的例子。學生可以扮演小型的聯合國，針對特定的議題進行討論。

討論協商的價值。

## 二、單元要素：美國以及世界的歷史資料

**概念** 確認美國歷史上發生的歷史事件或行動的成因；發覺過去和現代的多元文化對世界文明的貢獻；發現特殊人物以及他們對歷史的貢獻

　　只要某人對全體人類有重要的貢獻，就會被記載在歷史上。通常他們會克服極大的阻礙與困難去完成一些任務。在其中所遇到的困難及情感的部分，就會是戲劇所要探索的重點。可以選擇一些情境演出並能凸顯下列問題：

　　　　在一場巨變前，事情的原貌為何，

　　　　人們是怎麼想的，

　　　　是什麼原因引發了這樣的轉變，

　　　　經歷巨變後，他們又會是怎麼想的。

　　以這個狀況為例：利用地下鐵路而逃脫的奴隸。

　　　　奴隸過的是什麼樣的生活？

　　　　他們必須做什麼事？

　　　　他們一天的生活是如何？

　　　　對於這樣的生活他們有什麼感受？

　　　　為什麼他們之中有許多人想要逃跑？

　　請學生想像自己成為奴隸。早晨醒來後，知道今天是脫逃的日子，只要聽到信號就可以開始行動。

　　　　他們要怎麼打點他們的東西並且不讓主人懷疑即將發生的事？

　　　　他們即將離開家人和朋友，會有什麼感受？

　　　　聽到信號前，他們會如何進行工作？

　　　　地下鐵路是怎麼運作的？

　　　　會有什麼危機隱藏其中？

　　學生同時表演出這個情境。你可以旁述指導學生經歷逃脫、躲藏，並且以說明下列混亂的場面來增強戲劇張力：

　　　　你聽到身後有腳步聲。你可以找到躲藏的地方嗎？

　　　　你聞到煙味。這時該怎麼做？

　　　　最後終於到達目的地。有什麼感受？

歷史充滿了具有影響力、戲劇性的事件。例如，表演出阿拉摩之役（註：十九世紀初德州為墨西哥屬地，為尋求獨立，對抗墨西哥的戰役）圍城之前以及圍城當時人們的感受。你不需要設定反方的角色。學生可以想像並表演圍城時人們的反應，一些學生可以做出戰爭的音效。當然，討論當時的人們腦中浮現什麼想法以及他們有什麼感受是很重要的。

美國獨立戰爭同樣充滿了戲劇性，特別是華盛頓（George Washington）的軍隊在先前曾經歷一段相當長期的艱困生活。賓州的佛吉山谷（現在是獨立戰爭公園），那是一個沒有足夠的食物或衣物的地方，並且有三千名士兵死亡的冬天應該是什麼景象？然而到了春天，那些還留在山谷的人已經成為訓練有素的軍人，這又是怎麼發生的呢？

來自不同國家的人都對我們的文化有著重大的貢獻。可以進行默劇遊戲來猜重要的發明，第一個答出來的隊伍可以得到一分。

同樣的脈絡下，各國也有著名的重大貢獻。可以將學生分組進行複習，每組指定一個國家。他們要演出那個國家對人類的貢獻，例如，古希臘對人類的貢獻包括：民主政治、議會制度、審判制度、悲喜劇、建築、史詩、奧林匹克運動會。這些貢獻都可以透過默劇表現出來。

## 三、單元要素：市（鎮）、州（省）、國家與世界地理

概念 了解地形與氣候的相互影響

讓學生用身體演出高山或高原的形成，這會讓學生對地形的理解有很大的幫助。例如：什麼原因造成火山爆發？對地球有什麼影響？

概念 了解人類如何適應及改變自然環境

請學生分組描述人們的生活——他們穿什麼、住什麼樣的地方、做什麼工作、吃什麼——都直接受到居住的位置以及氣候影響。學生也可以裝扮簡單的服裝來表達對某一族群的想法。每一組可以表演各地區的族群以凸顯其不同。

## 四、單元要素：心理、社會以及人文因素影響人類的行為

概念 描述個人與族群在傳統、習俗、民風以及宗教信仰的不同

辨識與文化團體相關的國定假日與慶典

辨識多元文化對於美式生活（藝術、文學、音樂等等）的貢獻

　　或許沒有比將文化改編成戲劇的方法更能夠了解其他文化，特別是含有音樂、藝術、舞蹈、習俗以及食物的節日。如果能請到學生、家長或社區成員來班上針對節慶活動、由來以及為什麼這些是重要的日子現身說法，那會特別有成效。如果沒能請到相關人士，那麼可以從書中得到豐富的資訊。

# 其他語言

　　每當與某些說著我們不懂的語言的人溝通時，默劇就成為最好的「傳達」方式。默劇同時也是教授其他語言時，有效加強概念以及字彙的方法。事實上，在「學習其他語言」的概念群裡，「了解非語言元素在溝通中所扮演的角色」就是其中之一。就像肢體語言是學習英文的基礎一樣，它也是學習其他語言的基礎。由肢體語言、默劇，延伸到「口語」的需求，進行其他語言教學的時候，有很多可以用到戲劇的機會。下面是一些例子。

## 一、單元要素：說話

概念 以有意義的內容重現聲音以及音調的脈絡；適當地使用字詞、片語或句子；運用每天日常生活中的字句進行表達

1. 將學生分成小組，一組用默劇表演字詞或片語。另一組分辨答案是什麼，然後以語言複誦一遍。在最短時間內猜對的那一組就是獲勝的一方。

2. 一位學生扮演老師，一位學生扮演兒童。老師用口語給兒童提示，兒童跟著提示做動作，例如：「關燈」。

3. 發給每一位學生一張寫有字詞的卡片，每個字詞有兩張一樣的卡片。徵求自願者以默劇表演出他的字詞──例如：「桌子」。學生如果發現默劇的表演跟他的字詞一樣，他就站起來並且念出這個字。片語或句子也

可以採用同樣的方法進行。

4. 以默劇表演出歌曲或簡單的故事。

5. 當你說故事的時候，學生可以在適當時間配一些音效。例如：那一晚的風很大（班上同學可以做出聲音）。一道雷擊擊中了一棟房子。

繼續說故事。

## 二、單元要素：閱讀

概念 閱讀熟悉的題材並進行理解

如果學生可以閱讀故事並且將部分表演出來，你就可以知道他是否了解這個故事。

## 三、單元要素：文化

概念 體驗其他文化的不同觀點

每一種文化都有特別的慶祝節日。學習另一種文化最有效的方法，就是計畫與參與慶典活動。有些食物、服裝、音樂、舞蹈及裝飾等，都可以幫助學生了解特殊的文化，同時也能學習相關的字彙。

你可以在圖書館裡找到大量的書籍介紹特定地區的風俗文化。例如這兩本書：Barbara Nolen 的著作《墨西哥是一個族群及三個文化的發源地》（*Mexico is People, Land of Three Cultures*），以及由 Eileen Latell Smith 所寫的《墨西哥——南方的巨人》（*Mexico, Giant of the South*），介紹了很多墨西哥的資訊。

你也可以參考本書附錄 B 的詩選以及文選，有許多包含各式各樣文化韻味並且適合給學生進行編劇的故事。

# 第二部分
## 特殊教學對象在戲劇上的運用

　　真切來說，所有的學生，甚至成年人，都是非常特別的。然而，有些學生或許是因為在天資、智能、肢體、情緒方面的挑戰或文化上的差異，而被排除在我們認為是「一般標準」之外。這些學生因為社會對他們的評價是如此，而視自己為「異類」。事實上，除了某些不同之處，他們的需求大都和一般學生無異，包含：被認同的需求、溝通表現自己的需求，以及正向自我概念的需求，而劇場／戲劇藝術的經驗正可以滿足這些學生的需要。

## 一、資賦優異的學生

　　為資賦優異學生所設計的課程，特別在科學及數學方面，要求通常都很嚴苛。可惜的是，社交以及創意方面的發展卻常常被忽略。

　　即使是在低年級，資賦優異學生的特殊表現或許會被其他同學注意到，但是除非他人際關係很好，否則他可能不容易被他人接受。透過劇場／戲劇藝術的活動，學生可以學習團隊合作以及尊重他人。

　　資賦優異的學生一開始不一定會顯露出創造性。不過一旦想像力被啟發，想法會連續不斷地冒出來，甚至最羞怯於言語表達的學生也會得到解放。這些學生通常會很快地產生出許多的想法、知道要怎麼做且理解其中的主題。他們需要挑戰，也可以對戲劇的題材進行更深的探究。

## 二、學習障礙的學生

　　智能障礙範圍從輕微到嚴重。下列的建議可以提供給「輕微學習障礙」的學生，這是指除了少部分的時間要到資源教室外，多半還是留在原班的學生。有些被稱為「可教育的輕度智能不足」（EMR）學生也是屬於這一類。

　　1. 利用本書當中如韻律及創造性動作的課程進行協調性運動。協調性運動

常做為學習障礙學生的指定課程。

2. 幫助學生透過動覺或肌肉感官進行學習。一些需要學生親自用肢體來表達某些概念的活動，能幫助學生有效地記憶所要學習的概念：

　　(1)在空氣中畫出大大的字。

　　(2)在地板上走出字母的形狀。

　　(3)用身體擺出字母的樣式。

　　(4)利用 319 頁「人造數學機器」的活動。

　　(5)透過表演來加深對字詞意義的了解並建立字彙能力。

　　(6)告知學生將閱讀過的故事表演出來，用以鼓勵學生記憶故事的順序。

3. 訓練學生接收直接且清楚的指示。

4. 持續地稱讚及鼓勵學生。

5. 經常重複一樣的活動。

6. 為可教育的輕度智能不足學生布置「假想」環境。這些學生常常會覺得運用想像力很困難，且視之為相當抽象的部分，但如果能在教室中布置一個具體的情境，如：「餐廳」，可能會對學生有所幫助。學生可以演出一個人在餐廳看菜單、點餐、吃東西等等的情況。他們會高興地假裝有真的食物在那，這就是「想像力」的展現。

7. 掌握學生的興趣及需求。

8. 提供支持和接納的環境。與學習語言、數字概念同等重要的是：幫助學生建立自信和自我價值。他們需要體會自己的貢獻被視為有價值及被尊重的經驗。

## 三、身體感官障礙的學生

　　戲劇方面的活動對各種肢體障礙的學生而言是相當適合的，只要能夠將它們稍做調整即可。此外，這樣的活動帶給參與者莫大的樂趣，也給予指導的教師滿足感。而其中最重要的或許是：要選擇學生容易得到成就感且覺得引以為傲的活動。藉由教師對他們的信任，他們也會相信自己。下列是一些給有特殊障礙學生的建議。

聽障學生，不論是部分聽障或是完全聽不見，都可以參與許多戲劇活動。

1. 利用書中的動作以及默劇的活動。

2. 用鼓聲製造節拍，或用像掃把柄的棍子，在木造地板上敲出節拍（震動）。

3. 選擇一個可以透過默劇詮釋得很清楚的故事情節。

4. 在融合班中，可以考慮讓聽力較弱的學生扮演主角，並以主角的身分打手語、做手勢，而在一旁站著能正常聽、講的學生，待適當的時機，就以人物的身分念出對白。

視障或是全盲的學生通常對語言沒有障礙。

1. 從聲音與簡單對白的課程開始。

2. 在無障礙物空間中進行韻律活動。這類學生的需求就是對自己的身體或空間中的關係感到自在。

3. 開始時，可以學生站的位置做小範圍的移動，然後再逐漸加大活動的範圍。對於某些從未有過這樣經驗的學生而言，能夠在空間中自由自在地移動，是特別珍貴的。

4. 鼓勵他們兩人一組，牽著手或想辦法接觸。跟夥伴一起進行活動可以幫助他們增加安全感。

5. 盡量保持故事中固定的場景。視障學生可以將故事戲劇化，不過場景必須要仔細地描述，例如：場景中的椅子要一直保持在同樣的地方。當他們對於場景感到安心時，他們才可以將專注力放在故事的動作及對白上。

活動能力有限的學生也可以參與戲劇。

1. 用身體任何可以移動的部位進行韻律動作：如手指、肘關節、眼睛、鼻子、嘴巴等等。

2. 用輪椅「跳舞」！由一位可以靈活移動的人來操控輪椅的節拍。

3. 利用偶戲，這對於活動受限的學生來說是特別有效的。布偶是「第二個自己」，可以讓這些有障礙的學生進行自己不能親身做的事。事實上，

布偶本來就可以做一些人類所無法達成的事情。

4. 調整故事，好讓坐輪椅的學生也能加入。例如：沒有理由要湯米一定得「跳」過來，他可以一路「走」過來、「滾」過來，或者一個人「慢慢走」過來。

## 四、行為有問題的學生

這部分討論的不是指嚴格的精神異常學生，而是指依然可以編在普通班級中但是有些行為問題的學生。這類學生的行為通常不是很羞怯就是很好動。參與戲劇活動會很有幫助，不過運用戲劇並非意味著教師要扮演「治療師」的角色。事實上，目前已有專門受過訓練的「戲劇治療師」。然而，教師所帶領的戲劇活動，可以幫助一些害羞的學生更有自信地表達自己，也可以幫助那些好動的學生控制自己的行為。

**害羞或靦腆**的學生在教室裡常常容易被忽略，因為他們不會製造任何問題，也不會要求任何注意。這些學生只有在被要求進行口頭應答或是與其他人互動時，才會被注意到。同學們常常會說：「他很害羞，他不會回答」，然後提供答案來「拯救」他們。這樣的學生真的要經歷一段讓他自己、教師和班上其他同學感到辛苦的溝通歷程，而這也必須有極大的耐心和支持才行。

下面有一些建議可以幫助害羞的學生參與。一旦他們讓自己涉入其中，他們就會願意加入了。

1. 每一堂課開始的時候都在同樣的時間，或者是採用變化程度極少的動作暖身。它建立了一個學生反應的習慣——也就是他們可以預料會發生什麼事。

2. 採用韻律動作，移動的時候每個人圍成圓圈手牽手。

3. 與夥伴手牽手進行韻律活動。你可以當害羞的學生的夥伴。或者是做為其中兩個學生的夥伴，然後在活動進行時找些理由離開，讓他們兩個在沒有你的狀況下繼續進行活動。

4. 請害羞的學生來幫忙你一些簡單的任務，如：遞東西或是開燈。

5. 運用布偶。只要可以躲在布偶或是面具後，通常那些害羞的學生會演得比較自在。

6. 給他們溫暖的鼓勵與正向的強化。

非常好動的學生帶給教師不一樣的挑戰。這些學生通常用不被班上所接受的行為來博取注意。他們需要特別加強正面的行為，下面是一點點提示：

1. 準備一些不同的活動，因為這些學生通常注意力很短暫。

2. 讓他們知道你希望他們玩得開心但是也要認真，不會容忍爭執與亂來。如果需要的話，讓他們暫時坐在一邊不能參加，並且答應他們，只要他們遵守規則就可以回到活動中。

3. 運用一些活動讓這些學生自願為團體進行默劇。給所有的自願者讚美及掌聲，他們需要這種讓自己覺得很棒的感覺。

4. 開始的活動通常都以身體動作為起點。就如害羞的學生一樣，好動的學生也需要從例行的活動中得到安全感。

5. 請好動的學生偶爾當你的「助理」。

6. 提出一個問題，並且請學生給些建議。例如：「我們要表現出一隻鱷魚吃了猴子。我們該怎樣在沒有碰觸的情況下表演出來？蘇西，你覺得呢？」接著採用蘇西的意見，或者以她的想法進行延伸。

7. 當他們表現得很好或者合作的時候，偶爾拍拍他們的背後、肩膀或手臂。

8. 冷靜地說話。如果他們調皮搗蛋，那他就得為此付出代價，並且到一旁靜坐。你可以帶著由衷的同情心，但是還是要向他們說清楚規矩。例如：「哦，詹姆士，你忘了規則了。去那邊坐著。我想你下次會記得比較清楚。」然後馬上回到班上的活動中。

## 五、家境貧困的學生

全世界來自貧困家庭的學生通常都不會接觸到文化資源，例如：文學、藝術、表演、社區之外的旅行等等。這些學生也跟其他學生一樣，只是有一些特殊的需求而已。下面有一些建議：

1. 試著找出貼近學生生活主題的戲劇題材。除了電視及電影之外，許多學生從來沒有接觸過戲劇／劇場的活動。

2. 開始時慢慢來；他們會很快跟上戲劇的概念並且以此為樂。

3. 選擇比他們的年齡層稍長的教材。許多出身於低收入戶家庭的學生比其他學生更早熟——因為他們要自己打理好一切。不要用高高在上的口氣對他們說話。

4. 選擇有大量情節的故事。

5. 不要被他們嚇到。有些學生真的會說到做到。

6. 保持與當前流行的音樂、穿著文化接軌。這樣的體認可以幫助你更了解那些學生，而且會贏得他們的尊敬。

7. 讓他們知道你希望他們玩得開心但是也要認真，不會容忍爭執與亂來，如果他們做出不可接受的行為，需要的話可以暫停戲劇活動。一般來說他們渴望能抒發創意，所以暫停活動可以有效地讓他們安靜和守規矩。

8. 盡可能給他們最多的關心。許多學生在日常生活中極少獲得個別的關懷。

9. 在戲劇活動中以他們傳統的文化慶典、文學、藝術以及音樂為中心，藉此表達對他們出身的文化傳統的尊重。

　　世上沒有兩片相同的雪花。只要深入觀察，就可以了解每個人的獨特性，進而欣賞複雜的組成結構。也可謂，世上沒有兩個人是相同的，每個人都是獨一無二。當仔細觀察一個學生的時候，就會開始欣賞他獨有的特質。教師有這個良機啟發每個學生的特性，這樣學生以及其他人也可以認同並且欣賞每個人的天賦。

# 評量

老師們每天都在從事評量的工作，並且決定哪些是適當可行，而且對學習有直接效果的方法。為了能夠對學習與教學之成果下一明確的判斷，我們必須先對教學目標與學習目的有一番清楚的了解。若想要確保評量的結果具有教育價值及溝通上的意義，我們一定得發展出一套清晰的評量準則。

就目前的戲劇課程中，我們評量的重點，應該擺在學生個人的成長上。從學生們如何參與戲劇的活動、他們做出的效果及對美感經驗的反應，這些都能反映出他們進步的情形。其中評量的基準，應該以學生個人的潛在能力為主。以此為出發點。記下其進步的情況，而不要在學生中互相比較。

基本上，有兩種評量的方式：「持續性」與「總結性」評量方法。**持續性評量方法**能幫助老師發展適合學生的活動計畫，以增進他們的能力，且在評估學生的表現時認明需要加強的技巧。最直接的方式就是與學生討論其優缺點；間接的方式是在學生的舊經驗上，組織一些新的活動。在本書中，每課結束時的評量工作，就可以提供「持續性」的評估資料。這些評量工作包含學生是否已達成戲劇教學目標的問題，及口頭、繪畫或寫作等評估活動的應用建議。「持續性的」評估可以做為「總結性」評估的基礎。

**總結性評量方法**是對學生們在某個特定的時段之成就所做下的紀錄。與「持續性」評量方法比較起來，「總結性」遠不及「持續性」來得普遍，但它較具重要性，能引起較多的「關注」，且被許多學生、家長及教育行政人員當成「實質」的評量結果。對於以上兩種評量方法，其「對象」通常也有所不同。

「持續性」評量方法是針對每天老師與學生的關係,而「總結性」評量方法是用來讓家長們知道他們孩子的進步情形,藉以決定學生是否能接續下個階段的學習。因此,最重要的一點,就是必須認明每一次評量的確實目標以及所給予評量資料的對象。

# 評量方法

在戲劇課程中給學生進行評量的時候,教師要試圖從學生的行為當中尋找出他們了解某些藝術形式觀點的表現。有時候,這些行為可以很容易在演出文學作品或者即興創作時表現出來。如果學生表現得很好,那麼可以由此推論他充分了解戲劇概念的程度。然而,單只針對表演進行評量,會使人過度偏向以學生的藝術天分來評分,這並不是劇場/戲劇藝術課程的最終目的。所以教師必須用心評估,在天才型學生的即興創作和一般性學生學習後的表現間,取得一個平衡點。

目前有許多評量方法可以適當地運用,它可以幫助大家在評估課程時取得所需要的平衡,其中的方法包含:課堂討論、錄音及錄影紀錄、問題解決方案、角色扮演、口頭及書面評析、口頭及紙筆測驗、畫圖、日誌與評量檢核表。雖然每一課最後評量的段落都提出一些策略建議,教師可以自行選擇對班上學生最重要的部分來進行。

## ♥ 課堂討論

**課堂討論**是一般最普遍使用的方式。事實上,老師會發現這種討論方式已經是戲劇活動過程中的一部分,它稱為「反省」或「評估」,且早就已經被設定於每課的單元中。這類討論的目的,是讓學生們能學習如何以一種建設性的態度來評量自己與他人活動之成果。它是根據教師的教學目標所設定之相關的問題。

## ♥ 錄音與錄影

間隔性運用**錄音及錄影**的方式,能幫助學生更清楚地評估自己的活動成

果，也能幫助老師評估學生的進步情形。經過兩三次的試驗後，學生們會比較習慣於錄影鏡頭，且能表現得比較自然。

## ♥ 問題解決方案

　　**問題解決方案**需要活用知識、明辨判斷及當機立斷等能力。這類開放式的創作活動是以「過程」而非「預定成品」為發展的重點。因此，老師個人的觀點不應該影響限制了學生的創造性。以下的例子就是屬於這類性質活動：「發展一段人與環境相衝突的情節」。

## ♥ 角色扮演

　　**角色扮演**與問題解決方案有其相關性。學生們在實際的參與行動中，顯示其對某個概念之了解。譬如，如果教學目標是：「期望學生們能了解一個人物的心態及對其所做的事情之影響」，學生們首先必須分配到一個人物及若干動作，譬如：媽媽烤小餅乾。然後，學生用不同的方法來扮演這個角色：高興，因為有位老朋友將登門拜訪；又煩又趕，因為她才接到通知，必須在一個小時內帶餅乾去一個聚會；又累又亂，因為她感冒了。

## ♥ 口頭及書面評析

　　從欣賞學生彼此的活動或欣賞正式演出後所做的**口頭及書面評析**，可以幫助了解學生在戲劇美感判斷上進步的情形。「口頭評析」可以提前開始進行。「口頭評析」由課堂上的討論而來，多是正面、建設性而非負面的語氣。這類的評析必須依設定的標準為基礎。譬如，有時候半數的學生可以做出某個人物的默劇，然後指定另一半的同學個別專心觀察一位同學，以給予特別的評論。譬如：「那個人是如何表現出他走過一片黑森林或山洞等。」當學生們的動作技巧慢慢增進時，我們也可以用同樣的方式來做書面的評量。

## ♥ 口頭及紙筆測驗

　　**口頭及紙筆測驗**能用來評量學生對專有名詞、情節架構或人物動機等概念

之了解。譬如說，要學生寫一個故事，來表明一個清晰的情節架構，或要學生說出剛剛演出的故事中事件發生的先後順序。

### ❤ 畫圖

**畫圖**或其他視覺藝術作品的表現，可以用來評估學生對戲劇相關概念的了解，即使當他沒有辦法用言語表達出來時。雖然教師傾向在低年級時運用畫圖這個方式，中年級的教師也可以考慮採用這樣的方式。對某些學生來說，畫圖是一個完美的表達方式，而教師也常常會驚訝於一個不多話的學生會知道這麼多！

### ❤ 日誌

對於年紀稍長的學生而言，**日誌**可以幫助他們反思課程的內容及自我對戲劇美感判斷和表現的了解。日誌寫作可以是經過指導的，但也可不需指導。六年級生的劇場／戲劇藝術課程中的日誌建議是需要經過指導的。指定與課程有關的特定作業。通常會有很多種選擇，可以讓教師或學生自行發揮。除了寫作之外，也可以包含反省性的畫圖。教師定期參閱學生的日誌，並且記錄學生從學習中領悟觀念的程度多寡。為了避免一次需要閱讀大量的資料，有些教師一次只挑選五份日誌進行批閱。

### ❤ 評量檢核表

使用**評量檢核表**來評量學生的個別進步情況與成果相當有用。檢核標準可以聚焦在某些特定的戲劇目標上，同時也須注意在達成有效的戲劇／劇場工作中，個人與團體所表現的行為。這些檢核表能夠記錄學生能力精進的情形。

不論教師挑選一個或多個評量的方法，記錄學生的學習過程對於規劃未來的課程是很重要的。教師在戲劇課程時會主動與學生一起參與，所以在課程之後可以記錄下他的觀察。不一定要每日記錄，只要定期並在期初、期末記錄，就已經足夠顯示學生在課程中對單元要素熟練的進步情形。教師可以在一節課程結束後，就馬上記錄每個學生的表現，或者也可以針對不同的組別進行評估，

這樣或許更容易處理。觀察行為可以根據不同的活動選擇觀察全部或者限定的部分（NA 表示觀察不到的行為）。

老師可以用一個檢核表或評量表，最簡單的方式就是檢核表。在方格中打記號，就表示已經看到了希望達到的行為表現，空白的則表示還需要再加強。

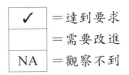

| ✓ | ＝達到要求 |
|---|---|
|  | ＝需要改進 |
| NA | ＝觀察不到 |

如果需要更詳細的進步發展之紀錄，可以採用由 1 至 4 的數字來表達「進步程度」的表格，而不單只用上例中「有」或「沒有」的檢核表。

| 1 | ＝差 |
|---|---|
| 2 | ＝尚可 |
| 3 | ＝好 |
| 4 | ＝很好 |
| NA | ＝觀察不到 |

老師也可以對每個學生做個人紀錄，或對每次的教學活動做全班性的紀錄。老師也可以考慮讓學生用同樣的評量表，定期做自我評量的工作。中年級的學生可以開始認真地檢討他們自己的行為是否合乎班級課業的期望。學生的自我評量可以定期與教師的評量做比較，並且針對每一個差異進行討論。

下列的持續性行為評量範例表格比各年級每一章開頭所列的行為（指綜合表列指南）還要詳細些。不論任何層級，教師可以採用適合班級的表格。

本章後面也有針對三個單元要素為評量標準的表格。評量標準的表格用於個別學生時，垂直列可以寫上課程名稱以及日期；若是用於一個班級，垂直列可以一直增加並且寫上學生的名字。下面的例子，課程名稱以及日期可以寫在表格上。再次強調，教師可以自由針對每個班級的情況調整表格。

日期：　　　　　　課程名稱：

| 學生姓名　　　　　　　「持續性」的戲劇行為 | | | | | | | | |
|---|---|---|---|---|---|---|---|---|
| **專注力** | | | | | | | | |
| 　遵從指示 | | | | | | | | |
| 　持續地參與活動 | | | | | | | | |
| **想像力** | | | | | | | | |
| 　提供原創的想法 | | | | | | | | |
| 　直覺自發地反應 | | | | | | | | |
| 　創意地解決問題 | | | | | | | | |
| 　綜合想像，描述細節部分 | | | | | | | | |
| **合作互動** | | | | | | | | |
| 　對團體有所貢獻 | | | | | | | | |
| 　有禮貌地聆聽別人 | | | | | | | | |
| 　輪流合作 | | | | | | | | |
| 　扮演領導者的角色 | | | | | | | | |
| 　扮演追隨者的角色 | | | | | | | | |
| 　接受團體的決定意見 | | | | | | | | |
| **非語言的表達** | | | | | | | | |
| 　運用恰當的手勢 | | | | | | | | |
| 　運用恰當的動作 | | | | | | | | |
| **語言表達** | | | | | | | | |
| 　清楚地說話 | | | | | | | | |
| 　富於表情地表達 | | | | | | | | |
| 　即席的對話 | | | | | | | | |
| **評估與分析批評的能力** | | | | | | | | |
| 　對討論與評估有建設性的貢獻 | | | | | | | | |
| 　表演中顯示進步的情形 | | | | | | | | |
| **態度** | | | | | | | | |
| 　參與合作 | | | | | | | | |
| 　害羞退縮 | | | | | | | | |
| 　調皮對立 | | | | | | | | |

# 評量表

學生姓名：_____　　計畫名稱：_____

班級／時段：_____　　評估者：_____　　日期：_____

評析標準　　　　　　－　　　＋　　評語

| 評析標準 | | 評語 |
|---|---|---|
| | 1 2 3 4　NA | |
| | 1 2 3 4　NA | |
| | 1 2 3 4　NA | |
| | 1 2 3 4　NA | |
| | 1 2 3 4　NA | |
| | 1 2 3 4　NA | |
| | 1 2 3 4　NA | |
| | 1 2 3 4　NA | |
| | 1 2 3 4　NA | |
| | 1 2 3 4　NA | |
| | 1 2 3 4　NA | |
| | 1 2 3 4　NA | |
| | 1 2 3 4　NA | |
| | 1 2 3 4　NA | |
| | 1 2 3 4　NA | |

1 ＝差　2 ＝尚可　3 ＝好　4 ＝很好　NA ＝觀察不到

| 單元要素<br>　　表演：肢體與聲音的表達運用 | | | | | |
|---|---|---|---|---|---|
| 概念<br>　　動作 | | | | | |
| **評量標準** | | | | | |
| 準確地做出重複動作 | | | | | |
| 綜合動作 | | | | | |
| 在各種旋律下的動作 | | | | | |
| 肢體可以單獨動作 | | | | | |
| 創作對比的動作模式 | | | | | |
| 在大小空間中靈活地移動 | | | | | |
| 認識各項「方位」的動作 | | | | | |
| 知道動作輕重的不同 | | | | | |
| 安全地倒下 | | | | | |
| 創造各種動物的動作 | | | | | |
| 詮釋各種物品的動作 | | | | | |

| 單元要素<br>　表演：肢體與聲音的表達運用 | | | | | |
|---|---|---|---|---|---|
| 概念<br>　感官覺察與默劇 | | | | | |
| 評量標準 | | | | | |
| 對指示做出適當的回應 | | | | | |
| 仔細描述個人對實際物件的感官體驗 | | | | | |
| 仔細描述個人對虛擬物件的感官經驗 | | | | | |
| 能用五官感應來激發想像力 | | | | | |
| 清晰地表達出動物的動作 | | | | | |
| 清晰地表達出物體的特質： | | | | | |
| 　　大小 | | | | | |
| 　　形狀 | | | | | |
| 　　重量 | | | | | |
| 　　質感 | | | | | |
| 　　溫度 | | | | | |
| 清晰地表達出特定的地點 | | | | | |
| 清晰地表達出特定的活動 | | | | | |
| 清晰地表達出人物的動作與行為 | | | | | |

| 單元要素<br>　　表演：肢體與聲音的表達運用 | | | | | | |
|---|---|---|---|---|---|---|
| 概念<br>　　聲音與對白 | | | | | | |
| 評量標準 | | | | | | |
| 模仿動物的聲音 | | | | | | |
| 模仿環境中的聲音 | | | | | | |
| 創造人物的聲音 | | | | | | |
| 清楚明白地說話 | | | | | | |
| 表達不同的含義，包括改變口語的： | | | | | | |
| 　　強度 | | | | | | |
| 　　音高 | | | | | | |
| 　　音量 | | | | | | |
| 　　速度 | | | | | | |

| 單元要素<br>　　表演：肢體與聲音的表達運用 | | | | | | |
|---|---|---|---|---|---|---|
| 概念<br>　　情緒回溯 | | | | | | |
| 評量標準 | | | | | | |
| 回溯且描述出不同的情感 | | | | | | |
| 用肢體來表達情感 | | | | | | |
| 用聲音來表達情感 | | | | | | |
| 在演出的情境中，適當地表露情感 | | | | | | |
| 能夠跳出自我，表達出人物中對比的情緒 | | | | | | |

| 單元要素<br>　戲劇創作／劇本創作：集體即興創作 | | | | | |
|---|---|---|---|---|---|
| 概念<br>　運用感官回喚、默劇、對白將文學作品戲劇化 | | | | | |
| 評量標準 | | | | | |
| **感官回喚**<br>對指示做出適當的回應 | | | | | |
| 仔細描述個人對實際物件的感官體驗 | | | | | |
| 能用五官感應來激發想像力 | | | | | |
| **默劇**<br>清晰地表達出動物的動作 | | | | | |
| 清晰地表達出物體的特質： | | | | | |
| 　　大小 | | | | | |
| 　　形狀 | | | | | |
| 　　重量 | | | | | |
| 　　質感 | | | | | |
| 　　溫度 | | | | | |
| 清晰地表達出特定的地點 | | | | | |
| 清晰地表達出特定的活動 | | | | | |
| 清晰地表達出人物的動作與行為 | | | | | |
| **對白**<br>創造人物的聲音 | | | | | |
| 清晰明白地說話 | | | | | |
| 表達不同的含義，包括改變口語的： | | | | | |
| 　　強度 | | | | | |
| 　　音高 | | | | | |

（續下頁）

348

| | | | | | | |
|---|---|---|---|---|---|---|
| 音量 | | | | | | |
| 速度 | | | | | | |
| **情緒回溯**<br>用肢體來表達情感 | | | | | | |
| 用聲音來表達情感 | | | | | | |
| 在演出的情境中，適當地表露情感 | | | | | | |
| **即興創作之情節**<br>發展有清楚的開頭、中間、高潮及結尾的故事 | | | | | | |
| 了解三個主要的衝突來源 | | | | | | |
| 表現出「場景」對情節之影響 | | | | | | |
| 表現出「時間」對情節之影響 | | | | | | |
| **人物塑造**<br>表現出人物外型特徵 | | | | | | |
| 表現出人物的動機 | | | | | | |
| 表現出人物的態度 | | | | | | |
| 運用對白與聲音表現人物 | | | | | | |
| 注意聆聽且對其他人做適當的回應 | | | | | | |
| 持續專注力／人物塑造 | | | | | | |
| 從各種觀點表現情節 | | | | | | |

| 單元要素<br>　　戲劇創作／劇本創作：集體即興創作 | | | | | | |
|---|---|---|---|---|---|---|
| 概念<br>　　運用偶戲、影子戲將文學作品戲劇化 | | | | | | |
| 評量標準 | | | | | | |
| 建構簡單的手偶、身體偶與影子偶 | | | | | | |
| 演出故事或詩歌，運用： | | | | | | |
| 　　適當的操偶動作 | | | | | | |
| 　　人物聲音 | | | | | | |
| 　　明確清晰的口語 | | | | | | |
| 　　適當的強度 | | | | | | |
| 　　適當的音高 | | | | | | |
| 　　適當的音量 | | | | | | |
| 　　適當的速度 | | | | | | |

| 單元要素<br>　回應與建構意義：美感能力之發展 | | | | | |
|---|---|---|---|---|---|
| 概念<br>　觀賞戲劇演出 | | | | | |
| 評量標準 | | | | | |
| 演員和觀眾之間的關係以及觀眾禮儀<br>準時進場 | | | | | |
| 表演前輕聲交談 | | | | | |
| 表演中不離席 | | | | | |
| 表演中不交談或飲食 | | | | | |
| 聚精會神地回應表演者 | | | | | |
| 在適當的時機鼓掌 | | | | | |
| 等候依序離場 | | | | | |
| 人物塑造<br>（對觀看表演後的了解，如） | | | | | |
| 　外型特徵 | | | | | |
| 　人物動機 | | | | | |
| 　態度對行動之影響 | | | | | |
| 　聲音的運用 | | | | | |
| 　動作及默劇的運用 | | | | | |
| 情節<br>描述主要的衝突 | | | | | |
| 描述場景對戲劇之影響 | | | | | |
| 描述時間對戲劇之影響 | | | | | |
| 預知劇情結果 | | | | | |
| 建議劇情替代方案 | | | | | |

（續下頁）

| 舞台考量<br>（描述下列事項對於演出的貢獻） | | | | | |
|---|---|---|---|---|---|
| 場景 | | | | | |
| 燈光 | | | | | |
| 服裝 | | | | | |
| 音效 | | | | | |
| 其他特效 | | | | | |
| 評估與進行美感判斷<br>討論一般對於戲劇演出的反應 | | | | | |
| 提出意見的原因，基於： | | | | | |
| 人物塑造 | | | | | |
| 情節 | | | | | |
| 舞台效果 | | | | | |

| 單元要素<br>　　回應與建構意義：美感能力之發展 | | | | | |
|---|---|---|---|---|---|
| 概念<br>　　了解電視、電影與劇場表演間的異同 | | | | | |
| 評量標準 | | | | | |
| 描述關於下列事項的異同： | | | | | |
| 　　場景 | | | | | |
| 　　演出 | | | | | |
| 　　動作發生的時間 | | | | | |
| 　　特效 | | | | | |
| 　　攝影機的角度 | | | | | |
| 　　觀眾的位置 | | | | | |

# 劇場／戲劇藝術名詞解釋

**演出（act）**

在創作戲劇的過程中，孩子們揣摩表達某個故事或情節中的人物部分。

**美感能力之增進（aesthetic growth）**

增進孩子對於劇場／戲劇藝術之了解與鑑賞能力。

**人物（character）**

在一幕景、一部戲或一則故事中，具有明顯的外型、內在與個性的人物、動物或生物。

**兒童發展（child development）**

劇場／戲劇藝術能夠幫助孩子們發展對自我存在之肯定，且進一步了解自己是創作個體、社會個體、經驗整理者與環境參與者。

**兒童劇場（children's theatre）**

為兒童觀眾所表演的戲劇。

**結束活動（closing activity）**

一個靜態的活動或討論，可以幫助孩子沉靜下來並且為他們參與下一個題材或限制活動預做心理準備。

**溝通（communication）**

藉語言或非語言來與他人或群體互相交換接收訊息的過程。

**專注力（concentration）**

不受外界干擾，能集中精神專注於手邊事物的能力。

## 創造性戲劇（creative drama）

一種即席、非表演且以「過程」為主的戲劇形式。活動的方式是由一個領導者帶領一群參與者將人類生活經驗加以想像（imagine）、反應（enact）及反省（reflect）的過程（此乃根據美國兒童戲劇協會的定義）。

## 評論家（critic）

一個專業的戲劇評論家於觀賞表演後，在報紙、廣播或電視節目發表評論或描述作品／劇本的優缺點。

## 評論（critique）

以文章或口頭方式評論表演的優缺點。

## 設計者（designer）

專業的劇團中通常有許多設計者：場景設計為每一個場景規劃舞台布置；服裝設計安排角色的服裝穿著；燈光設計規劃每一幕的燈光以及製造不同效果；音效設計策劃每一個所需的聲音或音樂。

小劇團中通常是一位設計者進行所有舞台功能的設計。通常設計者會兼顧設計與製作的任務，如：搭建場景並製作服裝。

設計者（們）通常是製作團隊的一員，與製作人及其他相關人員共同呈現戲劇給觀眾看。

## 對白（dialogue）

劇中人物用來溝通其思想的語言。

## 戲劇乃藝術（drama as an art）

經由教學來幫助學生了解及欣賞這類由「對白」及「動作」來敘述一個故事的藝術活動。

## 戲劇乃教學工具（drama as a teaching tool）

把戲劇當成一種教學工具，用它來增進擴展及加強孩子們對其他學科常識（concept）的了解。此種教學方式能使孩子們綜合身體、四肢、頭腦及情

感等方面來學習，它能使所學之概念更易牢記於心。

### 情緒覺察（emotional awareness）

用活動來提升自我及他人情感之體認。

### 情緒回溯（emotional recall）

在扮演一個角色時，能夠真切地將過去的情感經驗重新喚回且再將之投射於劇情中人物的能力。

### 評估（evaluation）

在演完一段故事或情節片段後，針對這段創作活動的過程，對個人及整體的努力成效加以檢討與反省之部分。

### 幻想（fantasy）

利用想像力所創造出奇特、怪異且不真實的人物或場景。通常像外星怪物、會說話的玩具都屬此類。

### 姿勢（gesture）

一種用動作與身體手勢來溝通意念、情感或狀況的表達方式。

### 想像力（imagination）

將非具體的物象或從未有過的經歷呈現於「心像」中（mental picture）的過程。它也可能是一種以意象（images）來綜合以往經歷的過程。

### 聲音模仿（imitative sound）

模仿風、雷、動物等的聲音效果。

### 即興創作（improvisation）

在特殊設定的情況下，經由動作與台詞，即興自發地創造出一個人物的過程。

**詮釋性動作（interpretive movement）**

用來表達非人之角色（non-human role）或一個抽象之概念的動作。例如：火、風、力量、愛。

**開場白（introduce）**

戲劇創作過程的一部分。其中由老師提出一個具誘發性的故事或討論，藉此對接下來的活動或故事，對孩子先預做心理準備，以幫助孩子對故事中之人物或情景產生認同。一個有效的開場白，能激發孩子的思考以及感受力（feeling）。

**自創性的對白（original dialogue）**

即興創作一個人物的對白。

**默劇（pantomime）**

不用語言所表達出的行動、動作及姿勢。

**感受力（perception）**

人類運用五官感應去獲得外界物象的訊息之過程。它可能簡易如用來辨識一塊布料之顏色、認清某個聲音的音調，它也可能繁複如描述一個故事情節線或創造一個人物角色。

**計畫（plan）**

戲劇創作過程的一部分。由老師提出問題來引導孩子們了解戲中人物的動作及感情，及對劇情程序之認識，以備演出之需。

**演出（playing）**

即興創作與演出劇中的人物。

**角色扮演（playing in role）**

領導者在創作戲劇的演出中所使用的技巧，在其中領導者扮演富有權威性的角色來增加劇情的推展工作。

### 劇作家（playwright）

撰寫戲劇的人。通常劇作家會在劇團排演戲劇時一起合作，並且在排練時直接修改劇本。

### 情節（plot）

透過人物的動作及對白來表現一個故事。其結構通常包括開頭、中段及結尾。由一個核心的問題，發展複雜的細節並推展至高潮，再進入問題終結的過程。

### 偶戲（puppetry）

把物體經擬人化後，創造出一些如戲劇情節中的人物角色。

### 發問（questions）

以「為什麼」、「什麼是」、「什麼時候」、「什麼地方」、「如何」、「誰」開頭的開放性問題較能鼓勵大家參與討論。但以「是」或「不是」之答案為主的封閉性問題很難有良好的討論。譬如說：「這個人物如何展現她的能力呢？」（開放式問題）；「這個人物有展現她的能力嗎？」（封閉性問題）。

### 饒舌歌曲（rap）

一種 1980 年代後期盛行的音樂類型，歌詞通常是用快速念出來的方式，帶有強烈的節奏。

### 反應力（reaction）

對刺激的反應能力。戲劇之基礎在於劇中人物行為的動作與反應。

### 反省（reflection）

針對一個人的所作所為、或親眼目擊到事件或透過閱讀到的內容，聯想自身生活經驗進行思考。

### 二度演出（replaying）

重新演出一部戲或其中情景，以提供改進與交換角色的扮演機會。它能給予孩子們扮演其他人物的機會。

### 韻律動作（rhythmic movement）

具有某些韻律節奏的活動。

### 角色扮演（role playing）

在一個即興創作的情況劇中（dramatic situation），擔任自己以外的角色（人物）。

### 劇情（scenario）

一部戲劇的劇情大綱，沒有對白。

### 感官覺察（sensory awareness）

由經驗來促進感官接收的敏銳度——開放五官知覺來增加其感受認知的能力。

### 感官回喚（sensory recall）

能以記憶來回喚某些感官的經驗，以正確再現那些感官經驗的能力。

### 影子戲（shadow play）

一種用平面木偶、手掌或人的側影，在一個具背影燈光的布幕後所演出的偶戲。

### 旁述指導（sidecoaching）

一項在戲劇演出中所使用的領導技巧。領導者在演出場地的一旁，提供參考意見以加強增進整個劇情之發展。

### 情境中的角色扮演（situation role playing）

把重點放在「了解別人的觀點」之即興創作。

359

### 空間的認知能力（spatial perception）

著重身體在空間中的活動或與其他相關人物間的活動。

### 故事戲劇化（story dramatization）

以文學為題材所即興創作出的戲劇形式。

### 主題（theme）

由劇情及劇中人物所發展出的表演的中心思想。

### 暖身活動（warm-up）

以肢體與（或）聲音來幫助孩子們集中精神的活動。

附錄

A

# 創意教學建議

下列教學建議可以做為你想要將課程轉化成戲劇活動的跳板。就如其中的敘述，有些可以當成每日一到五分鐘的銜接活動，也可以拿來當做其他正式課業後的休息活動。這些建議事項並沒有依照一定的順序排列，老師可以自行採用適合班上的活動進行。

361

## 節日與季節

### ❤ 萬聖節

1. 依據莎士比亞作品《馬克白》（*Macbeth*）第四幕第一場的女巫詩歌進行編劇：

> 不憚辛勞不憚煩，
> 釜中沸沫已成瀾。
>
> 沼地蟒蛇取其肉，
> 臠以為片煮至熟；
> 蠑螈之目青蛙趾，
> 蝙蝠之毛犬之齒，
> 蝮舌如叉蚯蚓刺，

蜥蜴之足梟之翅，

煉為毒蠱鬼神驚，

擾亂人世無安寧。


不憚辛勞不憚煩，

釜中沸沫已成瀾。

（譯註：引自網路翻譯 http://www.novelscape.net/wg/s/shashibiya/mkb/004. htm）

2. 請學生想像現在是午夜的萬聖節。他們正躺在床上睡覺的時候，突然覺得被下了詛咒。他們感覺到詭異的氣氛。接著以慢動作變成其他東西。然而，他們不是變成惡魔作惡，而是成為有強大力量為善的人。他們有一個小時可以完成對世界最有幫助的事。

## 💜 感恩節

1. 請學生想出一件他可以為特定的家庭成員做到，並令他滿懷感謝的事。以默劇表演出來。

2. 分成小組，請學生們討論想要感恩的事物，並且將它轉化成一幕演出。

## 💜 寒假

1. 集思廣益一些對於比他們不幸的人，例如在療養院的人、無家可歸的人、在醫院的孩童，寒假該怎麼做會比較快樂的想法。分組進行，學生表演出可能讓這些特殊族群更快樂的作法。稍後，他們也可以下定決心在生活中實踐！

2. 學生以默劇輪流呈現他們最喜歡的寒假活動。

## 💜 秋天

1. 請學生以默劇呈現與秋天相關的活動。例如：在秋天進行的美式足球活

動，除了「競賽」之外，可以呈現鼓號樂隊、遊行指揮、啦啦隊、商品販賣及作秀等活動。

2. 秋天也代表著學校新學期的開始。請學生演出最喜愛學校的部分。如果願意的話，也可以請學生表演出最不喜歡學校的部分。

## ♥ 冬天

1. 請學生以默劇呈現出冬天最喜歡做的事。

2. 改編希臘神話「豐收女神與冥王之后普西芬尼」。

3. 請他們表演出冬天最不喜歡的事情。

## ♥ 春天

1. 請學生以默劇呈現出在好天氣裡他們最喜歡在戶外玩的遊戲。

2. 請學生以默劇呈現出起風的日子裡放風箏的情境。若是風箏卡在樹上會發生什麼事？

3. 每一位學生變成風箏進行默劇活動。

## ♥ 夏天

1. 夏天的時候他們最期待進行什麼樣的活動？除了說出來之外，可以直接呈現他們的想法。

2. 他們在森林中探險，接著發生了一件神祕的事情。發生了什麼事？他們會怎麼做？

3. 他們感覺到很無聊；好像沒有什麼事可以做。突然他們向上望，看到一道奇異的光線在整個房間閃爍。無論那道光是什麼，它想要帶他們去冒險。這是一趟怎麼樣的冒險旅程？他們會以什麼樣的方式到達那個地方？

## ♥ 生日

1. 請學生思考以生日的人的姓或是名開頭，或者是以壽星生日的月份為名

363

的禮物。以默劇呈現出這些禮物。例如：莫文蔚可能會得到摩托車、墨魚、抹茶粉、文房四寶、文具禮盒、蚊香、胃散、衛生紙。這個活動可以個別進行，也可以分組進行。

# 各種感覺

💜 **觸覺**（請學生持續閉上眼睛並專注於觸覺部分）

1. 請學生觸摸椅子的每一個部分並且描述它的觸感。
2. 兩人一組，找出一樣東西給他的夥伴觸摸。夥伴描述他的觸感後，試著分辨出這項物品是什麼。
3. 請學生觸摸各種觸感的物品，再去觸摸其他的物品，之後告知哪樣物品和前面摸到的觸感是相同的。
4. 兩人一組，以觸摸的方式探索夥伴的手。八或十位學生圍成一個圓。一個同學眼睛閉上站在圓圈中央，試著從圍成圓圈的人當中，以觸摸手的方式找出他的夥伴。

💜 **視覺**

1. 在可以清楚看見某些物品的房間進行「二十個問答」遊戲。一位學生心中暗想在房間內的某個物品。其他學生以是非題的方式進行提問，而學生只能回答「是」或「否」。學生們必須要在二十個問題問完之前猜出那樣物品。
2. 注視一張圖畫三十秒，接著要學生一一寫下所記得的圖畫內容。之後將圖畫與清單相互對照。
3. 將一個裝衣物的塑膠袋，如乾洗店的那種，弄皺縮成一個小球。接著張開你的手掌。當塑膠袋開始改變樣式的時候，可以請學生聯想類似樣式的各種物品。
4. 請學生閉上眼睛，想像他們「看到」一隻鱷魚向他們走過來。給他們一分鐘在腦中想像接下來發展的劇情。之後，大家可以進行討論。

💜 **聽覺**（閉上眼睛）

1. 製造一些音效，例如：調整窗簾、翻書、將水倒入玻璃杯中的聲音。請學生依照聽到的順序辨認這些聲音。

2. 兩人一組，一位學生製造一些聲音讓他的夥伴依序辨認。最初從三種聲音開始，接著持續增加聲音的種類，一直到沒有辦法依序記住那些聲音為止。

3. 請學生回想一位家人的聲音。如果他很興奮時，聲音會是怎麼樣的；生氣時，聲音又會是怎麼樣的呢？試著描述那個聲音。

4. 請學生聽一段音樂，並且在聽到某些樂器、特定的旋律或是鼓聲的時候舉起他們的手。

💜 **味覺**

1. 請學生以默劇呈現出正在享用他們最喜歡的食物的樣子，特別注意食物在嘴巴裡的感覺。接著請學生描述他們的感覺以及味道如何。

2. 接著請學生以默劇呈現出吃熱騰騰的食物的樣子。然後請學生想出一些「辣」的食物，例如：墨西哥辣椒，並且想像自己正在吃那樣東西。這兩種食物有何差異？這兩種不同的體驗是發生在嘴裡不同的位置嗎？

3. 請學生想像吃冰冷的食物的樣子。描述那一種食物的味道以及吃的感覺。

💜 **嗅覺**

1. 想像學生們在某個地點聞到最愛的味道。在想像出那個環境的時候，回憶那個味道。

2. 討論哪些特定的地方或情況會有些特殊的味道。例如：大雨後的森林、炎熱夏天的戶外、剛修剪的草皮、有人抽菸的房間或海邊。

# 探險

1. 學生進行一項拯救的任務。什麼樣的地點呢?外太空、海底、洞穴、起火的房子、湖邊、高山上、森林裡、馬戲團中、荒蕪的沙漠、雜貨店或者是飛機上?

2. 他們扮演探險家。他們在尋找什麼?寶物、滅亡城市的祕密、長生不老的祕方、治療絕症的方法、世界和平的關鍵?

3. 倒轉時光機或前往未來世界去探索當時(或未來)的情景。在下列的詩歌中,請全體學生把手臂搭在彼此的肩膀上圍成一個大圓圈。要前進未來就順時針轉圈,或逆時針旋轉回到過去。

> 時光,時光,請離開,
>
> 我們要穿越時空,
>
> 我們要新的時代。

重複念詩歌三次,每念一次加大一些音量。他們會到什麼地方?變成什麼人?什麼職業?這次的旅程他們前往哪裡?史前時代、獨立戰爭時代、老西部年代、二次大戰的廣島市、西元 1000 年的美國,或新星球?

# 問題解決

(教師描述一些情境,學生可以立即做出回應,或者是以小組的方式呈現出來。)

1. 如果回家的時候發現家裡遭小偷了,會有什麼反應?

2. 如果你是轉學生,但是沒有人肯跟你一起玩時,該怎麼辦?

3. 如果當保母的時候發現鄰居家失火了,這時該怎麼辦?

4. 如果沒學校念該怎麼辦?

5. 如果聖誕假期時卻發現家裡沒有錢可以買禮物時,會有何反應?

6. 如果夜晚漸漸降臨卻在森林中迷了路時,該怎麼辦?

7. 如果你養的寵物突然用你的語言跟你說話時,你會有什麼反應?

8. 如果你有三個願望的話，你會怎麼做？

9. 如果你要替你最喜愛的電視演員準備晚餐，你會怎麼做？你會準備什麼食物？會邀請什麼人？想聊些什麼呢？

10. 如果你最要好的朋友突然不跟你講話了，你該怎麼辦？

# 放鬆

（下列的畫面應該有助於學生放鬆身心。他們也可以自己增加其他的景象。）

1. 海浪拍岸的畫面與聲音。

2. 天氣晴朗無風的日子裡，獨自在一艘船上。

3. 化身為正被滿懷愛意的人仔細雕塑的一塊黏土。

4. 飄浮在雲上。

5. 躺在和煦的陽光下，微風輕拂。

6. 聽你最愛的音樂。

7. 站在最高的山峰上俯瞰全世界。

8. 凝視著一道強烈的光線漸漸變暗、漸漸變暗。

9. 坐在小溪旁，看著波光瀲灩，小魚在溪水中嬉戲。

10. 化身慵懶的貓，在溫暖的陽光下，窩在隨風輕搖的吊床上打盹。

# 兒童文學推薦書目

## 詩文集和選集

Anderson, Bernice G. *Trickster Tales from Prairie Lodgefires*.
Nashville, TN: Abingdon, 1979
Tales from Blackfoot, Kiowa, Crow, Ponca, Dakota and Cheyenne tribes.

Appich, Peggy. *Tales of an Ashanti Father*. New York: Dutton, 1981.
Anansi stories and "how and why tales" from West Africa.

Berry, James. *Spiderman Anansi*. New York, Holt, Rinehart and Winston, Inc., 1989.
Twenty Anansi stories, beautifully told, fun to play.

Bierhorst, John. *Doctor Coyote: A Native American's Aesop's Fable*. New York: MacMillan Co., 1987.
Twenty fables in which coyote is either the trickster or the tricked. The morals are witty and pithy: "If you don't need it, don't do it." "It doesn't hurt to be clever, if you're too small to be anything else." Fine satires of the human condition.

Brown, Dee. *Teepee Tales of the American Indian*. New York: Holt, Rinehart & Winston, 1979.
Tales from a variety of Indian tribes, which are set in times when animals lived as equals with people.

Buck, Pearl. *Fairy Tales of the Orient*. New York: Simon and Schuster, 1965.
Many tales worthy of dramatizing from China, Japan, India, Turkey, Russia, Persia, Arabia and Egypt.

Corrin, Sara. ed. *The Faber Book of Modern Fairy Tales*. Winchester, MA: Faber and Faber Inc., 1982.
A collection of 15 fairy tales written over the last hundred years.

DeWit, Dorothy, ed. *The Talking Stone: An Anthology of Native American Tales and Legends*. New York: Greenwillow Books, 1979.
A wide variety of stories from several tribes. Includes *porquois* stories, creation myths, humorous tales and hero tales.

Dobie, J. Frank. *Tales of Old-Time*. Boston: Little, Brown and Company, 1955.
Includes tales about well known characters, such as Jim Bowie, Sam Bass, Sam Houston, as well as tales about animals.

Dolch, Edward W. and Marguerite P. Dolch. *Stories from Japan*. Champaign, Illinois: Garrard Publishing Company, 1960.
Folk talks rich with potential for dramatizing. Many favorites are included, such as "Momotaro, the Peach Boy," "Little One-Inch," and "Urashimo."

Fitzgerald, Burdett. *World Tales for Creative Dramatics and Storytelling*. Englewood Cliffs, NJ: Prentice-Hall, 1962.
A fine collection of less well-known stories, grouped geographically, with cross-referenced recommendations according to age groups.

Foster, John, compiler. *Let's Celebrate*. Oxford: Oxford University Press, 1989
Festival poems from many countries for all times of the year. Lovely photos and illustrations.

Garner, Alan. *A Bag of Moonshine*. New York: Delacorte Press, 1986.
Twenty-two stories from England and Wales. Some are humorous, some are eerie and suspenseful.

Goss, Linda and Marian E. Barnes. *Talk That Talk*. New York: Simon and Schuster/Touchstone, 1989.
An anthology of African-American stories, including animal tales, history, sermons, contemporary stories, tales of ghosts and witches, humorous tales, and raps, rhythms and rhymes.

Green, Lila. *Tales from Hispanic Lands*. Morristown, NJ: Silver Burdett, 1979.
Nine tales from Spain, South America, Mexico and Puerto Rico.

Hall, Robin. *Three Tales from Japan*. New Orleans: Anchorage Press, 1973.
The dramatized folk tales include "The Magic Fan," "The Princess of the Sea," and "Little Peach Boy." Although intended to be produced by adults for children, older children would enjoy the challenge of acting them out themselves.

Hamilton, Virginia. *The People Could Fly*. New York: Alfred A. Knopf, 1985.
Twenty-four American black folktales, from animal tales to slave tales of freedom. Beautifully told and illustrated. Many are excellent for dramatization.

Jagendorf, Mortiz. *Folk Stories of the South*. New York: Vanguard Press, 1972.
A compilation of Indian myths, ghost stories, strongman tales, border episodes, and noodletales.

Jagendorf, Mortiz and Virginia Weng. *The Magic Boat and Other Chinese Folk Stories*. New York: The Vanguard Press, 1980.
Folk tales from the People's Republic of China, reflecting the land's many minorities and the cultural history of the people.

Kipling, Rudyard. *Just So Stories*. New York: Shocken Books, 1965.
These wonderful "why" stories are excellent for dramatizing and also for stimulating the children to develop their own "why" stories.

Lester, Julius. *How Many Spots Does a Leopard Have and Other Tales*. New York: Scholastic, Inc., 1989.
Of the twelve stories, nine are from Africa, two are Jewish, and one is a combination of variants from African and Jewish folklore.

Lindsey, David L. *The Wonderful Chirrionera and Other Tales from Mexican Folklore*. Austin, Texas: Heidelberg Publishing, Inc., 1974.
Droll stories with imaginative endings, accompanied by striking woodcuts by Barbara Mathews Whitehead.

Lobel, Arnold. *Fables*. New York: Harper and Row, 1980.
Original fables that are silly but provocative. Some are good for dramatizing. They could provide impetus for children to create their own fables.

Lyons, Grant. *Tales the People Tell in Mexico*. New York: Julian Messner, 1972.
Includes delightful tales, as well as a glossary and a section detailing the background of the stories.

Mar, S. Y. Lu. *Chinese Tales of Folklore*. New York: Criterion Books, 1964.
A collection of ancient Chinese stories. Historical notes precede each story, relating each tale to a definite period and real people of the past.

Ritchie, Alice. *The Treasure of Li-Po*. New York: Harcourt, Brace and World, Inc., 1949.
Six stories which capture the humor and dignity of the Chinese people.

Sheehan, Ethna. *Folk and Fairy Tales from Around the World*. New York: Dodd, Mead and Company, 1970.
Stories from many countries, including Spain, Brazil, East Africa, India, Japan, China.

Siks, Geraldine B. *Children's Literature for Dramatization: An Anthology*. New York: Harper & Row, 1964.
A leading authority in the field has collected and written poems and stories which are especially good for dramatizing. She makes suggestions about their use in creative drama classes.

Ward, Winifred. *Stories to Dramatize*. New Orleans: Anchorage Press, 1986.
This book first appeared in 1952 and has been a favorite with teachers since that time. Stories and poems are grouped according to age levels.

Wyndham, Robert. *Tales the People Tell in China*. New York: Julian Messner, 1971.
Classic illustrations grace this book of stories based on old tales, but written for contemporary children. The tales reflect all levels of Chinese society, customs, and religion.

## 適合中等程度學生的書目

Some of the plots in these stories may be too complex to act out in their entirety. There are, however, many scenes from the stories which can be singled out for dramatizing.

Aiken, Joan. *Far Forests*. New York: Viking, 1977.
Mysterious and fantastic characters people these tales of romance, fantasy, and suspense.

Anderson, Hans Christian. *Dulac's Snow Queen, and Other stories from Hans Andersen*. New York: Doubleday, 1976.
A beautifully illustrated book of the famous Andersen tales. Children can easily empathize with many of the characters in these stories.

Beachcroft, Nina. *Wishing People*. New York, Dutton, 1982.
Martha received a wonderful present on her tenth birthday—a weather house she had been pining for. She is amazed and delighted when the figures come to life and give her ten wishes. She finds out, however, that wishes can be very tricky.

Blumberg, Rhoda. *The First Travel Guide to the Moon. What to Pack, How to Go, and What to See When You Get There.* New York: Four Winds, 1980.
A spoof that provides great impetus for the imagination.
Also refer to her book, *The First Travel Guide to the Bottom of the Sea,* 1983.
Students could create their own travel guides for other journeys, based on fact or fantasy or a combination of both. (Example, "The First Travel Guide to the Circulatory System.")

Bodelsen, Anders. *Operation Cobra.* New York: Lodestar, 1979.
An exciting tale, set in Copenhagen. Frederik discovers his family is being held hostage by three terrorists. Frederik and his friends cleverly solve the problem.

Bossom, Naomi. *A Scale Full of Fish and Other Turnabouts.* New York: Greenwillow Books, 1989.
Paired statements with accompanying illustrations are amusing. For example, "Race for a train" shows passengers running to catch a train. "Train for a race" shows three runners. Children could make up their own turnabouts and act them out.

Bradbury, Ray. *Halloween Tree.* New York: Knopf, 1972.
Trick-or-treaters encounter Carapace Clavicle Moundshroud who explains the origin of Halloween by taking them on a fantastic journey. At the end, he asks "Which was it—trick or treat?" There is no hesitation—"Both."

Brittain, Bill. *Wish Giver.* New York: Harper & Row, 1983.
A delightfully funny and suspenseful story. The characters' wishes do come true, but not as they had intended. There is a play on figurative versus literal language.

Budhill, David. *Snowshoe Treck to Otter River.* New York: Dial, 1976.
Three short stories about two boys who camp in the wilderness. Adventures include an encounter with wild creatures, falling into an icy river, and building a lean-to camp.

Evslin, Bernard. *Hercules.* New York: William Morrow and Co., 1984.
A re-telling of the Hercules myth. It takes place in a "terrible magical world" that is also "like ours in some ways." Many scenes are suitable for dramatizing and for exploring the journey as a metaphor for personal growth.

Harding, Lee. *Fallen Spaceman.* New York: Harper Row, 1980.
An exciting science fiction story. A human-like alien crashes through space onto Earth. Two boys see the fall and go to investigate. One of the boys slips into what seems to be a huge space suit and it takes off into the forest.

Hooks, William H. *Mean Jake and the Devils.* New York: Dial, 1981.
Three stories derived from the Jack Tales of North Carolina. Good Halloween stories.

Jacob, Helen Pierce. *Diary of the Strawbridge Place.* New York: Atheneum, 1978.
The Strawbridge Place was an underground railway stop operated by a Quaker family. This is an exciting tale with many episodes, including a hunt to round up slaves who escaped from Kentucky. Dire circumstances prevail.

Krensky, Stephen. *Castles in the Air and Other Tales.* New York: Atheneum, 1979.
Five stories are plotted around a phrase or cliche: Castles in the Air; A Fine Kettle of Fish; The Last Straw; Too Clever for Words; A Barrell of Fun. The stories are good motivators for children to design their own stories and act them out.

Lane, Rose Wilder. *Young Pioneers.* New York: McGraw-Hill, 1961.
The trials of pioneer life are depicted. The characters face grasshoppers devouring their crops, blizzards, loneliness, and attacking wolves.

L'Engle, Madeleine. *Wrinkle in Time*. New York: Farrar, Straus & Giroux, 1962.
Meg and friends are taken to another world by three extraterrestrial beings. They find Meg's father, but undergo many trials before they can free him from captivity.

Mendez, Phil. *The Black Snowman*. Illustrated by Carole Byard. New York: Scholastic, Inc., 1989.
A boy is disillusioned and unhappy about being black. He and his brother make a snowman from sooty slush and drape it with a bright cloth they found in a trash bin. The cloth turns out to be a **kente**, a lovely, bright African cloth, which is said to have magical powers. The black snowman comes alive and helps the boy find pride in his heritage, as well as his own self-worth. A touching story with several scenes worthy of dramatizing.

Mendoza, George. *Gwot! Horribly Funny Hairticklers*. New York: Harper & Row, 1967.
Three scary stories from American folklore. The reader, or listener, has to decide what happens at the climax of each story. Groups of children can dramatize their ideas of the climax.

Montgomery, R. A. *A Journey Under the Sea*. New York: Bantam, 1979.
In these stories, the reader becomes the main character and determines how the plot evolves. Excellent for dramatizing and learning about plot.

Norton, Mary. *Borrowers Avenged*. San Diego, CA: Harcourt Brace Jovanovich, 1983.
Another in the series of books about the Clock family who are tiny people, no taller than a pencil. They escape from a wicked couple and find an old rectory to live in.

Ride, Sally. *To Space and Back*. New York: Lothrup, Lee and Sherpard Co., Inc., 1986.
Fascinating details of a space journey. Facts will provide a believable base for enacting a space adventure.

Sceiszka, Jon. *The True Story of the Three Little Pigs: by A. Wolf*. New York: Viking Press, 1989.
A wonderful retelling of the tale from the poor wolf's point of view. A good spoof that could prompt children to re-tell other tales.

Schwartz, Alvin. *Scary Stories to Tell in the Dark*. Philadelphia, PA: J.P. Lippencott and Co., 1981.
Good for choral reading and dramatizing. See also, *More Scary Stories to Tell in the Dark*, 1984.

Slote, Alfred. *My Robot Buddy*. Philadelphia, PA: Lippincott, 1975.
This story takes place in the future—where robots are common-place. Some robots act as companions for children. Danny gets such a robot for his tenth birthday—and the excitement commences.

Van Allsburg, Chris. *The Mysteries of Harris Burdick*. Boston, MA: Houghton Mifflin Co., 1984.
Subtitles for the pictures give clues, but each picture is a plot waiting to unfold. Excellent stimulus for writing and acting.

Walsh, Jill Paton. *Green Book*. New York: Farrar, Straus & Giroux, 1982.
A good science fiction book about a group of colonists who are fleeing the dying Earth. They go to a new planet. The children are able to cope better than the adults, and they discover the secrets to survival.

Winter, Jeanette. *Follow the Drinking Gourd*. New York: Alfred Knopf, 1988.
A story about the Underground Railroad, including the songs taught to the slaves. Excellent illustrations and good dramatic action possibilities. Music notation included.

# 其他教學資源

## 創造性戲劇

Cottrell, June. *Creative Drama in the Classroom. Grades 1–3/Grades 4–6.* Lincolnwood, IL: National Textbook Co., 1987.
Both books provide a strong theoretical base along with activities to use in the classroom.

Ehrlich, Harriety W., ed. *Creative Dramatics Handbook.* Urbana, IL: National Council of Teachers of English, 1974.
This book is made up of a series of practical lesson plans written by Philadelphia teachers. Many of the lessons use creative drama to teach other subjects, such as language arts, mathematics, and Afro-American history.

Furness, Pauline. *Role-Play in the Elementary School: A Handbook for Teachers.* New York: Hart Publisher, 1976.
Fifty role-play lesson plans are presented which could be helpful in everyday classroom situations.

Goodridge, Jane. *Creative Drama and Improvised Movement for Children.* Boston: Plays, Inc., 1970.
Many specific lesson ideas are presented, as well as helpful suggestions about evaluation of class progress.

Heinig, Ruth. *Creative Drama Resource Book For Kindergarten Through Grade 3/For Grades 4–6.* Englewood Cliffs, NJ: Prentice-Hall, 1987.
Pantomime, improvisation, songs, story suggestions, and games are arranged to demonstrate simple to complex techniques in the two volumes.

Kase-Polisini, Judith. *The Creative Drama Book: Three Approaches.* New Orleans, LA: Anchorage Press, 1989.
Clear descriptions with ample examples of drama based in the playmaking approach, the theatre games approach, and the educational drama approach. Teachers can experiment with the different approaches to find their own styles.

McCaslin, Nellie. *Creative Drama in the Primary Grades/In the Intermediate Grades.* New York: Longman Inc., 1987

These are comprehensive books which cover almost all aspects of drama with children. The teacher will find many useful activities. The author has written many books on creative drama and children's theatre.

McIntyre, Barbara. *Creative Drama in the Elementary School.* Itasca, IL: F.E. Peacock, 1974.

Specific classroom suggestions are given for primary and upper elementary teachers.

O'Neill, Cecily and Alan Lambert. *Drama Structures: A Practical Handbook for Teachers.* London: Hutchinson, 1982.

Clearly presented plans for using historical and social issues as a basis for developing a drama. The emphasis is on the content of the drama rather than the form the drama takes.

Pierini, Mary Paul Frances. *Creative Dramatics: A Guide for Educators.* New York: Herder and Herder, 1971.

This is a resource book with verbal and visual ideas to stimulate drama in the classroom.

Polsky, Milton. *Let's Improvise.* Englewood Cliffs, NJ: Prentice-Hall, 1980.

Ideas are presented for people of all age levels and for all levels of experience.

Schwartz, Dorothy, and Dorothy Aldrich, eds. *Give Them Roots . . . And Wings!* Revised edition. New Orleans: Anchorage Press, 1985.

Lessons specifically designed for teachers, with goals, activities, and evaluation suggestions.

Siks, Geraldine Brain. *Drama with Children.* 2nd ed. New York: Harper & Row, Inc., 1983.

This is a book for those who are interested in the theoretical basis behind child drama, as well as activities which illustrate the theory.

Spolin, Viola. *Theatre Games for the Classroom: A Teacher's Handbook. Grades 1–3/Grades 4–6.* Evanson, IL: Northwestern University Press, 1987.

Activities from her earlier works for adults have been refocused for working with children in the classroom setting. Many fine ideas are included.

Stewig, John Warren. *Informed Drama in the Elementary Language Arts Program.* New York: Teachers College Press, 1983.

Specific ways are given in which movement and improvisation assist in the development of language skills.

Stewig, John Warren. *Spontaneous Drama: A Language Art.* Columbus: Merrill, 1973.

Drama is used to motivate reading, oral language development, nonverbal communication, vocabulary development, and listening skills.

Valeri, Michele, and George Meade. *Have You Roared Today? A Creative Drama Handbook.* Rockville, MD: Montgomery County Public Schools, 1979.

Specific classroom activities are listed according to grade, materials needed, procedures, and suggestions for sidecoaching.

Wagner, Betty Jane. *Dorothy Heathcote: Drama as a Learning Medium.* Washington, D.C.: National Education Association, 1976.

The author carefully describes the methods used by Heathcote, a renowned British drama teacher. Her special techniques include playing in role, questioning, and time for reflection.

Way, Brian. *Development Through Drama.* New York: Humanities Press, 1972.

This book contains capsulized, practical ideas for all teachers, as well as a philosophical basis for using drama for child development.

Wilder, Rosilyn. *A Space Where Anything Can Happen: Creative Drama in a Middle School.* Rowayton, CT: New Plays Books, 1977.

The author has written an inspiring, yet practical, methods book. Clear guidelines are given for helping contemporary children do creative work.

# 偶戲

Boylan, Eleanor. *Puppet Plays for Special Days*. Rowayton, CT: New Plays, Inc., 1976.
This book provides a collection of short plays that should be welcomed by the classroom teacher who is looking for puppet material.

Brooks, Courtaney. *Plays and Puppets Etcetera*. Claremont, CA: Belnice Books, 1981.
This is a charming book written for those with little or no experience with puppetry.

Engler, Larry, and Carol Fijan. *Making Puppets Come Alive*. New York: Taplinger, 1973.
This book not only offers help in making and handling puppets, it also provides assistance about how to put on the puppet show.

Freericks, Mary, and Joyce Segal. *Creative Puppets in the Classroom*. Rowayton, CT: New Plays, Inc., 1979.
The authors show how puppets can be integrated into the curriculum. Simple techniques and inexpensive materials are encouraged.

Hunt, Tamara, and Nancy Renfro. *Puppetry in Early Childhood Education*. Austin, TX: Nancy Renfro Studios, 1982.
This book deals with all aspects of puppetry. Teachers will find it extremely helpful.

Renfro, Nancy. *Puppetry and the Art of Story Creation*. Austin, TX: Nancy Renfro Studios, 1979.
The book stresses how to create stories with the children, using simple puppets. A section of the book deals with using puppetry with disabled individuals.

Schmidt, Hans J., and Karl J. Schmidt. *Learning with Puppets*. Chicago: Coach House Press, 1980.
This book focuses on using puppetry to help teach academic and social skills.

Sims, Judy. *Puppets for Dreaming and Scheming*. Walnut Creek, CA: Early Stages, 1978.
This book has a wealth of ideas, with clear directions, especially suited for teachers of younger children.

# 特別族群

Behrn, Snyder, and Clopton. *Drama Integrates Basic Skills: Lesson Plans for the Learning Disabled*. Springfield, IL: Charles C. Thomas, 1979.
A practical text demonstrates ways a drama curriculum can help children integrate basic affective and cognitive skills.

Champlin, John, and Connie Brooks. *Puppets and the Mentally Retarded Student*. Austin, TX: Nancy Renfro Studios, 1980.
This book focuses on developing literary comprehension with the mentally retarded child. Special techniques are described for using puppets in elementary classrooms.

Gillies, Emily P. *Creative Dramatics for All Children*. Washington, D.C.: Association for Childhood International, 1973.
A well qualified teacher discusses drama for the emotionally disturbed and physically handicapped child, as well as those who speak English as a second language.

Jennings Sue. *Remedial Drama: A Handbook for Teachers and Therapists*. New York: Theatre Art Books, 1978.

The author has presented a concise, easy to read, book about the values of drama for special populations.

McIntyre, Barbara. *Informal Dramatics: A Language Arts Activity for the Special Child*. Pittsburgh: Stanwix, 1963.

This book is a practical guide for teachers of special education.

Shaw, Ann M., and Cj Stevens. *Drama, Theatre and the Handicapped*. Washington, D.C.: American Theatre Association, 1979.

A collection of essays by prominent practitioners in the field provides descriptions of the kinds of programs available which encourage participation by handicapped people.

Shaw, Ann M., Wendy Perks and Cj Stevens, eds. *Perspective: A Handbook in Drama and Theatre by, with, and for, Handicapped Individuals*. Washington, D.C.: American Theatre Association, 1981.

A practical collection of activities and resources is presented, representing all aspects of handicapping conditions.

Wethered, Audrey G. *Drama and Movement in Therapy*. London: MacDonald and Evans, 1980.

This book is a practical guide to the therapeutic use of movement, mime, and drama.

# 音樂

在進行戲劇課程時，**適當的**音樂伴奏能夠引發（或者安撫）學生的情緒，創造某種氣圍，藉此以增強其行動力。在選擇音樂的時候要格外小心，如果你無法找到恰當的音樂，那寧願完全不要用。隨時準備好聆聽各類曲風的音樂。

以下列出的音樂可以做為暖身的開始——它們都是能夠創造某種氛圍的一些單曲。其中有些 CD 上就有好幾首可以選擇的曲子，隨著你自己聆聽並想像音樂中可能發生的戲劇行動，你將能夠逐漸發展出你自己所喜好的收集。

你也會發現以下所列出的曲目，大多數都是古典音樂，而且幾乎不含任何歌詞。通常我們不會使用有歌曲的音樂，除非那些歌詞是戲劇演出中的部分內容。你也可以用一些流行音樂，只要是適合戲劇的演出都可以。但是要注意的是：往往流行音樂會引發孩子想到許多不同的事情，而它可能會讓孩子從戲劇活動中分心。

Bartok, *Music for Strings, Percussion and Celesta.*
*Circus Time,* Music Corporation of America Records, Ringling Brothers and Barnum & Bailey
    Circus Band, Merle Evans, conductor.
Debussy, *Afternoon of a Faun.*
Dukas, *Sorcerer's Apprentice.*
Grieg, *Peer Gynt Suite,* No. 1, "In the Hall of the Mountain King," "Morning."
Grofe, *Grand Canyon Suite,* "Cloudburst," "Sunrise."
Holst, *The Planets Suite.*
Kabalevsky, *The Comedians,* "March and Comedians' Gallop," "Pantomime."
Mussorgsky, *Pictures at an Exhibition.*
Ravel, *Daphnis and Chloe,* "Daybreak."
Saint-Saens, *Danse Macabre.*
Stravinsky, *The Firebird Suite.*
Tchaikovsky, *The Nutcracker Suite.*
Varese, *Poem Electronique.*
Varese, *Integrales.*

國家圖書館出版品預行編目（CIP）資料

創作性兒童戲劇進階——教室中的表演藝術課程／
Barbara Salisbury Wills 著；林玫君、林珮如譯. --初版. --
臺北市：心理，2010.10
　　面；　公分.--（幼兒教育系列；51146）
譯自：Theatre arts in the elementary classroom: grade four
through grade six
ISBN 978-986-191-376-6（平裝）

1. 兒童戲劇　2. 表演藝術　3. 活動課程　4. 小學教學

523.37　　　　　　　　　　　　　　　　　　99013735

幼兒教育系列 51146

創作性兒童戲劇進階 —— 教室中的表演藝術課程

作　　　者：Barbara Salisbury Wills
譯　　　者：林玫君、林珮如
執 行 編 輯：林汝穎
總 編 輯：林敬堯
發 行 人：洪有義
出 版 者：心理出版社股份有限公司
地　　　址：231026 新北市新店區光明街 288 號 7 樓
電　　　話：(02) 29150566
傳　　　真：(02) 29152928
郵撥帳號：19293172 心理出版社股份有限公司
網　　　址：https://www.psy.com.tw
電子信箱：psychoco@ms15.hinet.net
排 版 者：龍虎電腦排版股份有限公司
印 刷 者：博創印藝文化事業有限公司
初版一刷：2010 年 10 月
初版五刷：2023 年 1 月
I S B N：978-986-191-376-6
定　　　價：新台幣 420 元